大学生健康教育与健康促进

主　编　穆亚宏　杨　斌

主　审　刘克玲　姚　岚

西北工業大學出版社

【内容简介】 本书介绍了健康与疾病的概念、影响健康的因素及疾病的三级预防等理论，使大学生具备系统的有益于健康的基本知识；阐述健康教育、健康促进、健康传播和健康行为的理论，使大学生理解并掌握健康教育与健康促进的目的、任务，自觉主动地形成促进健康的行为并改变个人、家庭及社会危害健康行为；通过学习生活方式与健康、大学生心理发展、大学生心理健康、大学生性卫生与性传播疾病、常见传染病及其防治、免疫与预防接种、大学生常见病及其防治、紧急救护理论和方法、大学生军训卫生、药物基本知识、大学生常见病家庭护理等，帮助大学生解决有关健康的常见问题。本书的内容无论从理论体系还是组织结构均具有系统性、层次性、实用性、可操作性、新颖性更强和需求性更突出的特点。

本书既适用于生命准备阶段的各级各类学校学生，又适合于生命保持阶段的成人，同时可供健康教育工作者参考。

图书在版编目(CIP)数据

大学生健康教育与健康促进/穆亚宏主编．—西安：西北工业大学出版社，2010.9
ISBN 978-7-5612-2895-1

Ⅰ.①大… Ⅱ.①穆… Ⅲ.①大学生—健康教育 Ⅳ.①G479

中国版本图书馆 CIP 数据核字(2010)第 168745 号

出版发行：西北工业大学出版社
通信地址：西安市友谊西路 127 号 邮编：710072
电 话：(029)88493844 88491757
网 址：www.nwpup.com
印 刷 者：陕西百花印刷有限公司印刷
开 本：787 mm×1 092 mm 1/16
印 张：13.25
字 数：312 千字
版 次：2010 年 8 月第 1 版 2010 年 8 月第 1 次印刷
定 价：22.00 元

编审人员名单

主　编：穆亚宏　杨　斌
主　审：刘克玲　姚　岚
编委会（以姓氏笔画为序）：
王俊儒　刘小玲
李　娜　李建萍
杨　斌　穆亚宏

序

由穆亚宏、杨斌两位专家主编，邀请国内健康教育、精神卫生、临床医学等方面知名专家、教授、学者共同编写，并由世界卫生组织驻中国代表处卫生系统国家技术官员、华中科技大学同济医学院博士生导师姚岚教授和我担任主审的《大学生健康教育与健康促进》一书出版了。该书选取了当今国际、国内有关健康教育与健康促进及相关学科的新知识、新观点、新进展，是一本好教材。我对主编和各位编委们的辛勤劳动表示感谢，对他们所取得的成果表示祝贺。

21世纪是中华民族伟大复兴的世纪，是我国全面建设小康社会、加快推进社会主义现代化的关键时期。世界格局深刻变化，科技进步日新月异，人才竞争日趋激烈。我国经济建设、政治建设、文化建设、社会建设以及生态文明建设全面推进，工业化、信息化、城镇化、市场化，这一切都凸显了提高国民素质、培养创新人才的重要性和紧迫性。中国未来发展、中华民族伟大复兴，关键靠人才，根本在教育。我国要想培养出高素质的人才，就必须坚持和全面贯彻党的教育方针，坚持教育为社会主义现代化建设服务，为人民服务，与生产劳动和社会实践相结合，培养德、智、体、美全面发展的社会主义建设者和接班人。作为一名当代大学生，如果生理、心理发展不平衡，不仅会影响在校期间的学习、生活，而且会阻碍将来的发展。

通过健康教育，可使大学生学习有关健康的科学知识、疾病防治护理、急救、应对突发事件及灾难的方法，形成正确的健康观、生命观，树立对自己、对群体以及对社会的责任感，强化自我保健和保卫生命的能力，纠正不良的生活方式和不健康的行为，提高身心健康水平，增强社会适应能力、人际交往能力和自我调节能力。

搞好大学生健康教育工作，一本好教材是必不可少的。《大学生健康教育与健康促进》一书的出版，在我国大学生健康教育百花园里，又增加了一枝奇葩。

刘克玲

中国健康促进与教育协会秘书长

前　言

健康教育与健康促进是健康教育学的主要内容和预防医学的重要组成部分，健康促进是健康教育的进一步发展和完善。大学生健康教育与健康促进既体现党和政府对大学生这一群体健康的高度重视和各项方针、政策的贯彻与落实，又体现健康教育的科学发展观和与时俱进的战略需要。本书作为大学生健康教育课的教材，首先对健康及其相关知识进行了较为完整的论述；其次，介绍了健康教育与健康促进的目的、任务以及达到促进健康的方法和手段；最后，根据大学生常见的具有潜在性的健康问题，从不同方面针对性地阐述有利于促进健康和消除危害健康因素的措施与方法。本书是在总结了多年来大学生健康教育选修课教学以及健康教育与健康促进实践经验和多年、多次对大学生相关调查的结果，借鉴了已出版的大学生健康教育教材的优点，吸取了国内外健康教育与健康促进相关学科最新成果的基础上编写的。因此，本书的内容无论从理论体系还是结构形式，其系统性、层次性、实用性、可操作性和新颖性均较强，需求性更突出，具有鲜明的特色。

本书编委在大量地、深入细致地探索研究、总结实践经验以及教学、教育效果评估的基础上，坚持集思广益、循序渐进、逐步完善的原则，使大学生健康教育的内容得以不断调整和提高，本书集科学性与实际需要于一体，既适用于生命准备阶段的各级各类学校学生，又适合于生命保持阶段的成人，同时可供健康教育工作者参考。

本书的总体编写框架和总纂定稿由穆亚宏和杨斌负责，参加编写的人员及其分工如下：穆亚宏编写第一至四章、第五章部分内容和第十章；王俊儒编写第五章部分内容、第六章；李娜编写第七至九章；李建萍、刘小玲编写第十、十一章；杨斌编写第十二至十六章。他们是长期从事健康教育研究、健康教育教学、预防医学教学、临床医学实际工作的高级专业人员。

为了保证本书的科学性和严谨性，特邀中国健康促进与教育协会刘克玲秘书长和世界卫生组织驻中国代表处卫生系统国家技术官员、华中科技大学同济医学院博士生导师姚岚教授担任本书主审，他们提出了许多宝贵的意见和建议，在此表示诚挚的感谢。

在本书的出版过程中得到了中国健康促进与教育协会刘克玲秘书长和西北工业大学党委副书记、副校长郑永安教授的高度重视和关心，得到了西北工业大学的大力支持，一并致谢。

由于编者水平有限，不足和疏漏在所难免，敬请各位读者及使用教材的老师提出宝贵意见，以便再版时修订。

编　者

2010 年 5 月 7 日

目　录

第一章 绪 论

提要：本章论述健康与疾病的概念及内涵；健康与疾病的效应；健康的决定因素和影响健康的因素；疾病的三级预防；全球卫生战略目标等。大学生在了解前面知识的基础上，应重点掌握健康与疾病的概念及内涵、影响健康的因素、疾病的三级预防。

理解和掌握健康与疾病及其相关知识是进行健康教育的前提和基础。健康是人类生命存在的正常状态，是经济发展、社会进步、民族兴旺发达的保证，同时健康是一个动态的概念，随着社会经济、科学技术、生活水平及生活环境等的不断变化，人类对健康的认识在不断深入。所以对健康内涵的全面理解有助于推动健康教育和健康促进的实践和执行。

第一节 健康与疾病概论

一、健康的概念

人类对健康的认识随着社会的发展与进步在不断深化。关于健康的理解与追求也不断发生着变化。最早粗浅的认识即无病就是健康，这一概念早在20世纪30年代就被健康意味着结实的体格和完善的功能，并充分地发挥其作用的内涵取而代之。随着社会生活节奏的加快，人们心灵的压力却愈加繁重，失眠、焦虑、抑郁病症逐渐增多，使得越来越多的人关注到心理问题严重影响了人们的生活质量。1948年，世界卫生组织（WHO）在成立宪章中提出了对健康的一个较为全面的定义："健康是一种身体上、精神上和社会适应上的完好状态，而不仅是没有疾病和虚弱的现象。"从此完善了人们对健康的认识。健康不仅是身体没有疾病，还要有健全的身心状态及社会适应能力，又称之为三维健康。要达到这一总体状态，其基本要求是一个人的体魄、精神和智能等都应与其年龄、性别、所处的社会环境及地域情况相适应，而这些功能都在正常值范围内，并彼此之间处于平衡或自稳状态；社会适应能力是对社会环境的应变能力。1989年又进一步解释为："健康不仅是没有疾病，而且包括躯体健康、心理健康、社会适应良好和道德健康。"它不仅涉及人的心理，而且涉及社会道德方面的问题，即生理健康、心理健康、道德健康三方面构成健康的整体概念。有人将躯体健康、心理健康、社会适应设计成宝塔，躯体健康是下层的基础，而心理健康则是从躯体健康完成社会适应的中枢环节。

生理健康是指身体结构和功能正常，具有生活的自理能力。表现为：体重适中，体形匀称，眼睛明亮，头发有光泽，肌肉皮肤有弹性，睡眠良好等。生理健康是人们正常生活和工作的基本保障，否则，就谈不上健康，更谈不上长寿。

心理健康是指人的精神、情绪和意识方面的良好状态，表现为：智力发育正常，情绪稳定乐观，意志坚强，行为规范协调，精力充沛，应变能力较强，能适应各种环境，从容不迫地应对日常生活和工作压力。较强的社会适应能力是心理健康的重要特征。

道德健康主要指能够按照社会道德行为规范严于律己，并支配自己的思想和行为，有较强的辨别是非观念的能力，表现为思想高尚，有理想、有道德、守纪律。每个人不仅对个人健康负有责任，同时也对社会健康承担义务，这是健康的全局观。

至此健康的概念得到新的诠释。人类的精神生活可以提供给我们最大的幸福感，可以帮助我们完成人生的理想，是单纯的物质生活所不能比拟的。因此，提高人们的健康水平，不能只限于保护人类机体的生物学机能，还必须提高人们精神生活的质量。

二、健康的内涵

健康是一个极为复杂的现象，按照三维健康的定义，健康由四部分组成：①一般安宁状态下，可以过正常生活和参加生产活动。②自我感觉良好。发自内心感觉的健康是健康的基准。例如，一个残疾者外表上虽然异于正常人，但能按自己的身体特点克服种种困难，做出对社会、对人民有利的事情；而另一个临床上健康的人，却终日抑郁寡欢，无所事事，两者相比在某种意义上讲前者是健康人，而后者是“病人”。③个体对环境中各种因素有调节和适应能力。④从事各项工作的效率高。对于健康的理解，从个人身心健康来衡量是较容易的，但“社会适应”则较抽象，涉及面广。正常的社会交往和家庭生活的美满幸福是精神生活中的要素，是幸福之源。所以健康的人必须对家庭和社会有责任心，否则将构成社会性的疾病。人类在不断总结近代医学发展成就的基础上，对健康认识有了飞跃性的进步，把健康内涵拓展到了一个新的认识高度。在三维健康观的基础上，也把健康分为三个层次。第一层即一级健康，是满足生存条件，其内容包括：①无饥寒、无体弱，能精力充沛地生活和劳动，满足基本的卫生要求，对健康障碍的预防和治疗具有基本知识；②对有科学预防方法的疾病和灾害能够做到采取合理的预防措施；③对健康的障碍能够及时采取合理的治疗和康复措施。第二层即二级健康，为满意度条件，包括：①一定的职业和收入，满足经济要求；②日常生活中能享用最新科技成果；③自由自在地生活。第三层即三级健康，为最高层次的健康，包括：①通过适当锻炼，掌握高深知识和技术并且有条件应用这些技术；②能过着为社会做贡献的生活。

三、疾病的概念

疾病从不同角度可以给出不同的定义，现仅从生物学角度论述疾病的概念。它是一种生物学上的失常或病理状态的临床判断，可以通过体检、化验、功能检查以及其他检查加以确定。

疾病是机体在一定病因的损害性作用下，由病因与机体相互作用导致自稳调节的紊乱、损伤与抗损伤反应的有规律过程，表现为疾病过程中各种复杂的一系列功能、代谢和形态的异常改变，从而引起各种症状、体征和行为异常，以及机体与外界环境间的协调发生障碍。

疾病的内涵：第一，疾病是有原因的，即病因，它包括致病因子和条件；第二，疾病有自身发展的规律，在其发展的不同阶段，有不同的变化，这些变化之间常常有一定的因果关系；第三，疾病状态时，体内发生一系列的功能、代谢和形态结构的变化，并由此而产生各种临床症状和体征，这是人们认识疾病的基础；第四，疾病是整个机体的反应，虽然不同的疾病在一定部位有它特殊的变化和表现，但局部的变化常常是受神经-体液因素调节来影响的，同时又通过此调节而影响到全身，引起全身功能和代谢变化；第五，疾病状态时，机体内各器官系统之间以及机体与外界环境之间的平衡关系被破坏，体现在对外界环境适应能力降低，劳动力减弱或丧失，这是疾病的另外一个重要特征。

四、健康与疾病的连续效应

(一)健康与疾病的连续效应

健康是动态的概念,可以说影响一个人健康的因素是随时随地存在的。健康的人从最完善的体魄逐步受到损害,从患轻病到重病,是一个连续的过程,其间并没有明显的界限。健康和疾病在同一机体内是共存的。每个人都在疾病-健康连续统一体的两端之间的某一个点占有一个位置,可能是处于最佳健康、高度健康、健康良好、正常、健康不良、极劣健康或死亡状态,并随着时间的推移在变化着,这亦就是健康与疾病的相对概念,越向两端几率越大,若采取及时、有效的预防措施可促使机体向有益健康的方面发展。

(二)健康与疾病的相对关系

从人群中健康与疾病的正常与异常的分布分析,两者是不连续且相互独立的,如外伤、中毒等。

(三)健康与疾病的剂量-反应关系

在特定人群中,个体接触一定剂量环境中有害因素后,所引起的某种生物学效应,无论是对个体还是群体,其病情的严重程度呈现剂量-反应的正相关关系。

对于不同疾病可能有不同效应,认识不同健康与疾病的效应,采取相应预防措施才是目的。

第二节 健康的因素

一、健康的决定因素

渥太华宪章表明:健康的基本条件和资源是和平、住房、教育、食品、经济收入、稳定的生态环境、可持续的资源、社会的公正与平等。为改善健康,上述必要条件必须具有坚实的基础。

二、影响健康的因素

人的健康处于一个动态的平衡过程,而且影响健康的因素时刻存在,当影响健康的因素作用于人体并超过了机体的防御能力时,健康体系被破坏,导致人体发病。为了防病于未然,有必要了解影响健康的主要因素,以便采取积极的预防保健措施。影响健康的因素概括起来主要有:环境因素、行为与生活方式、卫生服务和生物遗传因素。

(一)环境因素

环境因素包括自然环境和社会环境。

1. 自然环境因素。人类的自然环境因素有生物因素、化学因素和物理因素。在生物圈中的生物包括植物、动物和微生物,它们都是在相互依存、相互制约中生存的。某些生物可以成为人类疾病的致病因素或传播媒介,如病原微生物引起的霍乱、伤寒、肝炎、结核、出血热等传染病,曾经或正在严重威胁着人类的健康和生命;动物中的狗和黑线鼠可以作为传染源传播狂犬病和流行性出血热;节肢动物中的蚊子作为传播媒介可传播疟疾、流行性乙型脑炎等。还有些生物可以产生毒素,给人类带来一定的危险,如毒蛇、毒蜂以及某些有毒植物等。

物理因素有温度、气压、振动、电磁辐射、电离辐射、噪声等。在自然条件下,人类一定限度地接触这些并不影响健康，有些还是生命所必需的，但超过限度的接触会使身体特定部位受到损害。

化学因素的无机物有金属、稀土金属、类金属等；有机物有脂肪烃、芳香烃、工业废料、农业废弃物等，它们对人体的损害主要是急性、慢性中毒作用及慢性特殊中毒作用（诱变作用、致癌作用、致畸（胎）作用），如砷及砷化物致皮肤癌、肺癌、肝癌，苯作用于造血系统等。

2. 社会环境因素。人类健康和疾病是一种社会现象，健康水平的提高以及疾病的发生、发展和转化都受到社会因素的制约。社会制度、社会文化和经济水平等因素影响着人们的营养状况、居住条件、接受科学知识和教育的机会以及习俗、宗教、信仰、职业、婚姻状况等。

（二）行为与生活方式

所谓行为与生活方式因素，是指由人们自身的不良行为和生活方式给个人、群体乃至社会的健康带来直接或间接的危害，它对机体具有潜袭性、累积性和广泛影响性的特点。不良行为和生活方式涉及相当广泛，如不合理饮食、吸烟、酗酒、久坐不动、性乱、吸毒、药物依赖、驾车与乘飞机不系安全带等。有学者报告，美国前 10 位疾病死因中，不良行为和生活方式在致病因素中占 70%。美国通过 30 年的努力，使心血管疾病的死亡率下降了 50%，其中 2/3 是通过改善行为和生活方式而取得的。1992 年，国际心脏保健会议提出的维多利亚心脏保健宣言指出：健康的四大基石是合理的膳食、适量的运动、戒烟和限制饮酒、心理健康。可见行为和生活方式对健康具有举足轻重的作用。

（三）卫生服务

卫生服务是卫生机构和卫生专业人员为防治疾病、增进健康，运用卫生资源和各种手段，有计划、有目的地向个人、群体和社会提供必要服务的活动过程。健全的医疗卫生机构、完备的服务网站、一定的卫生经济投入以及合理的卫生资源配置，都对人群健康有促进作用。相反，如果卫生服务和社会医疗保障体系存在缺陷，就不可能有效地防治居民的疾病，促进健康。这是国际社会和各国政府努力的方向。

（四）生物遗传因素

影响健康的主要因素互相依存，其中环境对健康起主要作用，其次是生活方式、卫生服务，生物遗传因素虽然占较小的地位，但由此引发的疾病，常导致不可逆的终身残疾。

由于人类对病因和致病条件的认识发生了变化，因此医学模式也从过去的生物医学模式转变为生物—心理—社会医学模式，这个模式就是 20 世纪 60 年代的第二次卫生革命，它使健康的内涵发生了变化。

背景资料　人类的健康与寿命取决于：	生活方式	60%
	遗传因素	15%
	社会因素	10%
	医疗保健	8%
	气象因素	7%
	世界卫生组织统计资料	

第三节 疾病的三级预防

一、第一级:病因预防

前面阐述了影响健康的四个主要因素,这些因素都有有益和有害于人体的两重性。当有害于人体的因素超出了人们生理、生化和心理状态所能承受的范围时,就会引起各类疾病。决定疾病在人群中分布的基本模式如图 1-1 所示。

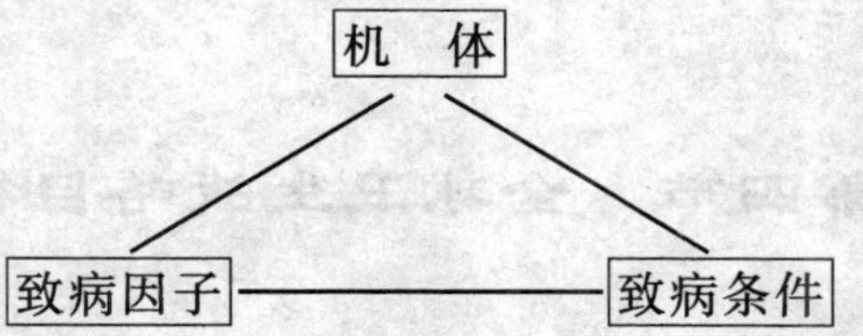

图 1-1 决定疾病在人群中分布的基本模式

预防和控制疾病,关键在于切断这一模式之间的联系。预防是指防止某病在人群中发生;控制是指减少疾病的发生。预防和控制的最终目的是消灭疾病。世界卫生组织 1979 年宣布天花已消灭,是迄今为止在世界上通过国际合作消灭的疾病,也是唯一在地球上消灭的传染病。这是一级预防的范例。

1. 针对环境的措施。根据“全面规划,合理布局,综合利用,化害为利,依靠群众,大家动手,保护环境,造福人民”的方针,贯彻可持续发展的战略,防止和消除污染,保护大气、土壤、水源、作物、食品等以减少因环境污染而造成的危害;在工业生产中,要采用危害性较小的原料,改进工艺和改造设备,尽可能搞好机械化、自动化、密闭化,加强通风排气,所排放的废气、废水和废渣要进行处理和综合利用,减少碳的排放;开展健康教育,使广大群众了解各种不良生活习惯对健康的危害,自觉行动起来同不卫生习惯作斗争;搞好一般的饮食和食品卫生工作;制定环境中有害因素卫生标准和管理法规,切断有害因素作用的环节和减少其可能发生的作用。

2. 针对宿主(机体)的措施。人的机体状况对疾病的发生、发展有很大的影响,必须注意讲究卫生,锻炼身体,增强体质,提高机体抗病能力。有系统、有组织、有计划地进行预防接种,提高人群免疫水平;做好婚前卫生检查工作,禁止近亲结婚,以预防遗传性疾病;做好妊娠期和儿童期的卫生保健工作,特别是重视致癌因素在预防肿瘤发病上的重要意义;慎重使用任何医疗措施和药品,预防医源性致病因素的危害,养成良好的生活习惯和健康的行为方式并进行健康教育等。

二、第二级:疾病潜伏期的预防

在此期间做好疾病的“早期发现,早期诊断,早期治疗”的三早预防措施。在对群众进行卫生知识教育,提高医务人员诊断水平,发展微量和敏感的诊断方法及技术的基础上,进行疾病普查、定期健康检查、高危人群重点项目检查以及设立专科门诊等。

三、第三级:临床预防

对已患某些疾病者及时治疗,防止恶化。对慢性病患者则通过医学监护,减少疾病的不良作用,预防并发症和伤残;对已丧失劳动力或残废者通过康复医疗,促进其身心方面早日康复,以参加社会活动并延长寿命。

对于不同类型的疾病有不同的三级预防措施和策略。预防接种作为控制一些传染病,如麻疹、乙型肝炎等的措施,已成为第一级预防的典范。对其他疾病在三级预防中应以哪一级为重点,须根据两个标准来确定:①病因是否明确,病因是自然的还是人为的;②该病的可逆性如何。

第四节　全球卫生战略目标

一、提高人类健康的目标

1948 年成立的世界卫生组织(WHO),使国际间的卫生合作和交流得以实现和发展,不分国界的人类健康问题得到世界各国的普遍重视。1977 年的世界卫生大会决定,世界卫生组织和各国政府的主要卫生目标应该是:到 2000 年使世界上所有人在社会和经济方面达到生活有效的健康水平,也称为"2000 年人人享有卫生保健"。1978 年,在苏联(现哈萨克斯坦)的阿拉木图召开的国际基层卫生保健会议上,明确了"初级卫生保健是实现人人健康目标的关键",并提出了基层卫生保健的八项工作内容,强调了"卫生发展是社会经济发展必不可缺的"。1979 年又制定了"2000 年人人享有卫生保健的全球卫生战略"。

二、2000 年人人享有卫生保健的含义

1. 人们在工作和生活场所都能保持健康。

2. 人们将运用更有效的办法预防疾病,减轻不可避免的疾病和伤残带来的痛苦,并且通过更好的途径进入成年、老年,最后安乐地死去。

3. 在全体社会成员中均匀地分配一切卫生资源。

4. 所有个人和家庭,通过自身充分地参与,将享受到初级卫生保健。

5. 人们将懂得自己有力量摆脱可以避免的疾病,赢得健康,并且明白疾病不是不可避免的。

三、全球卫生战略和策略重点

2000 年人人享有卫生保健的全球战略,是指世界卫生组织在到 2000 年这一历史时期内确定的全球性的卫生方针任务,而策略则是实施战略目标时的具体手段和途径,战略目标必须通过策略一步步地完成。

(一)2000 年人人享有卫生保健的全球卫生战略目标

1. 每个国家的所有人至少已经享有初级卫生保健和第一级转诊设施。

2. 所有人在其可能的范围内积极参加对他们自己及其家庭的保健工作,并积极参加社区的卫生行动。

3. 全世界的社区都能同政府共同承担对其成员的卫生保健责任。

4. 所有政府对其人民的健康都担负起全部责任。

5. 全体人民都有安全的饮水和环境卫生设备。

6. 全体人民都得到足够的营养。

7. 所有儿童都能接受儿童主要传染病的免疫接种。

8. 发展中国家传染病在公共卫生上的严重程度，到2000年不超过发达国家在1980年的水平。

9. 使用一切可能的方法，通过影响生活方式以及控制自然和社会心理环境来预防并控制非传染病和促进精神卫生。

10. 人人都能得到基本药物。

(二)全球卫生战略的策略重点

预防保健策略是实施初级卫生保健。世界卫生组织将初级卫生保健计划作为实现全球战略目标的关键措施。因为初级卫生保健应用的是切实可行、学术上可靠、受社会欢迎的方法和技术，是个人和家庭通过积极参与并能普遍得到的，也是社区或国家在各个发展时期依靠自力更生的精神能够负担得起其费用的一种卫生服务。初级卫生服务是国家卫生系统和社区发展的组成部分，是医务人员与社区、家庭及个人初次接触中的工作。

(三)初级卫生保健的内容

初级卫生保健是一种综合性卫生服务，依照三级预防的观点，包括四方面的内容和应落实的八项具体工作。

四方面的内容包括：

1. 促进健康：保持良好的生活方式，加强自我保健能力，增强体质和保持心理健康；

2. 预防疾病：在发病前期采取综合性预防措施，重视病因预防，防止发生疾病；

3. 治疗疾病：在发病初期采取措施，控制疾病继续发展，早期诊断，及时治疗；

4. 康复：病人的症状和体征已经出现，需要立即采取措施，防止并发症和造成残疾，尽快促使其康复。

八项具体工作包括：

1. 宣传当前的主要卫生问题及提高认识，并提出预防和控制这些问题的办法；

2. 增进食物供应和合理的营养；

3. 提供充足的安全饮用水和基本的环境卫生；

4. 妇幼保健和计划生育工作；

5. 主要传染病的预防接种；

6. 地方病的控制和预防；

7. 常见病和外伤的恰当处理；

8. 提供基本药物。

以上八项工作内容是最基本和最低的要求，各个国家可以根据本国具体条件，适当调整。

思考题：

1. 健康的概念及健康的内涵。

2. 健康的决定因素及影响健康的因素。

3. 疾病的三级预防。

4.2000年人人享有卫生保健的含义。

5.初级卫生保健的内容。

第二章　健康教育概论

提要：本章主要介绍健康教育概念、发展过程；学校健康教育的意义与任务；大学生健康教育的内容和方法。大学生在了解前面知识的基础上，应该主要掌握健康教育概念、学校健康教育的意义与任务。

健康教育是全民素质教育的有机组成部分，是维护全体公民享有健康权益，提高中华民族的健康水平，增强综合国力的重要环节之一，是构建和谐社会的重要方面。大学生健康教育与健康促进是健康教育学体系中的一个领域。对大学生乃至各级各类学校这一群体实施健康教育和健康促进不但可以提高自身的健康水平，而且能够有力地推动全民健康教育的发展以及社会主义物质文明、精神文明、政治文明和生态文明的进步。

第一节　健康教育的理论

随着科学技术的飞速发展和社会的不断进步，加大对疾病的预防力度成为人们对卫生的需求的大趋势。20 世纪 70 年代以来，健康教育在全球迅速发展，形成了较完整的科学体系，其卫生保健在总体战略中的地位已受到全世界的关注，同时也不断促使了各级各类政府加大促进人们健康投入的力度。

一、健康教育的概念

健康教育是通过信息传播和行为干预，帮助个人和群体掌握卫生知识，树立健康观念，采纳有利于健康的行为方式与过程。其目的是减轻影响健康的危险因素，促进健康和提高生活质量。

健康教育是有计划、有组织、有评价的系统干预活动，它以调查研究为前提，以传播健康信息为主要措施，以改善对象的健康相关行为为目标，从而达到预防疾病、促进健康、提高生活质量的最终目的。它的核心是教育人们树立健康意识，其与传统意义上的卫生宣传不同。卫生宣传是指卫生知识的单向传播，其被传授对象比较泛化，不注意信息的反馈和效果。卫生宣传的效果侧重于改变人们的知识结构和态度，是实现特定健康行为目标的一种重要手段，因此单纯传播卫生知识的卫生宣传是健康教育的重要措施而不等于健康教育。健康教育实质是一种干预，它提供人们行为改变所必需的行为知识、技术与服务，使人们在面临促进健康，疾病的预防、治疗、康复等各个层次的健康问题时，有能力作出行为抉择。

综上所述，健康教育是一门研究以传播保健知识和技术，影响个体和群体行为，消除危险因素，预防疾病，促进健康的科学。它重点研究知识传播和行为改变的理论、规律和方法，以及社区教育的组织、规划和评价的理论与实践。通过实施卫生知识的传播和教育手段，向个人、家庭、社区乃至社会传授卫生保健知识，以提高自我保健能力，养成健康行为，达到促进人类健康和提高生活质量的目的。

二、健康教育的发展

在我国，健康教育的理念可追溯到古代。唐代医学家孙思邈的《千金药方》中有："上医医未病之病，中医医欲病之病，下医医已病之病"，就是提倡人们传播预防疾病、养生保健知识。20 世纪 20 年代以前，健康教育活动是分散的，属民间自发的活动。20 年代以后，健康教育学理论开始引入中国，到了三四十年代出现了健康教育理论和实践相结合的局面。1934 年陈志潜编译的《健康管理原理》是我国最早的健康教育专著。20 世纪初，学术团体和专业机构的出现是健康教育兴起的重要标志。新中国成立后，1950 年第一届全国卫生工作会议上确定了"面向工农兵，预防为主，团结中西医"的卫生工作方针，并强调卫生工作者要把与疾病作斗争的方法教给人民，动员广大人民自己向疾病、迷信、愚昧和不卫生习惯作斗争。短短几年内就有效控制了天花、鼠疫、霍乱等烈性传染病以及性病、吸毒、新生儿破伤风等，取得了一系列的成就。在建国初期，我国政府就已经按"健康促进"的原则实施卫生工作。随后，全国各级行政区域相继成立了相应的机构，健康教育得到了加强和发展，并开展经常性的卫生宣传工作。1978 年以后健康教育迅速发展，各级政府和有关部门把引导人民建立科学文明、健康的生活方式放在卫生工作重要的战略位置，健康教育的工作模式开始发生深刻变化。我国健康教育模式已由过去单一的大众宣传逐步走向传播和教育并重；其工作目标正在以防止疾病为中心的卫生知识传播转变为行为危险因素干预；健康教育的目标人群正在从疾病易感人群向着社区人群、社会全人群转变；其策略从单一传播、材料制作转变为材料制作与指导评估并重；信息传播和科学研究出现了各种双边和多边国际合作的新局面；人才培养、机构建立已经形成体系并规范化。

此外，世界各国的健康教育发展离不开国际组织的指导和协调。世界卫生组织在总部设有公共信息与健康教育司，在各地设有健康促进机构。WHO 多次在世界卫生组织大会上通过有关健康教育的协议，明确地将"协调各国人民开展健康教育工作"作为该组织 14 项任务之一，同时与联合国各相关机构和组织合作，开展双边或多边的区域性交流和研究，并为发展中国家提高贷款。进入新世纪，2003 年传染性非典型肺炎和 2009 年甲型 H1N1 流感的流行，更加体现了国际合作防控突发公共卫生事件的重要性。

健康教育在世界各国发展极不平衡。发达国家起步较早，美国从 20 世纪 50 年代至 70 年代，在疾病的临床诊断、治疗方面进步迅速，如开展心脏外科冠状动脉搭桥手术等。但在此期间，美国人的死亡率并未下降。有关方面逐渐认识到，死亡率大幅度降低，首先是由于环境条件改善，其次才是抗生素或特效药物的问世。进入 70 年代后期，行为和生活方式逐渐被重视。1974 年，美国通过了《健康教育规划和资源发展法案》，明确规定健康教育为国家优先项目之一。通过健康教育和政策倡导，美国人生活方式的改变，使许多疾病的发病率和死亡率均明显下降。欧洲许多国家如德国、芬兰、瑞典等的健康教育在卫生保健中发挥了重要作用，针对该地区的高血压、冠心病发病率高，实施了从改变不健康的行为和生活方式人手，全方位健康教育计划，经过十多年努力，取得了显著的成绩。

第二节　学校健康教育的意义与任务

大学生是世界的未来和希望。处于人生生命准备阶段与保护阶段之间，发挥着承上启下的作用。由于其身心发育、群体生活等特点，决定了学校健康教育与健康促进的地位和作用。因此学校是健康教育最为理想的场所，在学校进行健康教育与健康促进效果最好，时机最佳。学校是促进国家健康水平的重要资源。大学生健康教育是中小学生健康教育的延续、深化和提高，教育学生自觉增强自我保健意识，自觉选择健康行为和生活方式，消除或避免危害健康的因素，促进身心健康，并负起影响家庭、社区，乃至社会健康促进的积极作用。

一、学校健康教育的意义

（一）学校健康教育是对学生进行素质教育的组成部分

学生素质体现在德、智、体、美、劳全面发展上。在德育教育方面使学生始终树立讲卫生光荣、不讲卫生可耻的荣辱观，自觉维护公共卫生，养成良好行为和生活方式，遵守卫生法规和道德规范，逐步形成道德健康的理念；在智育教育方面，对学生进行人类自我认识的认知教育，使他们树立科学发展观来保护自己的健康；积极参加体育和劳动活动，促进学生身心发育，鼓励学生进行人际交往、友爱互助，促使他们在社会化方面的良好发展和健全人格的培养；美育是培养学生审美、爱好美和创造美的能力教育，那些以损害健康为代价的爱美行为是必须加以引导和纠正的，使它们充分意识到确保心理健康的重要性。1990 年，中共中央、国务院发布了《关于深化教育改革，全面推进素质教育的决定》和《学校卫生工作条例》，从政策上保障了切实促进学生素质的全面提高。

（二）学校健康教育是实现全民基础保健的有效途径

根据我国"科教兴国"的国策，推行义务教育和大学培养高素质人才的战略，经过几十年教育事业的快速发展，如今在各级各类学校，尤其大学，学生的规模已大幅度增加，教育成为人们的必经阶段，学校校园最有利于健康教育的实施。在校较易接受并迅速形成良好的行为、卫生习惯和生活方式，这对他们一生的行为与身心健康产生着广泛而深远的影响。因此，做好学生的健康教育，是实现和促进全民基础保健，提高全民素质的有效途径。只有人人接受学校健康教育和健康促进，才能从根本上提高整个国民的健康水平，整个中华民族就会兴旺发达。

（三）学校健康教育是影响家庭、社会和整个人群的根本措施

学生与家庭和社会有着天然而广泛的联系。从小一旦获得卫生知识、价值观和行为技能，不仅自己可以受益终生，而且会对父母、邻里、亲友和社会产生良好的影响。从培养和造就一代新人的角度看，在中国要真正形成人人讲卫生、户户爱清洁的良好风尚和健康生活方式，从根本上改变卫生面貌，推进社会进步和精神文明建设，在较大程度上取决于学校健康教育的水平、质量和效果。

（四）学校健康教育是低投人高产出的事业

由于学校健康教育能够影响家庭、社会和整个人群，产生的效益或效果无论是广度还是深度都将发挥可持续性的作用，是事在当代利在千秋。

二、学校健康教育的任务

(一)提高学生的卫生科学知识水平

通过课堂内外的各种健康教育，使大学生掌握较系统的、更丰富的卫生科学知识以及促进健康的理论和方法。使他们树立起热爱生活、珍惜生命的信念，增强自我保健的能力和意识，抵制各种不良行为习惯的影响，从而达到追求健康目标。

(二)增进学生的健康

健康教育致力于改善学校的环境、提高膳食服务和发展体育教育；创造良好的团体、组织、家庭和学校的氛围，营造大学生成长发育的有利因素，消除不利因素，提高自身综合素质。

(三)预防各种心理障碍，促进学生心理健康发展

由于学生的年龄不同，生理发育的程度制约着心理水平，因此有些大学生缺乏应对挫折的能力，意志比较薄弱。缺乏竞争意识和危机意识，同时还存在就业、网络、学习、人际交往、恋爱和性等问题，根据大学生年龄身心发育情况的特点，进行有针对性的健康教育指导，提供一些措施和方法，培养学生健康的心理状态以增强其适应环境的能力。

(四)提高学习效率

身体的健康是学习的基本条件和保障，学习效率的提高有赖于健康教育和健康促进的实施。注重用脑卫生、用眼卫生，保持视听器官的良好状态，有规律的生活，消除疲劳的发生以及保持心理健康等都能提高学习效率。

(五)增强保护环境，促进社会可持续发展意识

保护环境是关系到人类生存和发展的大事，目前，已引起全世界的共同关注。大学生是世界的未来，有责任、有义务为保护环境而努力，来推动我国乃至世界走可持续发展的道路。

三、大学生健康教育的内容和方法

(一)大学生健康教育的主要内容

大学生健康教育的主要内容包括：健康与疾病、影响健康的主要因素及三级预防；健康教育和健康促进的理论；健康传播和健康行为的理论与方法；生活方式与健康；大学生心理发展、大学生心理健康；大学生性心理卫生；常见传染病及其防治；免疫与预防接种；大学生的常见病及其防治；紧急救护；大学生军训卫生；药物知识、安全用药及合理用药及大学生常见病家庭护理等。

(二)大学生健康教育的方法

在掌握健康与疾病、健康教育、健康促进、健康传播、健康行为等基本理论的基础上，教与学体现系统性、实用性、可操作性、多样性的原则。采用系统授课、媒体传播、健康咨询、群众参与和实习相结合的方法。

思考题：

1. 健康教育的概念。
2. 学校健康教育的意义。
3. 学校健康教育的任务。

第三章 健康促进概论

提要:本章主要介绍健康促进概念,健康促进的策略、基本特征、核心策略——社会动员,21世纪健康促进的重点;健康促进的社会作用和任务等。大学生在了解前面知识的基础上,重点掌握健康促进概念、健康促进的策略。

第一节 健康促进的理论

一、健康促进的概念

关于健康促进的确切定义,1986年,在加拿大渥太华召开的第一届国际健康促进大会发表的《渥太华宪章》中指出:"健康促进是促使人们提高、维护和改善他们自身健康的过程。"这一定义表达了健康促进的目的、哲理,也强调了范围和方法。也就是指运用行政的或组织的手段,广泛协调社会各相关部门以及社区、家庭和个人,使其履行各自对健康的责任,共同维护和促进健康的一种社会行为和社会战略。1995年,WHO西太区发表《健康新地平线》,指出"健康促进是指个人及其家庭、社区和国家共同采取措施,鼓励健康的行为,增强人们改进和处理自身健康问题的能力"。其内涵包括个人行为的改变和政府行为即社会、政治、经济等的社会环境的改变,要求建立起从政策、立法、财政、组织、社会开发等方面的支持系统,同时,重视并发挥社会各方面积极因素促进健康。

二、健康促进的发展与策略

健康促进是在人类对世界卫生事业不断进步和发展进程中认知和产生的,也是健康教育事业发展的必然结果。在政治、经济、社会、文化、环境、行为和生物等因素都有可能促进健康或有害健康条件下,人们如何兴利除弊,使上述各种因素变成有利健康的条件。健康教育未必能达到预期的效果。只有把健康教育同强有力的政府承诺和支持相结合,才能收到显著的效果。政府的承诺和支持实质上就是从政策上、法律上、组织上、管理上、财政上等方面,创造有利于健康的条件,把健康教育的目标纳入政府的议事日程,保证其全面实施和完成。这就是健康促进的本质。正由于此,第一届健康促进国际会议于1986年11月21日在加拿大渥太华召开并发表了宪章,即《渥太华宪章》,提出了健康促进的五点策略。

健康促进的五点策略:

(一)制定能促进健康的公共政策

因为健康促进的含义已经超出卫生保健的范畴,所以各级政府、各个部门和组织的决策者要把健康问题提到议事日程上来。也就是说,为了使人们更容易做出有利于健康的选择,要求非卫生部门也要实行健康促进政策。

（二）创造支持的环境

健康促进必须创造安全的、满意的、愉快的生活和工作环境，系统地评估快速变化的环境对健康的影响，以保证社会和自然环境向有利于健康的方向发展。

（三）强化社区的行动

充分发挥社区力量，使社区人们积极有效地参与卫生保健计划的制订和执行。挖掘社区资源，帮助社区人们认识自己的健康问题，并且提出解决问题的办法。

（四）发展个人技能

健康促进通过提供信息、健康教育和提高生活技能以支持个人和社会的发展，这样使群众能更有效地维护自身的健康和他们的生存环境，并做出有利于健康的选择。家庭、学校、工作单位和社区都有责任和义务帮助人们做到这一点。

（五）调整卫生服务方向

健康促进中，提供卫生服务的责任由个人、社会团体、卫生专业人员、卫生部门及政府其他一些职能部门共同承担，而且必须齐心协力，共同建立一个有助于健康的、广义的卫生保健支持系统，全面更新医疗观念，建立新型服务体系，朝健康促进的方向迈进。

三、健康促进的基本特征

1. 健康教育是以健康为中心的全民教育，需要社会人群自觉参与，通过自身认知态度和价值观念的改变，采取有益于健康的行为和生活方式。从根本上讲，健康教育最适于那些有改变自身行为愿望的人群。健康促进是在组织、政治、经济、法律上提供支持环境，对行为改变的作用比较持久，并且带有约束性。

2. 健康促进涉及整个人群和人们社会生活的各个方面，不仅仅限于某一部分人群或不仅针对某一疾病的危险因素。

3. 在疾病的三级预防中，健康促进强调一级预防甚至更早阶段，即避免暴露于各种行为、心理、社会环境的危险因素之中。

4. 人群的健康知识和观念是主动参与的关键，通过健康教育激发领导者、社区和个人参与的愿望，创造健康促进的氛围。因此，健康教育是健康促进的基础。

5. 健康促进融客观支持和主观参与于一体，因而不仅包括了健康教育的行为干预内容，还强调行为改变所需的组织、政策、经济、法律支持等各项策略。这就表明健康促进事业是除有卫生部门外的社会参与和多部门合作的社会系统工程。

四、健康促进的核心策略——社会动员

社会动员不仅在把健康目标转化为社会目标方面，同时它采取的一系列综合的、高效的动员社会、政治和群众各方面资源的策略，都与健康促进策略完全一致，共同体现了先进的公共卫生理念。

（一）社会动员的概念

社会动员是指一种广泛的、激发公众积极参与并通过自身努力来实现既定的目标的运动。它以人民群众的需求为基础，以社区参与为原则，以自我完善为手段。

（二）社会动员的层次

1. 领导阶层的动员。大力宣传，积极主动争取各级领导从政策上对健康需求和有利于健康活动的支持，增加“健康投资”，保证提供必需的卫生资源，制定正确的方针、政策并且督导执行。领导层动员的具体措施包括游说、汇报、举行学术交流会等。

2.社区、家庭、个人参与的动员。应大力开发和动员社区的决策者，使之充分了解各种社会卫生项目的意义和方法；发挥家庭成员在健康促进、健康保护中的作用；认识到人人有权享受基本卫生保健，同时又有义务参与。要提供有关的知识和技术，促使个人和家庭参与社区的项目规划、设计和评价。动员社区、家庭和个人参与的最佳途径是健康教育。

3.非政府组织的动员。非政府组织的作用在社会发展中的地位日益重要，共青团、妇联、工会、宗教团体(特别在少数民族地区)的作用不容忽视，尤其应提高关键人物对促进群众健康的目的和重要性的认识，让其向群众宣传卫生项目的意义。

4.动员专业人员参与。专业人员尤其是基层卫生工作者是卫生服务的提供者，直接影响人们的健康意识和健康行为，他们的参与至关重要。应加强对专业人员的培训，提高其技术水平，明确其职责、权利和义务。

(三)社会动员的目的

1.使健康教育项目、内容、目标能真实地反映广大社区群众的健康需求。

2.激发决策者和领导层支持健康促进规划的政治意愿和责任感，并促成相关政策和法规的制定。

3.促成社会相关行业、部门为一个共同目标而有效地合作，使社区政府部门、非政府组织和各界群众都能主动积极参与健康教育活动过程，包括社区健康需求评估，健康教育计划活动的实施、信息反馈与效果评估工程。

4.激发群众的健康需求，调动其参与的愿望和主观能动性，使个体获得更多的自我保健信息和技能，并担负起更多的健康责任。

5.争取最基本的和必需的人力、物力、财力等社区资源投入，保障健康促进工作，并合理分配、协调利用。

6.建立强有力的健康教育执行与技术管理体系，获得必要的社会资源，形成有效的健康教育组织机构和工作程序。

7.建立多学科间的广泛联系，搞好多部门的合作，构建与相关组织、机构密切合作的平台。

五、21世纪健康促进的重点

1997年7月，在雅加达召开了第四届健康促进国际大会，发表的《雅加达宣言》在《渥太华宪章》的基础上，进一步总结了健康促进的经验，重新审视了健康的决定因素，指出21世纪健康促进的重点有以下六点：

1.提高社会对健康的责任感。决策者必须坚定地承担起社会责任。任何部门都应通过执行政策和实践来促进健康。

2.增加健康发展的投资。对健康发展投资的增加需要采取多部门的途径，包括对卫生、教育和住房部门增加更多的资源。对健康给予更多的投资，在国家内部和国家之间对现有的投资作重新调整。健康的投资应能反映特定人群如妇女、儿童、老年人、土著人、穷人和处于边缘地区人群的健康需求。

3.巩固和扩大有利于健康的伙伴关系。健康促进需要政府不同层次的不同部门和社会各阶层之间为健康和社会建立起伙伴关系。现成的伙伴需要加强，潜在的新的伙伴关系需要开发。伙伴关系通过分享专门知识、技能和资源在健康方面得到共同的利益。

4.增加社区的能力和给予个人权利。健康促进由个人为自己执行以及与人们共同执行，它提高了个体采取行动的能力以及团体、机构或社区对健康决定因素的影响能力。

5.保证健康促进的基础设施。需要寻求地区的、国家的和全球的提供资金的新机制。应鼓励影响政府、非政府组织、教育机构和私人部门的行动来确保健康促进资源的开发达到最大限度。

6.行动起来。为了加快全球健康的发展，与会国同意组建全球健康促进联盟。该联盟的目标是促使执行《雅加达宣言》所提出的健康促进的重要行动。

第二节 健康促进的社会作用和任务

一、健康促进的社会作用

(一)卫生保健事业发展的必然趋势

当今世界政治、经济、科学技术的快速发展，推动人类社会不断进步，医疗卫生事业发生了深刻变化，健康问题面临着疾病谱、死亡谱发生了根本性变化，行为和生活方式、社会因素等对健康的影响起着重要作用，全球化影响的趋势在增加，疾病的预防和控制需要国际、国内社会各方面的积极配合和参与。

(二)实现初级卫生保健的先导

1985年，第42届世界卫生大会通过了关于健康促进、公共信息和健康教育的决议，再次强调《阿拉木图宣言》的重要性，并紧急呼吁健康教育与健康促进作为初级卫生保健的内容。

(三)一项低投入、高产出、高效益保健措施

健康教育引导人们树立良好的行为和生活方式，来追求人们健康的目标，是低成本高效益的保健措施；健康促进尽管在促进环境的改变中需要一定的资源保证，但它的投入与其对健康的长期效用和高昂的医疗费用相比是值得的。

(四)提高和实现人人自我保健意识的重要举措

通过健康教育与健康促进会使人们的自我保健意识有不同程度提高。

二、健康促进的社会任务

1.积极主动争取和有效促进领导层、决策层转变观念。

2.积极促进医疗卫生事业部门转变服务观念和职能。

3.促成并逐步确立有利于健康的外部环境。

4.促进个人、家庭和社区对预防疾病、促进健康、提高生活质量的责任感。

5.在全民中深入开展健康教育，使其树立文明、健康、科学的生活方式。

思考题：

1.健康促进概念，健康促进的策略，健康促进的基本特征。

2.社会动员的层次和目的。

3.21世纪健康促进的重点。

4.健康教育与健康促进的社会作用和任务。

第四章　健康传播理论与方法

提要：本章主要介绍传播概念、传播的基本要素、传播分类及特点、健康传播、健康传播效果、影响健康传播效果的因素与对策。大学生在了解前面知识的基础上，重点掌握健康传播、健康传播效果、影响健康传播效果的因素与对策。

健康传播理论是健康教育学的有机组成部分，是健康教育的桥梁和手段，也是健康教育学的一门主要科学理论。大学生必须掌握健康传播的理论与方法，不仅自身受益，而且能够体现自身价值和对国家、民族的责任感，极大地推进整个社会健康教育的发展。

第一节　传播与健康传播

当今健康传播已成为健康教育的重要手段，它在有效落实健康教育和健康促进的实施，成功地达到预防、控制疾病和促进健康方面发挥着重要作用。

一、传播概论

（一）传播

传播指人与人之间通过一定的符号进行的信息交流与分享，是人类普遍存在的一种社会行为。其基本特点是：社会性、普遍性、互动性、共享性、符号性和目的性。

（二）传播的基本过程及要素

阐述人类社会的信息传播过程的模式有拉斯韦尔五因素传播模式、施拉姆双向传播模式等。一个基本的传播过程，主要由以下要素构成：

1.传播者。在传播过程中信息的发出者。在社会传播过程中，传播者包括个人、群体或组织。

2.受传者。讯息的接受者和反应者。受传者可以是个人、群体或组织。大量的受传者称为受众。在传播过程中，传受双方的角色并不是固定不变的，有时可以相互转换。

3.讯息是由一组相关联的有完整意义的信息符号所构成的一则具体的信息。信息泛指人类社会传播的一切内容。通过信息传受，双方发生意见的交换，达到互动的目的。

4.传播媒介又称传播渠道，是信息的载体，也是将传播过程中各种要素相互联系起来的纽带。

5.反馈是传播者获知受传者接受信息后的心理和行为反应。获得反馈信息是传播者的意图，发出反馈信息是受传者能动性的体现。反馈是体现社会传播双向性和互动性的重要机制，其速度和质量依媒介不同而不同，反馈亦是传播过程不可缺少的要素。

二、传播分类及特点

按照传播主客体的不同及其特点，将人类传播活动分为四种基本类型：人际传播、大众传播、组织传播和自我传播。

（一）人际传播（又称人际交流）

人际传播是指人与人之间面对面直接信息交流。有个体与个体之间、个体与群体之间、群体与群体之间人际传播三种形式。

人际传播的特点：①人际传播简便易行，不受客观条件的限制，容易比较随意地进行。②人际传播中，交流的双方可以互为传播者和受传者，不断地接受信息和发生信息。由于反馈及时，交流充分，交流的双方可以即时了解双方对信息的接受程度和传播效果。③人际传播有益于提高传播的针对性。可以根据受传者的接受情况、反应程度等随时调整传播策略，能充分运用和发挥传播技巧。④人际传播速度较慢，信息量相对较小，在一定的时限内覆盖的人群数量和范围相当有限。

（二）大众传播

大众传播是指职业性信息传播机构和人员通过广播、电视、电影、报纸、期刊、书籍等大众媒介和特定传播技术手段，向范围广泛、为数众多的社会人群传递信息的过程。

大众传播的特点：①传播者是职业性的传播机构和人员，并需要借助非自然的传播技术手段。②大众传播的信息是公开的、公共的，面向全社会人群。③大众传播信息扩散距离远，覆盖区域广泛，速度非常快。④大众传播对象为数众多，分散广泛，互不联系，只能从总体上大体确定。⑤大众传播是单向的，很难互换传受角色，信息反馈速度缓慢，而且缺乏自发性。但随着大众传播中"热线"形式的开通与流行，部分改变了传受双方信息反馈的不足。

传播媒介的选择原则：

1. 保证效果，即达到预期的健康传播目标和信息内容。
2. 针对性，即对目标人群的适用性。
3. 速度快，即以最畅通的渠道传播给目标人群。
4. 可及性，即媒介在当地覆盖情况和使用习惯。
5. 经济性，即最佳成本效益比。

（三）组织传播

组织传播是组织之间，组织内部成员之间的信息交流活动，同时有组织、有领导地进行有一定规模的信息传播。

（四）自我传播

自我传播是个人接受外界信息后，在大脑中进行信息加工处理的心理过程。它是人类进行一切信息交流和必要的生物学基础。

三、健康传播

健康传播是健康教育和健康促进的重要手段和策略。根据 Rogers（1996）的定义，凡是人类传播的类型涉及健康的内容，就是健康传播。我国学者提出：健康传播是指以"人人健康"为出发点，运用各种传播媒介和方法，为维护和促进人类健康而获取、制作、传递、交流、分享健康信息的过程。健康传播是一般传播行为在卫生保健领域的具体和深化。健康传播具有一切传播行为共有的基本特性以及在医疗卫生事业领域的具体应用，同时，有其独自的特点和规律。它要求从事健康教育和健康促进方面的工作者既具备新闻与传播方面的素质，又要掌握公共卫生、社会学、心理学、教育学、市场营销和公共政策等方面的知识。

第二节　健康传播效果及影响因素

一、健康传播效果

健康传播效果是指受传者接受信息后，在情感、思想、态度、行为等方面发生的反应。按其达到理想效果难易的程度，由低向高分为四个层级：知晓健康信息→健康信念认同→态度向有利健康转变→采纳健康行为和生活方式。

二、影响健康传播效果的因素与对策

影响因素有：健康传播者方面、健康信息方面、媒介渠道方面、受传者方面、环境方面。

（一）健康传播者方面

传播者是健康信息传播的主体，具有收集、制作与传递健康信息，处理反馈信息，评价传播效果等多项职能。因此，传播者的素质直接影响传播效果。

传播者应做到以下几点：①树立良好的形象。②收集、选择有价值的信息。③确保信息的准确、鲜明、生动、易懂、适用。④根据受传者的特点，选择正确的传播渠道。⑤及时了解对信息的反馈及传播效果，不断调整传播行为。

（二）健康信息方面

健康信息是指与人健康有关的信息，泛指一切有关人的身体、心理、社会适应能力的知识、技术、观念和行为模式。健康信息是健康传播者传递的内容。

健康信息应具有以下特点：①符号通用、易懂，即信息传递过程中所使用的符号必须是通用的、易懂的，以避免传而不通。②科学性，科学性是健康信息的生命，是取得健康传播效果的根本保证。③针对性，健康信息的选择、制作、传递必须针对受传者的需求和特点。④指导性，健康信息应具有较强的现实指导意义，告诉如何运用健康知识、技能，使自愿采纳健康的行为方式。

（三）媒介渠道方面

媒介渠道是指信息传递的方式和渠道。在健康传播过程中，传播渠道是多种多样的，不同的传播渠道对传播效果会产生直接影响。

1. 常用的健康传播途径有口头传播（如演讲、报告、座谈、咨询等）、文字传播（如报刊、杂志、书籍、传单等）、形象传播（如图片、标本、食物、模型等）、电子媒介传播（如电影、电视、广播、录像、幻灯、投影等）。

2. 选择传播途径的原则。健康传播者要因人、因地、因时地选择传播途径，以保证传播的最佳效果。在选择传播途径时，健康传播者应遵循五项原则：①准确性，保证信息能准确地传递；②针对性，针对具体受传者、具体情况，选择传播途径；③快速性，要求信息以最快的速度传递；④经济性，在保证准确、有针对性、快速的基础上，尽量减少各种成本；⑤及时性，能够尽早、适时地传递信息，以达到事半功倍的效果。

（四）受传者方面

受传者是指医学信息通过传播途径所到达并被接受的个人或群体。健康传播的受众是社会人群，因其不同的生理、心理特点，对健康信息、传播途径的要求也不同。因此，健康传播者

在制定传播信息、选择传播途径时，应该考虑受传者的心理特点和目的。

1. 心理特点。提供给的信息时，要满足四种心理需求：①要求信息真实可信；②追求信息新颖并不断创新；③达到信息短小精悍，简单明了；④信息应达到通俗易懂。

2. 信息的选择。选择性接受与自己观念一致、自己需要和关注的信息；对信息的理解程度受其态度、信仰、能力影响；符合自己愿意、喜好才能够增加信息记忆；产生某种动机后不仅会选择性地接受信息，还会主动地寻求和使用信息，如收集情报、解决疑难、满足社会和心理的需求等。

（五）环境方面

健康传播的效果还受传播活动发生的自然环境和社会环境的影响。自然环境，如传播活动的地点、场所、距离、光线、温度、环境布置效果等。社会环境，如种族、经济状况、文化习俗、政策法规等。

以上五种因素均可直接或间接地影响传播者和受传者的心理与行为，从而影响健康传播效果。

思考题：

1. 健康传播及健康传播效果的概念。

2. 影响健康传播效果的因素及其各自的特点。

3. 为提高健康信息传播的效果，在传播者与健康信息方面应注意什么？

4. 哪些因素能够影响受传者对健康信息的传播效果？

第五章 健康行为理论与方法

提要：本章主要介绍行为概念、影响行为的形成与发展的因素、健康行为和健康相关行为；促进健康行为和危害健康行为；促进健康行为判断标准的基本特征；行为改变与行为干预两种模式；健康相关行为改变的理论与方法、健康相关行为干预等。大学生在了解前面知识的基础上，重点掌握促进健康行为和危害健康行为；促进健康行为判断标准的基本特征；行为改变与行为干预两种模式、健康相关行为干预理论和方法。

行为和生活方式对人们的健康产生着重要影响，健康教育的最终目的通过健康传播等方法，培养、建立和巩固有益于健康的行为和生活方式，健康行为的理论与方法由此产生并成为健康教育学的一门重要学科理论。大学生掌握了健康行为理论与方法，不仅能够建立自身良好的行为和生活方式，而且能够更加有效地推动学校乃至整个社会健康教育和健康促进事业的发展，受益是全方位的。

第一节 行为与健康行为

一、行为概述

在现实生活中，人类的行为表现千差万别，同一个人在不同的条件下有不同的行为，不同的人在同一条件下也有不同的行为。

(一)行为的概念

行为概念是人们对在外环境刺激下所引起的反应，包括内在的生理和心理变化。

美国心理学家 Wood 提出了著名的 S→O→R 行为表示式：

S 刺激(stimulus)→O 有机体(organism) →R 行为反应(reaction)，它反映了行为的活动过程、当时的状态和所具有的某种行为特征。

人的行为指具有认知、思维能力和情感、意志等心理活动的人对内外环境因素刺激所做出的能动反应。

(二)行为的内涵

人类对自己的行为有具体的可操作性的定义，并具有如下特征：

1.行为是人们说的和做的，不是个体的静态特征，也不是一个主观的总结性的评判。当说一个人的行为时，要说出究竟是如何表现的。

2.行为是可以测量的。其测量的尺度一般有三种：频率、持续时间和强度。

3.行为可以被观察、描述和记录，就是借助科学的方法或数据说明行为发生的频率、持续时间和强度，最主要的作用就是要通过这一切去分析行为产生的原因，提出治疗措施并通过治疗前后个体行为表现的差异来检验治疗的效果。

4.行为受环境影响并对环境发生作用。“环境”可以理解为“外界”。这一点从操作性条件反射原理可以看出来:强化的行为以后发生的可能性会增加,而不被肯定或受到惩罚的行为以后出现的可能性比较少。按照行为主义观点,是环境造就了个体的一切行为。

5.行为可以是公开的,也可以是隐蔽的。公开的行为是指可以被当事者本人以外的人进行观察和记录的行为;而隐蔽的行为是指无法被外界观察到,只是行为人自己才能进行观测和记录。

6.人类行为具有目的性、可塑性和差异性。人类与动物区别的重要标志就是人类行为有明显的目的性。人类行为的可塑性特点是实施培养的前提。由于个体具有的遗传素质不同、受个性心理特征的支配、受外部环境条件的影响,人类的行为千差万别、丰富多彩。

二、行为的分类

由于人类行为区别于其他动物行为的主要特点是既具有生物性,又具有社会性,所以人类的行为分为本能的和社会的两大类。

(一)人类行为的生物性

1.行为与遗传有关。亲代和子代之间、孪生子之间,行为具有某些相似性,可以在排除其他因素的影响之后证明其与遗传有关。但决定人类行为的主要因素还是来自然环境和后天的学习。

2.行为以生理形态和功能为发生前提。如外显行为以人的运动系统的结构和功能为直接的发生前提,内隐行为以人脑的结构和功能为直接的发生前提。然而,人的行为是可以反过来影响生理的。

3.人具有本能行为。人的本能行为是最基本的行为。目前公认的人类本能行为有以下几种:

摄食行为。人为了生存必须进食。人类的摄食行为与生俱来,但随着逐步形成的进食习惯、偏好等却是后天受环境影响和适应、学习的结果。

睡眠行为。睡眠是一种规律的、可逆的身体处于休息状态的生理现象,也是人类与动物共有的基本行为。合理、充足的睡眠有利于身心健康。

性行为。人类为了种族的延续需要性行为。人有性冲动的本能,但是发生性行为必须受到社会法律、舆论与道德的约束。

躲避行为或防御行为。人在面对可能导致损伤的威胁时会本能地躲避,在遭遇威胁或情况不明时会本能地恐惧和焦虑等。

好奇和追求刺激的行为。人类天生具有好奇心并有追求刺激的本能。人类从未停止并永远不会停止对未知世界的探索。

(二)人类行为的社会性

人的社会化决定人类的社会行为,其造就机构来自社会环境。例如,人自幼依赖家庭的培养;在学校中接受德、智、体、美、劳教育;参加工作后必须接受单位的规章制度,同时遵循一定的社会和团体行为规范。大众传媒提供的广泛、快速的信息,也是为人提供各种示范行为的来源。人就是通过这种不间断的学习、模仿、受教育、与他人交往的过程,逐步使自己所做的事情能得到社会承认,符合道德规范,具有社会价值。所以,个体的社会性行为是人与周围环境相适应的行为,是通过社会化过程确立的。

三、行为的形成与发展

根据行为发展自身的特点，人一生中行为发展分为四个阶段：被动发展阶段、主动发展阶段、自主发展阶段和巩固发展阶段。

1. 被动发展阶段(在 0～3 岁)。主要依靠遗传和本能的驱使发展行为。行为是被动的、社会化的准备时期，易被训练及培养出基本的社会行为。

2. 主动发展阶段(在 3～12 岁)。行为发展有明显的主动性，这种主动性受客观环境的影响较大，体现在人与人之间的克制和耐受能力差异较大。

3. 自主发展阶段(从 12～13 岁起延续至成年)。人们开始对自我、他人、环境、社会进行综合认识，来调整自身的行为发展。体现在一是通过自身的社会化进程并不断适应环境，逐步实现自我行为调整；二是成长过程中发展起来的行为大多已经基本确立。

4. 巩固发展阶段。在成年以后，行为得以巩固、完善并持续终生且在不断地进行调整、完善、充实和提高，以适应周围的环境，行为的社会化程度越来越高。

遗传、环境和学习三因素可影响人们行为的形成与发展，人们通过改变环境和学习因素使人们的行为向有益的方向发展。人的行为既是健康状态的反映，同时又对人的健康产生重要的影响。

四、行为的影响因素

人的行为由内因和外因共同决定，即受到人自身因素和环境因素的影响。

(一)自身因素

人自身的遗传因素、生理因素、心理因素等可以影响其行为，但最重要的是心理因素。心理现象都可以从不同方面、以不同的机制、在不同程度上影响人的行为。

1. 需要、动机和动机冲突。需求和需要是人类行为的根本动因。需求是客观的，不以人的意志为转移的。其既包括生理需求，也包括社会需求。被意识到的需求即为需要，需要是客观需求的主观反映。如胃肠的空虚和血糖浓度的降低产生进食的需求，这种客观情况通过感官反映到大脑皮层，人意识到这一需求即出现需要。需要并非被动、消极地反映客观需求，需要是在人与环境相互作用的积极过程中发生的。健康是人的客观需求，但许多情况下由于种种原因人并未意识到健康需求。人在需要的基础上产生动机。动机是人采取行为的驱动力，是一种心理上的紧张状态。在实施行为的客观条件具备时，动机推动人去实现行为，进而满足需求；动机也可推动人去创造行为条件，最终实现行为。旧的需求满足了，新的需求又会产生，推动人去从事新的行为。

马克思和恩格斯将人的需要分为低级需要和高级需要，即生理性需要和社会性需要。心理学家 Maslow 进一步提出需要层次论，将人的需要分为生理需要、安全需要、交往需要、尊重需要和自我实现的需要。

2. 认知。心理学家 Neisser 认为：认知是“人们获得和利用信息的全部过程和活动”，可以说认知心理学相当于信息加工心理学。

认知过程的第一步，注意到传来的刺激、信号；第二步，把传来的信号、刺激转化为某种信息，并作出解释；第三步，采取适当的行为，对信息作出反应。机体内外部刺激信号很多，大脑往往把无关的刺激都过滤掉了，而从无数信号中选择了感兴趣的有特殊意义的信号。

这种对信号的选择与人们的兴趣有关。如果人们关心自己的某一健康问题，往往力图获得这方面的知识。这种选择也与人们的恐惧有关，如某些人非常害怕某种严重疾病而自己又估计已经染上该病，就会有意回避有关的信息。

在认知的过程中，大脑会将某些经处理的信息编码储存起来，逐渐形成个体的知识、信念、价值观等，并在此基础上形成态度。

3. 态度。态度是个体对人、物、事的反应倾向。这是一种内部准备状态。其主要特征是评价性，态度必须具有特定的对象，即评价指向的东西。一般认为态度的结构包括认知成分、情感成分和意向成分三部分。其功能可以分为认知功能、适应功能、表达评价功能和自卫功能四种。

有人认为态度改变可能经历三个阶段：服从、同化、内化。服从阶段，这是从表面上转变自己看法和态度的时期，也是态度转变的第一阶段。处于此阶段人们只是被迫表现出一些顺从行为，内心并非心甘情愿。同化阶段，人们不是被迫而是自愿接受他人的观点、知识、信念、行为等，使自己的态度自觉自愿地顺从他人。内化阶段，真正从内心深处相信和接受他人的观点、知识、信念，彻底地转变态度，成为内在的倾向行为。

4. 情感。情绪和情感也是一种心理过程，但有别于认知，它具有特殊的主观体验、显著的生理变化和外部表情。情绪和情感两个词常可通用，在某些场合其表达的内容有不同。情绪常指短暂而强烈的具有情境性的情感反应，如愤怒、恐惧、狂喜等；情感多指稳定而持久的、具有深沉体验的情感反应，如自尊心、责任感、热情、亲人之间的爱等。通常所说的感情包括了情感和情绪。

情感和情绪是综合性的心理过程，它包括生理、认知和行为三种成分。他们在每种特定的情感和情绪中起着不同的作用，而又相互作用、互为因果。

在情感和情绪—认知—行为的相互作用中，情感和情绪可以是认知发展的契机，它激发人去认识、去行动；也可以强烈影响认知过程发展和行为表现，例如痛苦、愤怒或紧张情绪使认知活动变得刻板和狭窄，限制知觉和思维，干扰信息解释利用和作出反应。

5. 意志。意志是人的有意识、有目的、有计划地调节和支配自己行为的心理过程。人的行为由动机决定，动机在需要的基础上产生。当一个人在动机驱使下有意识地拟定计划、采取行动，这种行动是自觉的、指向目标并与努力克服障碍相联系的，它所涉及的心理过程就是意志。意志行为属于受意识发动和调节的高级活动，不同于生来具有的本能活动和不随意行为。人的生活、学习和劳动都体现了人类所特有的意志行为。

最主要的意志品质包括自觉性、果断性、坚持性和自制力。自觉性表现为自觉地、有意识地确定行为目标和选择达到目标的方法，并积极主动地执行计划，它的反面是行为的盲目性。果断性表现为遇到问题时能经过周密考虑而采取果断决定，其对立面是优柔寡断、动摇不定。坚持性表现在为达到目标而长时间坚持不懈，不因困难而退缩，不因挫折而灰心。自制力即克服个人情感，控制自己行为，使行为服从于目标实现的能力。

（二）环境因素

人类的行为环境包括自然环境和社会环境。

1. 自然环境对行为的影响。自然环境指与人类生活和行为相互关联、相互影响的自然条件的总和，包括人类生活于其中的一定地理环境、生物环境和地下资源环境等。不同的自然环境对人的生活和行为有不同的影响，对健康相关行为而言，同一自然环境又总是既存在有利的因素，也存在不利的因素。自然环境对健康相关行为的影响首先体现在相应的风俗习惯上；其次，还表现在与人类行为有关的可得资源上；其三，自然环境不同，经济活动的内容不同，居民的性格特点往往也不同，性格特点必然影响到行为取向。

2. 社会环境对行为的影响。社会是人类生活的共同体。没有抽象的社会，只有具体的处于特定区域和时期、享有共同文化并以物质生产活动为基础的社会。现代工业社会的特征：规模大，分工复杂与角色分化；经济、政治、职业等社会组织取代了家庭的核心地位；人们的行为主要受不具感情色彩的正式的规章、法律等约束。社会的功能主要有：整合、交流、导向、继承和发展。

经济发展对行为的影响。经济发展是人类社会的主体形式，也是人类生存和保持健康的主导力量。社会经济发展对健康相关行为的影响主要在于：社会经济的发展为人们提高健康认知水平，采取促进健康的行为创造了物质条件；经济发展带来的丰富物质生活也导致一些不利健康的行为发生发展；经济发展带来的具体经济活动的变化导致人们的健康相关行为发生相应变化并对健康教育提出新的要求；社会成员健康相关行为的改善可以减少疾病经济损失并促进社会经济发展。

社会人口对行为的影响。人口是一定区域内的全体居民。人口密度过大可以影响健康相关行为：一是人口密度过大导致人们平均消费水平的下降，使人们缺乏适当资源，以致不能或不愿采取促进健康行为；二是人口密度过大使人均教育投资不足，造成人群教育水平难以提高、文化素质低下，从而缺少健康知识，不利于采取促进健康的行为；三是人口密度过大、拥挤，以及因人口过剩带来的失业等，造成人们的心理紧张、焦虑、失去生活信心，滋生不满情绪，因此某些人的行为取向可能朝酗酒、吸毒、犯罪等越轨行为发展等。

法规对行为的影响。法规是国家制定认可，并由国家强制力保证其实施的社会行为规范。法规包含两类社会内容：首先是规定行为模式，即人们在一定的条件下可以做什么事情、必须做什么事情和不准做什么事情；其次是规定行为后果，即人们的行为在符合行为模式时的肯定性后果，以及违反行为模式时的否定性后果。法规具有教育作用、威慑作用和惩罚作用。

社会制度对行为的影响。社会制度是一定历史条件下一定组织在某些活动领域中各种基本行为规范的综合系统。社会制度从本质上讲是为调节、制约人们的社会行为的重要手段，目的在于保证群体的共同利益。如社会的经济制度、教育制度、人事制度、作息制度、学习制度、清洁制度、安全制度、交通制度、服务制度等。

社会思想意识形态对行为的影响。思想意识是人们对客观世界认识的理性化产物，表现为观点、信念等。思想意识的核心是世界观。社会思想意识与社会成员的健康相关行为有着密切的关系，其作用机制在于通过认知过程作用于个体的意识倾向，进而影响需要、动机和行为。

社会道德对行为的影响。道德是以善恶和荣辱观念来评价和调节人们的社会行为的一种社会规范，由风俗习惯演化而来。作为一种行为规范，道德的社会作用主要通过对人的行为提出善与恶、正义与非正义、公正与偏私、诚实与虚伪的社会评价舆论而对社会成员的行为发生导向和制约功能。道德舆论将一定的社会行为准则推荐给社会成员，经过个体的认知过程在其内心树立起某种初步的道德信念，并逐步使其道德认识深化。通过舆论的褒扬、贬抑、谴责而产生作用力，控制和影响个人的需要、动机和行为。道德对行为的调节范围比法律制度更广，其作用程度比风俗习惯更强。

宗教对行为的影响。宗教是人类在自然和社会压迫的条件下产生的信仰体系和实践体系，以对超自然力的崇拜为根本特征，以宗教意识、宗教组织和宗教规范为三大要素。宗教规范也是一种社会行为规范，是以神的崇拜和神的"意旨"为核心的信仰与行为准则的总和。宗教强烈地影响着人们的行为，在一定社会环境和历史时期中是维护社会秩序的巨大精神力量。宗教对健康相关行为的影响是多方面的。为此，我们一方面应鼓励人们继承发扬教义教规中有益于健康的成分，以科学观点对其加以解释；二方面通过宗教组织的巨大影响来开展促进人群健康的活动；三方面逐步地、巧妙地在人群中传播科学的健康信息，以取代宗教理义中与健康科学不一致的成分。

风俗对行为的影响。风俗是特定地域中的特定人群在长期日常生产生活中自然形成的、世代沿袭与传承的习惯性行为模式，是一种最普遍、最广泛的行为规范。其作用是潜移默化的，然而却又是强大的。风俗具有广泛性、地域性、约束性和稳定性四大特征。其对健康相关行为有正、反两方面的影响。

教育对行为的影响。广义的教育指一切增进人们知识技能、身体健康以及形成和改变人们思想意识的活动，即人们社会化的过程和手段。狭义的教育指学校教育。从根本上讲，教育的基本职能有两个：一是传授知识和技能；二是传播思想意识和社会行为规范。其目的都是为了把个人转变成为社会中合格的一员，即社会化。教育与健康相关行为密切相关：一是教育通过传授知识的活动，增进教育对象的科学知识和技能，提高其接受和理解应用健康信息与保健设施的能力；二是教育通过传授知识的活动，直接为教育对象提供健康信息；三是教育通过传播社会行为规范，使教育对象了解掌握与健康相关行为有关的法规制度、道德标准等，系统地按社会的需要培养出符合社会行为规范的相应角色行为。

大众传播对行为的影响。大众传播指专业机构通过报纸、杂志、广播、电视等媒介，向为数众多，范围广泛的不特定人群传播信息的过程。对社会成员健康相关行为产生巨大的影响：一是提供大量的健康信息；二是传播与健康相关行为有关的社会行为规范和行为榜样；三是对人群的健康相关行为造成舆论压力，对行为后果提供舆论监督。大众传播也可能对健康相关行为发生不利的影响。作为当代的大学生有义务抵制或消除大众媒介可能发生的副作用。

家庭对行为的影响。家庭是以婚姻和血缘关系为基础的人类社会生活的基本群体。家庭主要有六个方面的功能：一是性爱功能；二是生育功能；三是教育功能；四是情感功能；五是保障功能（赡养，为病患伤残者提供支持）；六是经济功能。此外尚有社会地位、宗教和政治功能。这些功能与社会生活的各个方面息息相关，也与每个人的发育成长、事业爱好、生老病死息息相关。因此家庭与健康有着密切的关系。

学校、家庭是健康影响因素（环境、认知、教育、遗传等）的汇集之处。"家庭聚集现象"指家庭成员之间健康影响因素的相似程度大于非集体成员，无论这种相似是否由遗传引起。这是基于集体成员都可能模仿其他成员的行为，并提供"行为前件"和"行为后件"而影响其他成员的行为。因此，学校、家庭中有许多机会可影响到人的健康相关行为，而且在这种环境发展的各个阶段对健康相关行为的影响有所不同。不但有相互影响的横向作用，而且有承前启后的纵向作用，故影响广泛而深远。

五、健康相关行为

（一）健康行为和健康相关行为

健康行为是指人体在身体、心理、社会各方面都处于良好状态时的行为表现。体现一种理想的状态，也是不断调整的动态过程，人们在不断努力逐渐接近这种状态。

健康相关行为是指个体或群体与健康和疾病有关的行为。一般分为促进健康行为和危害健康行为。实际中，重点研究的是健康相关行为。

(二)促进健康行为

促进健康行为是个人或群体表现出的，客观上有利于自身和他人健康的一组行为。

1.促进健康行为判断标准的基本特征。有利性——行为表现有利于自身、他人和社会、如不吸烟、不酗酒等。规律性——行为表现有恒定的规律，如定时、定量进餐。和谐性——个体行为表现既有鲜明个性又能根据整体环境随时调整自身行为。一致性——行为本身的外显性应与其内心的心理情绪相一致。适宜性——行为强度有理性控制，无明显冲动表现且对健康有益。

2.促进健康行为可分为五大类。

(1)日常健康行为。指日常生活中有益于健康的基本行为，如合理营养、平衡膳食、充足的睡眠、适量锻炼、饭前便后洗手等。

(2)避开环境危害行为。指避免暴露于自然环境和社会环境中的有害健康的危险因素，如离开污染的环境、不接触疫水、积极适应各种紧张生活事件等。

(3)戒除不良嗜好。如戒烟、不酗酒与不滥用药物等。

(4)预警行为。指对可能发生的危害健康的事件的预防性行为并在事故发生后正确处置的行为，如乘飞机、坐汽车先系安全带，骑摩托车戴头盔，火灾、溺水、车祸等的预防以及意外事故发生后的自救与他救行为。

(5)合理利用卫生服务。指有效、合理地利用现有卫生保健服务，以实现三级预防，维护自身健康的行为，包括定期体检、预防接种、患病后及时就诊、遵从医嘱、积极配合医疗护理、保持乐观向上的情绪、积极康复等。

(三)危害健康行为

危害健康行为是个体或群体在偏离个人、他人、社会的期望方向上表现的一组行为。

1.主要表现特点。危害性:该行为对自己、对他人、对整个社会的健康有直接或间接的、明显或潜在的危害作用。明显性和稳定性:行为非偶然发生，对健康的影响具有一定的作用强度和持续时间。习得性:危害健康的行为都是个体在后天的生活经历中学会的，故又称“自我创造的危险因素”。

2.危害健康的行为可分为四大类。

不良生活方式。指一组习以为常的、对健康有害的行为习惯，如吸烟、酗酒、不良饮食习惯、缺乏体育锻炼等。不良生活方式与肥胖、心脑血管疾病、癌症等的发生有非常密切的关系。

致病性行为模式。指导致特异性疾病发生的行为模式。国内外研究较多的是A型行为模式和C型行为模式。

A型行为模式:是一种与冠心病的发生密切相关的行为模式。A型行为又叫“冠心病易发性行为”，其核心行为表现为不耐烦和敌意。此类型常因别人的微小失误或无心得罪而大发雷霆。产生该行为的根本原因是过强的自尊和严重的不安全感。A型行为者的冠心病发病率、复发率和致死率均比正常人高出2～4倍。

C型行为模式:是一种与肿瘤的发生有关的行为模式。C型行为又称“肿瘤易发性行为”，其核心行为表现是情绪好压抑，性格好自我克制，表面上处处依顺、谦和善忍、回避矛盾，内心却是强压怒火，爱生闷气。C 型行为者宫颈癌、胃癌、食道癌、结肠癌、肝癌和恶性黑色素瘤的发病率均比正常人高 3 倍左右。

不良疾病行为。指在个体从感知到自身患病到疾病康复过程中所表现出来的不利健康的行为。不良疾病行为的常见表现：疑病、瞒病、恐病、讳疾忌医、不及时就诊、不遵从医嘱、求神拜佛、自暴自弃等。

违规行为。指违反法规、道德规范并危害健康的行为，如药物滥用、性乱等。

六、与疾病相联系的健康相关行为

著名的健康行为学家 Gochman 从“健康—疾病”动态过程的角度将健康相关行为分为三类：

1. 预防行为。自信健康者在无疾病症状情况下所采取的任何旨在预防疾病的行为。

2. 生病行为。自我感觉生病者所采取的任何旨在确定健康状况或寻求恰当治疗的行为。

3. 病人角色行为。自信生病者所采取的任何旨在恢复健康的行为，包括从医疗服务提供者获得治疗、从他人获得照料、解除平常承担的职责等。

第二节　行为改变与行为干预

一、健康相关行为改变的理论与方法

(一)知信行模式(KABP)

知信行模式如图 5－1 所示，“知”指知识和学习，是行为改变的基础；“信”指信念和态度，是行为改变的动力；“行”指产生改变促进健康行为、消除危害健康行为的过程，是行为改变的目标。群众从接受健康知识到改变行为是一项复杂的系统工程，其中信念的确立和态度的改变最为关键。

信息 → 知 → 信 → 行 → 促进健康

图 5—1　知信行模式

(二)健康信念模式(HBM)

健康信念模式应用了心理学的概念来解释人们的健康相关行为，如图 5－2 所示。它认为健康信念是人们接受劝导、改变不良行为、采纳健康行为的关键。

健康信念模式对改变健康相关行为应遵循的步骤：

1. 产生恐惧。首先充分地让人们对其目前存在的不良健康行为和生活方式感到害怕即知觉到威胁和问题的严重性。

自觉易感性：指个人内心感觉到自己健康状况面临受到损害、面临某种疾病的威胁。如某人发现自己很有可能发生癌症。

自觉严重程度：人们对得了疾病的严重后果或得了病不治疗的严重后果的认识。如得了病是否会死亡、残废、剧烈疼痛，得了病之后自己的工作、家庭生活、社会关系是否会受到影响。

2. 对行为效果的期望。进一步让人们坚信一旦他们改变了不良行为自然会得到十分有价值的后果即知觉到效益，同时也要清楚地意识到行为改变中可能遇到的困难即知觉到障碍。

自觉益处：人们对于采取某种行为以后，能够有效地消除健康损害、避免疾病发生和减轻

损害后果的主观认识。如采取某行为之后，能否有效缓解病痛。只有人主观上感觉到了行为能够带来的益处，才能主动采取这种行为。

自觉可能障碍：人们对采取某种健康行为可能遇到的客观困难或自己心理上的障碍的主观认识，即在考虑行为好处的同时，也在判断该行为风险（副作用）、不愉快（疼痛）、花费过多等。

3. 效能期望。使人们有信心、有能力通过长期不懈的努力改变不良健康行为即自我效能。自我效能是人们对自己是否有能力执行某一特定行为的自信程度。自信心具有很重要的作用，特别是当人们感觉到采取某种行为会面临许多困难时，需要坚定克服困难的信心，才能最后建立起这种行为。自我效能（自信心）对于改变人们长期形成的生活习惯和饮食习惯，如吸烟、饮酒、缺乏锻炼等行为时尤为重要。

HBM理论的操作过程

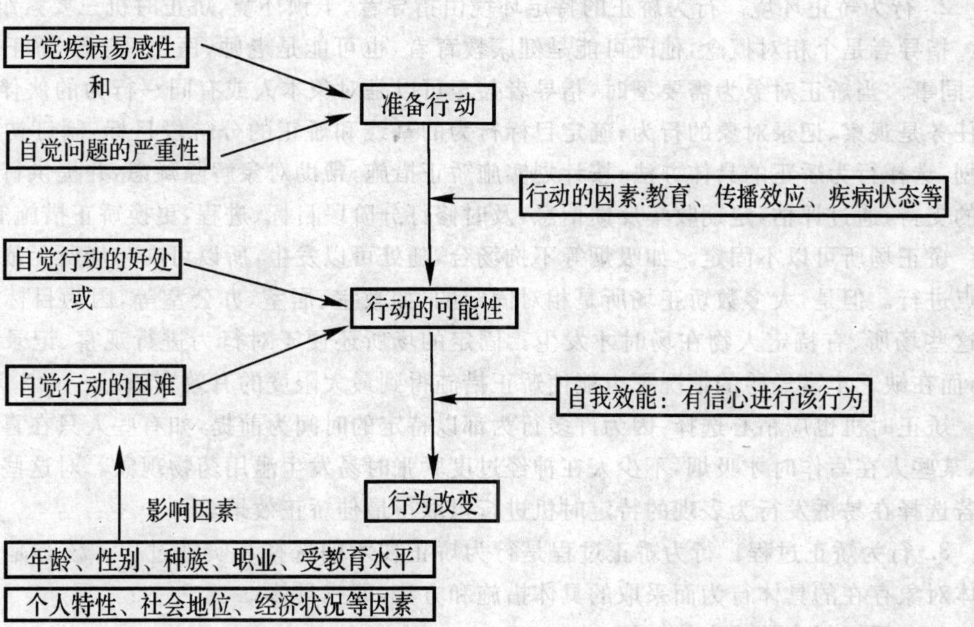

图 5-2　健康信念模式理论操作流程

二、健康相关行为干预

行为干预的目的在于使人们改变已养成的不良行为和生活习惯，自觉采纳促进健康的行为和养成良好的生活习惯。对健康相关行为的干预有许多好方法、好措施，比如信息传播、组织与法规、环境改变、培训与指导、咨询、行为矫正等，这些干预的方法分别作用于影响行为的产生、保持与发展的各个环节。现主要阐述健康教育与健康促进中常用的干预的方法——行为矫正。

（一）行为矫正的基本概念

行为矫正是按照一定的期望，在一定的条件下，采用一定的措施，促使矫正对象改变自身特定行为的行为干预过程。

行为矫正不仅强调消除危害健康的行为，同时告诉人们促进健康行为的方式，而且使人们积极地、主动地投入到行为转变的过程。

构成行为矫正的三要素：对象、环境和过程。

1. 行为矫正对象。按照其对行为指导的态度分为：需要型—行为矫正对象对自身不良健康行为已知觉到威胁和问题的严重性，并积极寻求改变的措施和方法。应该要保护已确立的信念和态度，提供适宜的环境条件支持，及时制定行为矫正的目标、方法和方向。冷漠型—行为矫正对象对自身不良健康行为有认识，但无改变的信心和接受行为指导的愿望。工作重点关键是让他们“产生恐惧心理”，使意识到自身不良健康行为已构成威胁和问题的严重性，促进态度转变成为需要型。无需要型—对自身不良健康行为全无认识或完全不承认问题的客观存在。工作重点关键在于激发他们对行为改变的迫切需要感，并提供健康信息、政策、法律、经济、社会的支持，家庭、团体、亲友的帮助。

2. 行为矫正环境。行为矫正的特定环境由指导者、干预环境、矫正时机三要素组成。

指导者是个相对概念，他既可能是健康教育者，也可能是老师、医生、护士，矫正对象的亲友、同事。当矫正对象为需要型时，指导者甚至可以是对象本人或有同一行为的伙伴。指导者的任务是观察、记录对象的行为；确定目标行为的基线和矫正的分阶段目标，制订初步的实施计划，选择行为矫正的具体办法；按计划实施矫正措施；帮助对象解除疑虑，并提供行为转变必需的支持；通过评估，定期收集反馈信息，及时修订分阶段目标、进程，更换矫正措施等。

矫正场所可以不固定。如吸烟等不拘场合，随处可以发生，所以可在与场所无依赖关系的地点进行。但是，大多数矫正场所是相对固定的，如教室、居室、办公室等，因为目标行为只有在这些场所、有特定人物在场时才发生。固定的场所还便于对行为进行观察、记录和效果评价，而在缺乏丰富经验的情况下也能使矫正措施得到最大限度的有效实施。

矫正时机也应精心选择，因为许多行为都以特定的时间为前提，如有些人只在喜庆时才饮酒，某些人在写作时才吸烟，不少人在神经过度紧张时易发生滥用药物现象。对这些行为的矫正若选择在易诱发行为表现的特定时机进行可取得最佳矫正效果。

3. 行为矫正过程。行为矫正过程是行为矫正技术的选择和实施过程。核心是怎样针对具体对象存在的具体行为而采取的具体措施和方法，即三具体。

（二）目标行为的确定与分析

1. 目标行为的确定。健康相关行为的矫正从确定目标行为开始，并且目标行为要与健康教育项目要解决的健康问题相一致。

目标确定过程中必须遵循的原则和步骤：

第一，调查研究确定目标。应该是当地涉及面广、最突出的影响健康的问题并且符合健康促进计划的总目标。

第二，目标行为矫正的可行性。根据实施单位的客观条件、资源投入和成本-效益或成本-效用分析，矫正条件达到“高可能性”才能正式确立为目标行为。

第三，确定目标行为的子行为。界定的目标行为及子行为必须符合客观、明确、完整三项标准。

客观：其内容能够充分体现行为的外在特征。

明确：观察和测量行为的标准必须言语准确，任何指导者都能理解、复述和解释。

完整：必须显示目标行为所具备的反应条件，使行为矫正的实施者能够对相似的目标行为准确地进行辨析。

2.目标行为的分析。对目标行为的存在进行分析的目的在于确定该行为的表现程度，即本行为的基线是什么，以及体现。

从矫正的效率和效果而言，一次选择1～2个目标行为最佳。目标行为的转变程度反映行为发生的频度和行为的持续时间则是行为分析的两个基点，基于此进行量化分析，包括频度分析、归类分析、计数分析、持续时间分析、时段抽样分析。

（三）行为矫正的技术与方法

行为矫正的技术是用于矫正各种危害健康行为，指导建立各种促进健康行为的一系列技术。在健康教育方面被广泛应用的行为矫正技术的方法有脱敏法、示范法、厌恶法、强化法和消除法。这里介绍几种方法概念、原理、适应症等。

1.脱敏法：主要用于消除个体因对某种因素过于敏感而产生的不良行为表现，如恐惧症、焦虑症、各种神经心理超敏性反应（如紧张症）等。具体有系统脱敏法、接触脱敏法、自身脱敏法等。在治疗前将该刺激的因素分解并按由小到大、由弱到强的顺序重新排列，在治疗中有目的地、循序渐进地主动提供这一刺激；适时修正个体对该刺激的错误认知，再通过反复的操作、强化，可达到消除这种过于敏感行为的目的。脱敏疗法的成功取决于矫治过程的系统性、有专业人员指导，并在适当环境下进行。

2.示范法：将所要提供的促进健康行为分解成不同阶段或不同表现，设计相应的模拟场景，让被矫治者时而当观众，时而身临其境去扮演角色，从中得到启发，促进态度和行为转变。

3.厌恶法：在目标行为出现之后立即给予厌恶刺激，经过一段时间使被矫治者的内心建立起这种行为与所给刺激之间的条件反射而消除该行为。刺激性质有化学性、物理性、羞耻性、疲劳性等。常用于矫正各种成瘾性行为、强迫症、恐惧症和异常癖好等。使用时一要注意持续性，否则条件反射无法建立；二要防止强度不当，反而引发新的紧张刺激；三要将治疗原理保密，以防对方产生对抗心理，正向效应无法达成。

4.强化法：行为发生后分别提供正、负两种强化刺激。正强化刺激具有行为诱惑力，负强化刺激努力消除本来足以产生逃避反应的厌恶事件，两者都希望能使个体建立较理想的行为表现频度。本方法是迄今为止在帮助个体建立促进健康行为上最有效的矫正手段，但它在对专业人员如何正确选择强化因素、安排强化活动、接受信息反馈等方面都有更严格的技术要求。

5.消除法：矫正各类焦虑和恐惧行为的有效方法。其基本原理是：让被矫正者真正接触原来会使他产生厌恶和逃避反应的环境，设法逐步中断会使其反应得到强化的因素，因此反向地导致焦虑、紧张行为消失。

思考题：

1.试述行为的概念及影响行为的因素。

2.试述健康行为的概念及影响健康行为的因素。

3.促进健康行为、危害健康行为的概念、特点及分类是什么？

4.健康相关行为干预有几种模式？它的步骤及意义是什么？

5.行为矫正的基本概念、要素及方法是什么？

第六章　生活方式与健康

提要：本章主要介绍健康生活方式；生活方式相关疾病及其防治；如何养成良好的生活方式和行为习惯。

人类的健康与长寿60%取决于自己，其余40%取决于外在因素，其中遗传因素占15%，社会因素占10%，医疗条件因素占8%，气候环境因素占7%。世界卫生组织认为，对人类来说，21世纪最可怕的不是艾滋病、核武器，也不是瘟疫、癌症，而是不良生活习惯。因此，作为现代大学生应该了解必要的健康知识，掌握保持健康的技能，选择健康行为和健康生活方式，合理膳食、适量运动、戒烟限酒、心理平衡、劳逸结合，维护并促进自身的健康。

第一节　健康生活方式

健康生活方式，是指有益于健康的习惯化的行为方式。表现为生活有规律，没有不良嗜好，讲究个人卫生、环境卫生、饮食卫生，讲科学、不迷信，平时注意保健，生病及时就医，积极参加有益健康的文体活动和社会活动等。目前，比较公认的健康生活方式主要包括合理膳食、适量运动、戒烟限酒、心理平衡四个方面。

第二节　生活方式相关疾病及其防治

世界卫生组织1992年估计，全球60%的人类死亡主要归因于不良的行为和生活方式。与生活方式相关的疾病主要为慢性非传染性疾病，如恶性肿瘤、脑血管疾病、心脏病、高血压、糖尿病等，还有传染性疾病，如艾滋病等。

一、与生活方式相关的疾病防控形势严峻

(一)我国糖尿病患病人数居世界第二位

世界卫生组织的专家警告说：糖尿病这个"隐形杀手"已经超过了禽流感和艾滋病，成为亚洲头号健康问题，几乎可以被视为具有毁灭性的"全球糖尿病海啸"，是21世纪的健康危机，而亚洲正是全球健康危机的中心。2007年，我国糖尿病患病率为11.28%，平均每9人中就有1例糖尿病患者。尤其令人不安的是，我国糖尿病患病率持续上升，但其诊断率、治疗率、达标率均不到1/3。

(二)我国人群高血压患病率呈持续增长趋势，防治任务艰巨

高血压是最常见的疾病，已经成为了主要的公共卫生问题之一。目前，我国每年新增的高血压患者大概在1 000万名左右，如果不采取措施，将带来严重疾病负担。我国每年心血管病死亡人数300万人，一半以上和高血压有关系，可见，防止心脑血管病必须从防治高血压开始。

全球6亿高血压患者中，只有不到1/4的患者血压得到控制。目前我国高血压控制的现状令人极不满意：知晓率26.29%，药物治疗率12.1%，实际控制率2.8%（BP<140/90mmHg）。据流行病学资料统计，我国的高血压患者达到2亿人，糖尿病患者达到4 000万人。在高血压患者中有10%合并糖尿病，而在糖尿病患者中有大约40%～50%合并高血压。综合这些数据，我国糖尿病合并高血压的患者已达到2 000万人。

卫生部部长陈竺前瞻性地告诫：如果没有有效的干预措施，未来30年将是中国慢性病井喷的年代。

二、现代人的生活方式与代谢综合症

随着经济社会的发展，现代人的生活方式表现为：三餐无定时，肥甘厚而腻；昼夜常颠倒，劳逸不平衡；酷夏惜流汗，严冬拒穿棉；坐车不行走，饭后看电视。只顾金钱不顾健康，只重治疗不重预防，只讲体态不讲心态。由于不良的生活方式，代谢综合症如脂肪肝、高血压、冠心病、高血脂症、糖尿病、高血糖、高黏滞血症、高胰岛素血症、高尿酸血症、胰岛素抵抗、中心性肥胖等急剧增加。代谢综合症患病率急剧增加的原因有以下两点：

（一）遗传因素

例如，中国人可能为糖尿病的易感人群，富裕国家华人患病率在10%以上，明显高于当地的白种人。

（二）环境因素

膳食结构改变，总热量过剩；生活方式不健康，体力活动减少，肥胖；社会老龄化，我国男性预期寿命已达71岁，女性达74岁。

三、生活方式疾病的诊治

（一）糖尿病的诊治

目前，我国糖尿病的诊治现状严峻，中心城市发病后8年被诊断，农村地区需要12年被诊断。糖尿病的并发症很可怕，主要表现为：失明、中风、尿毒症、冠心病、心梗、动脉硬化、截肢等。一般糖尿病确诊时已有半数患者存在并发症：糖尿病视网膜病变是成年人致盲的首要原因；卒中，危险性增加2～4倍；糖尿病肾病是终末期肾病的首要原因；心血管疾病，糖尿病患者中每10人有8人死于心血管疾病；外周血管病变，导致非创伤性下肢截肢手术的主要原因。

1. 如何早期发现糖尿病？主要是看家族史，评估自己，学知识，察症状，测血糖、血压、血脂。

2. 糖尿病的防治口号：高举五驾马车理论伟大旗帜，坚持四项基本原则，践行三个代表，实现两个目标，确保一个宗旨。

五驾马车：教育、饮食、药物、运动、监测。四项基本原则包括早期：早期发现、早期检查、早期治疗；长期：生活方式、药物治疗、经常监测；有效：血糖达标、血脂血压达标、体重达标；积极：积极治疗、主动调整、安全达标。

三个代表：自己—家人—后代。

两个目标：基本目标——血糖、血压、血脂等达标；最终目标——控制并发症。

一个宗旨：健康、快乐生活。

3. 平时保养须记一二三四：一张嘴——开关自如；两条腿——迈开多动；三个脏器（心、

脑、肾)——要有数;四个组织(眼睛、胃肠道、神经、糖尿病足)——警报信号要记住。

4. 糖尿病饮食要诀:吃素点,吃少点,吃干点,吃慢点,吃杂点。

(二)高血压的诊治

高血压是最常见的心血管病,是多种疾病的导火索。由于部分高血压患者平时并无明显的临床症状,故高血压又被称为人类健康的“无形杀手”。为提高广大群众对高血压危害的认识,动员全社会都来参与高血压预防和控制工作,普及高血压防治知识,1998 年,卫生部决定将每年的 10 月 8 日定为“全国高血压日”,在全国范围内掀起了防治高血压宣传活动的高潮。

1. 降压,三个指标要达标。专家介绍,所谓降压达标最大的好处主要还是为了保护器官。降压达标是指对所有的高血压患者,对那些没有合并症和并发症的患者来说,要舒张压不超过 90mmHg;对那些伴有糖尿病或者肾脏疾病的患者来说,收缩压不超过 130mmHg,舒张压不超过 80mmHg;对年龄超过 60 岁以上的老年人,他们血压达标的标准就是收缩压不超过 150mmHg,舒张压不超过 90mmHg。这三个指标是国际通用的标准。

2. 五种发病因素及预防措施。医学界普遍认同的高血压发病因素有以下五点,可根据情况采取适当预防措施:①膳食。在膳食中,首先是盐的摄入过多,可使血压升高;充足的钾、钙可防止血压升高;适量控制脂肪的摄入,也可使血压下降;常吃香蕉、苹果、西瓜等富含钾的食品,摄入鱼蛋白都能降低高血压的发病率。②精神。长期反复的过度紧张与精神刺激,可使大脑皮层下血管运动中枢平衡失调,形成以血管收缩占优势的状态,血管收缩可导致血压升高。③肥胖。肥胖与高血压密切相关。研究表明:肥胖者发展成高血压的危险性是正常体重者的 8 倍。④烟酒。长期大量吸烟,可使血压升高,因为烟中尼古丁可使血压升高。有资料表明:吸 2 支烟 10 分钟后收缩压(高压)和舒张压(低压)都会升高;大量饮酒也同样促使血压升高。⑤遗传。大量的临床资料证明高血压与遗传因素有关。如父母均患高血压,其子女的高血压发生率可达 46%;父母中一人患高血压,子女高血压发生率为 28%;父母血压正常,子女高血压发生率仅为 3%。凡有高血压家族史的人应从年轻时起,密切观察血压变化,提早预防。

3. 早晨补水防止发作。研究发现,9 时至 10 时是高血压病人发病高峰时段,这种情况和饮水有关。防止高血压病在 9 时至 10 时左右的高峰期发作,最有效的办法是清晨补充水分,降低血液的黏稠度,有利于防止高血压的发作。水是维持人体一切生理活动,进行新陈代谢必要的物质,诸如输送养料、消化吸收、排除废物等。特别是患有高血压、脑血管硬化的老年人,饮水过少,会促使血液黏度的增加,容易形成脑血栓。这种现象在 9 时至 10 时左右尤为常见。因为这类病人动脉多半已经发生粥样硬化,血管狭窄,易使病人出现肢体麻木、乏力,甚至偏瘫。专家指出,我国目前脑卒中年发病率为每 10 万人约 250 人,而冠心病年发病率为每 10 万人约 50 人,两者比例为 5∶1。因此,我国心脑血管病防治的重点是预防脑卒中。我国脑卒中发生危险的 40%～50%归因于高血压,控制高血压是脑卒中一级预防的最重要措施。

四、2009 世界糖尿病日主题——“糖尿病教育与预防”

通过开展“糖尿病教育和预防”,使各级政府和社会公众充分认识到,只要采取有效措施,改变不健康的生活方式,糖尿病是可防可控的。

(一)主要目标

让患者了解糖尿病风险及其预警信号,如何应对糖尿病和向谁求助,如何管理和控制糖尿病。

（二）迈开腿管住嘴，谈糖尿病的饮食和运动治疗

1. 糖尿病如何管住嘴。饮食控制不好的“恶果”：吃更多降糖药，肥胖，血脂更高，血压更高，并发症增加，打更多胰岛素；控制饮食的好处：降低血压水平，更好控制血糖，调整血脂水平，少吃药，更健康。

营养搭配合理化——“60/25/15”法则。热能供给的比例：蛋白质 15%，脂肪 25%，碳水化合物 60%。

食物种类要多样化。主食的选择：主食除了日常吃的米面外，可多选粗粮，如荞麦、燕麦、小米，能供给丰富 B 族维生素，而且其中的粗纤维对降糖、调脂、通便很有好处。肉类的选择：吃四条腿的不如吃两条腿的，吃两条腿的不如吃没有腿的。蔬菜、水果的选择：绿色蔬菜多多益善；吃水果要适时适量，尽量吃含糖量低的水果，作为餐前加餐吃，每次少吃点。豆制品虽好，但不能过量食用，否则，会增加肾脏负担。油盐少放点，口味清淡点，每天吃盐最好不要超过 6 克。总之，每天总量要量化，营养搭配合理化，食物种类丰富化，烹调过程清淡化。

2. 糖尿病如何迈开腿。为什么要迈开腿？糖尿病患者不运动后果将会很“严重”：血脂可能会升高，越来越胖。容易患冠心病，并发症增加，需要吃更多的降糖药或者打更多的胰岛素。迈开腿运动的好处：使人精力更充沛，有利于减轻体重，辅助血糖控制，改善患者情绪，提高生活质量。

运动强度的确定——自我认知法。运动量适宜：稍乏力、微汗、休息后恢复；运动量不足：无汗、无发热感，脉搏无改变，血糖无变化；运动量过大：乏力、大汗淋漓、胸闷；有并发症时，根据病情，在医生指导下酌情运动。

合适的运动时间：每次运动持续约 20～30 分钟为宜，最好在餐后 1 小时运动。空腹运动容易出现低血糖，可先少量进食。

体力活动：运动频率和时间为每周至少 150 分钟；中等强度的体力活动，包括快走、打太极拳、骑车、打高尔夫球和园艺活动；较强体力活动为：舞蹈、有氧健身、慢跑、游泳、上坡骑车；每周最好进行 2 次肌肉运动，如举重训练，训练时阻力为轻或中度。运动项目要和病人的年龄、社会、经济、文化背景及体质相适应；养成健康的生活习惯，将有益的体力活动融入到日常生活中；活动量大时应建议糖尿病病人调整食物及药物，以免发生低血糖。

综上所述，要有效控制糖尿病，就必须培养良好的生活方式：管住嘴，控制食物总量，合理进食；迈开腿，增加体力活动，参加体育锻炼；定期检测血糖。

第三节　良好的生活方式和行为习惯

一、勤洗手、常洗澡，不共用毛巾和洗漱用具

用正确的方法洗手，能有效地防止感染及传播疾病。手的清洁与人体健康有密切关系，手是传染病传播过程中重要的媒介物之一。带有病原体（导致疾病的病毒和细菌等）的手可通过握手、接触扶手等途径将病原体传给他人，病原体也可通过触摸自己的眼、口、鼻，侵入体内造成感染。

遇到下述情况都需要洗手：吃饭服药前，接触清洁物品、搂抱婴幼儿前，便前便后；做完扫除工作之后，接触钱币之后，外出归来；去医院看病或者接触患者后，接触过血液、泪液、鼻涕、

痰液或唾液之后，尤其是接触过传染物品后，更要经过消毒反复清洗。

要学会正确的洗手方法：打开水龙头后，用流动的水冲洗手部，应该使手腕、手掌和手指充分浸湿，打上肥皂均匀涂抹，搓出皂沫，让手掌、手背、手指、指缝等都沾满，然后再反复搓揉双手及腕部。整个搓揉时间不应少于15秒，最后再用流动的自来水冲干净。洗手时，要注意清除容易沾染致病菌的指甲、指尖、指甲缝、指关节等部位。应将手的各个部位清洗到。

洗澡能洗掉积汗和污垢，促进排汗，进而保证皮肤有效地调节体温，并有利于皮肤的“呼吸”功能；洗澡可以加快皮肤和肌肉的血液循环，使皮肤获得更多的营养，清除乳酸等使人感到疲倦的物质和其他废物，消除人体疲劳，减轻或消除肌肉痛；略比体温高一些，温度适宜的浴水对皮肤、神经有安抚、镇静的作用，有助于止痒、止痛和缓解其他不适感。洗澡时水温保持在38℃最适宜，最好不要超过40℃。

不应与别人共用牙刷、毛巾、剃须刀，以免造成疾病的传播。如果一个人患有皮肤病、性传播疾病或其他传染性疾病，病原体可能沾染到洗浴使用的盆、毛巾上，如果与他人共用盆、毛巾，有可能导致共用者感染这些疾病。此外，不共用毛巾、盆，还能预防沙眼、“红眼病”等接触性传染病。

二、每天刷牙，饭后漱口

预防龋病和其他牙周疾病的主要方法，就是每日刷牙。最好每天早、晚各刷一次牙，每次刷牙不要少于3分钟。晚上睡前的一次刷牙更为重要。牙刷要选用标准牙刷。不要使用一次性的、不合标准要求的牙刷。使用牙刷后，应注意冲净，并保持干燥。一把牙刷即使刷毛弯曲不厉害，使用时间也不宜超过3个月。

推荐成人使用的刷牙方法是水平颤动法。要点是首先将牙刷放到位（每一次能够刷2～3颗牙齿），牙刷的刷毛指向根尖方向（上颌牙向上，下颌牙向下），与牙面呈45度角，轻轻加压后在原地水平颤动牙刷8～10次（每次水平移动不超过1颗牙），然后再顺着牙面（上颌牙向下、下颌牙向上）刷几次。一组牙齿刷完后，将牙刷移到下一组的2～3颗牙齿。牙齿的咀嚼面用拉锯式的方法刷。刷牙时要保证每颗牙齿的每个面都要刷到。

刷牙时，不要采用水平拉锯式的“横刷法”。这种方法难以刷到牙齿邻面的软垢和菌斑，还会损伤牙龈，容易造成牙颈部的楔状缺损。

世界卫生组织一直推荐使用含氟牙膏来预防龋齿。不过生活在高氟地区的人，不需要使用含氟牙膏。因为人体吸收的氟一旦过量，会引起氟中毒，最主要的疾病就是氟斑牙和氟骨症。

吃东西后要认真漱口。温水含漱，能清除牙缝里的细菌和食物残渣。

三、不吸烟，不酗酒，不吸毒

（一）不吸烟

世界卫生组织《烟草控制框架公约》明确指出：被动吸烟（二手烟）会造成死亡、疾病和功能丧失。目前，我国人群中遭受被动吸烟危害的人数高达5.4亿人，其中15岁以下儿童有1.8亿人。每年死于被动吸烟的人数超过10万人。家庭、公共场所和工作场所是接触二手烟的主要地方。

卷烟点燃时会产生极高温度（900℃），这时产生的烟草烟雾中含有4 000多种化学物质，包含许多有毒有害物质，其中有60多种物质具有致癌性。

有毒物质有一氧化碳、一氧化二氮、甲醛、乙醇、甲烷、甲苯、氢化氰、铅、铝、锌、镁等；致癌物质有苯并芘、氯乙烯、亚硝胺、多环芳烃、亚硝基甲苯、镉、镍、钋等。

二手烟雾包含很多能够迅速刺激和伤害呼吸道黏膜的化合物，即便是短暂的接触，也会产生如下后果：导致健康人上呼吸道损伤，使哮喘患者发作更频繁，病情更严重；增加血液黏稠度，伤害血管内膜，引起冠状动脉供血不足，增加心脏病发作的危险。

1987 年，世界卫生组织将每年的 5 月 31 日定为“世界无烟日”。世界各地在无烟日前后都将针对无烟日主题开展形式多样的宣传活动，广泛宣传吸烟和被动吸烟的危害。《烟草控制框架公约》已经在我国正式生效，面对 3 亿吸烟者，以及 5.4 亿被动吸烟者，预防被动吸烟，也需要我们每一位大学生的努力：首先我们要做到不吸烟；其次勇敢地对吸烟者说：不要在我面前吸烟！

（二）不酗酒

在节假日、喜庆和社交等场合，饮酒是一种习俗。我国居民中有 1/5 的人经常饮酒，特别是男性中有近 40％的人经常饮酒。我国居民饮酒的主要类型为白酒、啤酒、葡萄酒和其他含酒精饮料。经常过量饮酒会给健康带来多方面的损害。

1. 长期过量饮酒使碳水化合物、蛋白质及脂肪的摄入量减少，维生素和矿物质的摄入量也不能满足要求。

2. 过量饮酒可造成肠黏膜的损伤及对肝脏功能损害，从而影响几乎所有营养物质的消化、吸收和转运。

3. 急性酒精中毒可能引起胰腺炎，造成胰腺分泌不足，影响蛋白质、脂肪和脂溶性维生素的吸收和利用，严重时还可导致酒精性营养不良。

4. 酒精对肝脏有直接的毒性作用，干扰脂类、糖类和蛋白质等营养物质的正常代谢，同时也影响肝脏的正常解毒功能。

5. 长期过量饮酒与脂肪肝、肝静脉周围纤维化、酒精性肝炎及肝硬化之间有密切关系，肝硬化死亡中有 40％由酒精中毒引起。

6. 过量饮酒会增加患高血压、中风等疾病的风险。

7. 过量饮酒会导致交通等事故及暴力的增加，对个人健康和社会安定都是有害的。

8. 饮酒还会增加消化道癌症和女性患乳腺癌的风险。

9. 长期过量饮酒还可导致酒精依赖症、成瘾以及其他严重的健康问题。

综合考虑过量饮酒对健康的损害作用和适量饮酒对健康可能的益处，喜欢饮酒的人，特别是喜欢饮用高度白酒的人，应该从保护健康的角度作出明智选择，自觉地限量饮酒。

（三）不吸毒

毒品是指鸦片、海洛因、甲基苯丙胺（冰毒）、吗啡、大麻、可卡因，以及国家规定管制的其他能够使人成瘾癖的麻醉药品和精神药品。在我国，K 粉（氯胺酮）、摇头丸等从 20 世纪末、21 世纪初开始在歌舞娱乐场所中流行。不论是注射或吸食，只要对毒品逐渐形成身体上或精神上的依赖，就称作成瘾。

吸毒所致最突出的精神障碍是幻觉和思维障碍。毒品进入人体后作用于人的神经系统，使吸毒者出现一种渴求用药的强烈欲望，驱使吸毒者不顾一切地寻求和使用毒品，甚至为吸毒而丧失人性。一旦出现精神依赖后，即使经过脱毒治疗，在急性期戒断反应基本控制后，要完全恢复原有的生理功能，往往还需要数月甚至数年的时间。

静脉注射毒品还可以给滥用者带来感染性合并症，最常见的有化脓性感染和乙肝、丙肝及艾滋病。此外，还会损害神经系统、免疫系统，使吸毒者容易患上多种疾病。

吸毒是一种违法行为。毒品的危害，可以概括为毁灭自己、祸及家庭、危害社会。不少吸毒者最初由于好奇而接触毒品，但吸了一两次后就会上瘾。一旦上瘾，吸毒者就对毒品产生强烈的依赖，人格发生严重扭曲。同吸毒前相比，他们的生活方式完全改变，想方设法搞到毒品，成了他们生活的唯一目的。为了达到这个目的，他们不惜道德沦丧，违法犯罪。更严重的是，对毒品的依赖性难以消除。这是许多吸毒者一而再、再而三反复吸毒的原因。许多吸毒者在没有经济来源购毒、吸毒的情况下，或死于严重的身体戒断反应引起的各种并发症，或由于痛苦难忍而自杀身亡。家庭中一旦出现了吸毒者，就常常陷入经济破产、亲属离散，甚至家破人亡的困难境地。毒品活动还可以诱发加剧各种违法犯罪活动，扰乱社会治安，给社会安定带来巨大威胁。

每年的 6 月 26 日是“国际禁毒宣传日”，这一天，世界各国都要开展声势浩大的反对毒品宣传活动，告诫大家千万不要吸毒、贩毒。对待毒品，必须认清其危害，坚决拒绝，千万不要去尝试。

四、膳食应以谷类为主，多吃蔬菜水果和薯类，注意荤素搭配

我国居民传统的膳食以谷类为主，但随着经济的发展、收入的增加和生活水平的提高，动物性食物的消费量已经大大增加。动物性食物提供的能量和脂肪过高，而膳食纤维过低，对一些慢性病的预防不利。

谷类食物是人类最好的基础食物，也是最经济的能量来源。以谷类为主的膳食既可提供充足的能量，又可避免摄入过多脂肪含量高的动物性食物，对预防心脑血管疾病、糖尿病和癌症有益。我国以谷类为主的传统膳食是有利于健康的，我们应该保持自己的膳食模式，不要盲目地追求西方的膳食模式。

提倡以谷类为主的膳食，就要求膳食中谷类食物提供的能量达到全部能量的一半以上。一般成年人每天应食用 250～400g 的谷类食物。

目前，有些人错误地认为富含碳水化合物的谷类、薯类食物，如米饭、面制品、马铃薯等会使人发胖，这是不正确的。造成肥胖的真正原因是能量过剩。在碳水化合物、蛋白质和脂肪这三类产能营养素中，脂肪比碳水化合物更容易造成能量过剩。在重量相同时脂肪提供的能量是碳水化合物的两倍多。另外，相对于碳水化合物和蛋白质，富含脂肪的食物口感好，能刺激人的食欲，容易使人吃得过多。

蔬菜含水分多，能量低，可以提供微量营养素，蔬菜含纤维素、半纤维素、果胶、淀粉、碳水化合物等，是胡萝卜素、维生素 B_2、维生素 C、叶酸、钙、磷、钾、铁的良好来源。

蔬菜的种类很多，不同蔬菜的营养价值相差很大。根据颜色深浅可以分为深色蔬菜和浅色蔬菜，深色蔬菜的营养价值一般优于浅色蔬菜。因此，在选择蔬菜时，应从以下几个方面考虑：首先选择新鲜和应季蔬菜；尽可能食用多种蔬菜；应特别注意摄入深色蔬菜，使其占到蔬菜总摄入量的一半；注意增加十字花科蔬菜（白菜、萝卜、油菜、芥蓝等），菠菜，菌藻类食物的摄入；避免蔬菜储存时间过长，防止一些营养物质的流失；腌菜和酱菜含盐较多，维生素损失较大，应少吃；吃马铃薯、芋头、莲藕、山药等含淀粉较多的蔬菜时，要适当减少主食，以避免能量摄入过多；建议每天摄入多种蔬菜，总量应达 300～500g。

蔬菜的营养价值除了受品种、部位、产地、季节等因素的影响外，还受烹调加工方法的影响。加热烹调可能降低蔬菜的营养价值。烹调蔬菜的正确方法是：先洗后切、急火快炒、开汤下菜、炒好即食。番茄、黄瓜、生菜等可生吃的蔬菜，应在洗净后食用。

多数新鲜水果富含水分，是维生素C、胡萝卜素、B族维生素、钾、镁、钙和膳食纤维的重要来源。红色或黄色的水果如芒果、杏等含有较多的胡萝卜素；枣类（鲜枣、酸枣），柑橘类（橘、柑、橙、柚）和浆果类（猕猴桃、沙棘、黑加仑、草莓、刺梨）中富含维生素C；香蕉、黑加仑、枣、红果、龙眼等富含钾。成熟水果所含的营养成分一般比未成熟的水果高。

尽管蔬菜和水果在营养成分和健康效应方面有很多相似之处，但它们毕竟是两类不同的食物，其营养价值各有特点。一般来说，蔬菜种类远远多于水果，而且多数蔬菜（特别是深色蔬菜）里的维生素、矿物质、膳食纤维和植物化学物质的含量高于水果，所以水果不能代替蔬菜。在膳食中，水果可补充蔬菜摄入的不足。水果中的碳水化合物、有机酸和芳香物质比新鲜蔬菜多，而且水果食用前不用加热，其营养成分不受烹调因素的影响，所以蔬菜也不能代替水果。我国成年人每天应吃水果200～400g。

薯类含有丰富的淀粉、膳食纤维以及多种维生素和矿物质。富含蔬菜、水果和薯类的膳食对保持身体健康，保持肠道正常功能，提高免疫力，降低肥胖、糖尿病、高血压等慢性疾病风险具有重要作用。

各种食物所含的营养成分不完全相同，任何一种天然食物都不能提供人体所需的全部营养。由多种食物组成的膳食，才能满足人体各种营养需求，达到合理营养、促进健康的目的。

五、膳食要清淡少盐

膳食要清淡少盐，就是说膳食不要太油腻，不要太咸，不要摄食过多的动物性食物和油炸、烟熏、腌制食物。食用油和食盐摄入过多是我国城乡居民共同存在的膳食问题。

人群的血压水平和高血压的患病率都与食盐的摄入量密切相关。食盐摄入量增加时，血压就升高；无论是健康人还是高血压患者，食盐的摄入量减少后，其平均收缩压和舒张压都有一定程度的降低。我国居民高血压患病率北方高于南方，农村居民平均血压值高于城市居民；而食盐摄入量也是北方高于南方，农村高于城市。50岁以上的人和有家族性高血压的人，其血压对食盐摄入量的变化更为敏感，膳食中的食盐如果增加或减少，血压就会随之改变。高盐饮食还可以改变血压昼高夜低的变化规律，变成昼高夜也高，这时发生心脑血管意外的风险就大大增加。超重和肥胖者的血压对食盐更敏感。

目前，我国城乡居民每人每天食盐的平均摄入量为12g，是世界卫生组织建议值的2.4倍。为了预防这种危害严重的慢性病，倡导清淡少盐膳食已经成为当务之急。食盐摄入量每人每天不要超过6g（包括酱油、酱菜、酱中的食盐量）。

在日常生活中应注意：逐步改变口味过咸、过重的习惯，减少过量使用食盐和酱油。限制每天食盐的使用。可以用限盐勺来控制盐的摄入。对每天食盐摄入采取总量控制，用量具量出，每餐按量放入菜肴。一般20mL酱油中含有3g食盐，10g黄酱含盐1.5g，在用酱油和酱类时，应相应减少食盐用量。在烹调时，使用少许食醋可以提高菜肴的鲜香味，满足口感的需要。加糖会掩盖咸味，所以不能仅凭品尝来判断食盐是否过量，使用量具量取更为准确。还要注意减少酱菜、腌制食品以及其他过咸食品的摄入量。

烹调油包括植物油和动物油，植物油一般含脂肪99%以上，不含胆固醇。烹调油是人体所需能量的主要来源之一，是人体所需脂肪的重要来源。同时还是必需脂肪酸亚油酸和亚麻酸的主要来源。

用烹调油烹制食物，不仅使食物，由生变熟，口味改善，还能促进食欲和增加饱腹感。所以，烹调油在日常饮食中是不可缺少的。脂肪是人体能量的重要来源之一，脂肪是人体的重要组成成分，它可以保护体内的所有脏器，维持体温恒定。脂类还是构成神经系统（包括大脑）的主要成分，并与人类的生育能力有重要关系，脂溶性维生素的吸收利用也离不开脂肪。但是脂肪摄入过多可以增加肥胖、高血脂、动脉粥样硬化等多种慢性疾病的风险。目前，我国城乡居民平均每天消费烹调油 42g，远远超出《中国居民膳食指南 2007》推荐的 25～30g。

我国居民经常消费的烹调用油有大豆油、花生油、菜子油、玉米油、棉籽油、橄榄油、芝麻油等。不同的烹调用油由于脂肪酸构成的不同，其营养特点也不同。因此，在选用烹调油时，应注意：选用多种植物油，经常更换烹调油的种类；多选用植物油，如花生油、大豆油、橄榄油、茶油等，少用或不用动物油；使用控油壶；少用油煎、油炸的烹调方法。油煎炸后的食物能量会增加许多；富含淀粉类的食品，如面粉类、薯类食品等，油炸时可能会产生丙烯酰胺等有害成分，不宜多吃；多采用炖、焖、蒸、拌等方法。

六、生病后要及时就诊，配合医生治疗，按照医嘱用药

人的一生难免要生病。生病后，应当主动寻求医生的帮助。生病后只有及时就诊，才能及早诊断、治疗。很多严重疾病的初期症状，很容易被患者忽视。例如，许多疾病都可以出现发热症状，但发热可能是感冒引起，也可能是流脑等急性传染病引起，还可能是癌症引起。如果在发热的时候，不及时请医生诊断，却盲目地自我治疗，就有可能延误治疗时机，甚至加重病情。

明确诊断是治疗疾病的前提。在对疾病治疗以前，一定要请医生确诊。接诊的医生应当是有执业医师资格的，千万不要贪图便宜，找没有行医执照的人看病；也不要盲目听信他人的传言，以免上当受骗。不经医生诊断，盲目自行用药，结果往往是钱花了不少，药也吃了不少，病情却不见好，甚至日益加重。更重要的是延误了治疗的最佳时间。

疾病有多种多样。不同的药有不同的功能、适应症、用法、用量，还有不同的禁忌症和副作用。不同人的体质、病情、对药物的耐受也各不相同。用药过程是人—病—药之间相互作用的过程，关系十分复杂。所以要想用药合理，用最少的药得到最佳疗效，最简单也是最可靠的方法就是按医生的要求用药。如果没有按照医生指导用药，很可能酿成严重后果。在请医生诊断治疗的过程中，要向医生如实讲述与治疗相关的各方面的问题，特别是一些慢性疾病的治疗过程。如果转诊到别的医生处，一定要把此前的诊断、治疗情况讲述清楚。如果采用新的治疗方案，就不要再服用原来治疗方案的药物。千万不要瞒着医生同时采用两种或者两种以上治疗方案。否则，会造成过量用药，甚至会发生危险。

根据药物使用安全性的高低，我国把药物分为处方药和非处方药两类。处方药是使用安全性较低的药品，需凭正规医师的处方才能购买，并只能在医师、药师或其他医疗专业人员的监督或指导下使用。非处方药指不需要医师处方即可购买的药物。为了保证人民健康，我国非处方药目录中明确规定药物的使用时间、疗程，并强调指出：如果用药后症状没有缓解或消失就应向医师咨询。

完整的治疗方案，除了药物治疗，还包括膳食治疗、心理治疗、康复治疗等。对于某些疾病的治疗来说，药物治疗甚至可能是次要的。

七、不滥用抗生素

抗生素是某些生物在其生命活动过程中产生的（或者用化学、生物学或生物化学方法衍生的），在低微浓度时即能选择性地抑制其他生物功能的化学物质。主要用以治疗各种致病微生物感染，有的抗生素有抗肿瘤作用或免疫抑制作用。抗生素一度被误称为抗菌素，但因为这类药物不仅能杀灭细菌，而且对霉菌、支原体、衣原体等其他致病微生物乃至肿瘤也有良好的抑制和杀灭作用，所以应称为抗生素。

抗生素对感染性疾病的治疗发挥了重要作用，为人类的寿命延长作出了重要贡献。但是，滥用抗生素也给人类健康带来了威胁。

滥用抗生素指不对症使用或不规范地使用抗生素、使用不必要的抗生素、超时或超量使用抗生素、使用抗生素不足量或不足疗程等。滥用抗生素的主要表现有：不分青红皂白，不管大病小病一律使用抗生素；无目的地联合使用多种抗生素；畜牧、水产等养殖业滥用抗生素，结果这些抗生素通过食物链进入人体。

滥用抗生素的危险最主要是促进细菌耐药性的发生，甚至使耐药菌发展成为超级耐药菌；还能引起药物不良反应、药源性疾病等。研究表明，有越来越多的细菌耐药，而且耐药程度在不断提高。20 世纪 50～60 年代，青霉素一次剂量只是 2 万～3 万单位，现在需用几十万、几百万单位才有效。在我国，环丙沙星是上世纪 90 年代刚刚上市的药品，投入使用短短十几年的时间里，许多细菌对环丙沙星的耐药性已经高达 60%，而在西方发达国家只有 1%。长此下去，越来越多抗生素失效，很多感染性疾病将无药可治。我国药物不良反应监测中心的资料显示，我国的药物不良反应患者 1/3 是由抗生素引起的。能引起耳聋的抗生素有 60 多种。我国 7 岁以下儿童中抗生素滥用造成耳聋的占聋哑儿童的比例高达 30%～40%。许多抗生素可损害肝脏功能。滥用抗生素还能造成体内正常菌群失调。为了合理使用抗生素，应该做到：治疗病毒性疾病时不使用抗生素，因为抗生素对病毒没有抑制或者杀灭效果，例如治疗感冒主要方法是休息、多饮水、补充维生素；必要时使用对症治疗的药物，如发热过高时使用退热药、咳嗽剧烈时使用止咳药、头痛剧烈时用止痛片。因为没有一种抗生素能对付所有的细菌，所以必须使用抗生素时，最好根据细菌培养和药物敏感试验的结果选用，并且做到能用窄谱的就不要使用广谱抗生素，能用口服治疗的就不要打针，能用肌肉注射治疗的就不要用静脉滴注，能用一种就不要用两种，能用普通抗生素治疗的就不要用高级抗生素。使用抗生素治疗时，要严格按照规范使用，不能为了让病好得快些擅自加大剂量；也不能在症状减轻后擅自减小剂量或者停止使用。新生儿、老年人和肝肾功能不全的人应避免或慎用主要经肝脏代谢和肾脏排泄的毒性较大的抗生素。尽量避免在皮肤、黏膜等局部使用抗生素，以免导致过敏反应或者引起耐药菌株的产生。

八、正确使用安全套，可以减少感染艾滋病、性病的危险

安全套也称为避孕套、保险套。在性生活中正确使用安全套，不仅可以达到避孕的目的，还可以有效地预防艾滋病、乙型肝炎和性传播疾病，也可以预防其他通过皮肤、黏膜接触感染的传染病。

性交时使用安全套，男子排出的精液可以潴留在套前的小囊内，不能进入女性的阴道里，

从而能起到避孕的目的。使用安全套还能避免性伴间的体液交换，防止男性精液和女性阴道分泌物中的病原体侵入对方的黏膜。

安全套是用优质薄乳胶制成的，外形为筒状，顶端有一个小囊。安全套有大、中、小号，直径分别为35mm、33mm、31mm。要根据阴茎勃起时的大小选择适当型号，安全套过紧则易破裂，过松则易滑脱，过紧、过松都会影响使用效果。安全套应在阴凉、干燥和不接触酸、碱、油的环境中存放，千万不要把安全套长期放在钱包里或接近热源的地方，否则安全套会出现发黏和发脆现象，发黏和发脆的安全套即使在保质期内也不应再使用。在使用安全套前，应先检查生产日期，过期的安全套容易破裂，可能造成避孕失败和疾病传播。使用安全套，必须在性接触开始前戴上，拿出安全套时，小心打开包装，不要把安全套划破，并注意正反面。如果需使用润滑剂，也要使用水性润滑剂，不应使用油性润滑剂（如凡士林或润滑脂），因为油性物质可以造成安全套的破损。

戴安全套时，把它放在勃起的阴茎头上顺势向下展开，保证安全套套住整个阴茎。套上阴茎头前，应捏紧安全套顶端供贮存精液用的小囊，以防止囊中的空气遇热膨胀，促使射精时精液向阴茎根部溢出，这样也能降低安全套破裂的可能。射精后捏住避孕套的开口端，并在阴茎疲软之前退出。摘掉避孕套时避免精液流出，然后用卫生纸包好扔掉。如果在使用过程中发现安全套有裂孔或滑脱，只更换安全套仍是不安全的，应该立刻停止性交，使用消毒剂清洗生殖器。安全套是一次性用品，不能重复使用，每次使用后应打结、丢弃。每次性交都应该正确、全程使用安全套。

九、每年做一次健康体检

健康体检是为预防疾病和改善身体功能而自觉主动接受的预防保健性医学检查。体检能及时发现人体健康的隐患，使产生疾病的风险因素得到及时的排除。例如高血压、高血脂、高血糖、恶性肿瘤等慢性疾病已成为人们公认的“无声杀手”，但这些疾病发病早期一般没有明显症状，不易被发现。通过定期全面的健康体检可以早发现、早诊断、早治疗，少受罪、多省钱。定期进行全面的健康体检，是自我保健的重要方式之一。专家建议，成年人每年应做一次体检，并且认真分析、保存、使用体检结果，作为健康保护的重要依据。

十、系安全带（或戴头盔）、不超速、不酒后驾车能有效减少道路交通伤害

全球每年因道路上交通事故而丧生的大约有120万人，占全球死亡总人数的2.1%以上。此外，还有数百万人在道路交通事故中受伤。道路交通伤害是5～25岁年龄段人群的第二大死因。

道路交通事故是可以避免的。许多国家通过处理关键问题已经使事故发生量、发生频率和严重性显著下降。有关资料表明，驾驶和乘坐汽车时系安全带可以降低40%～50%的伤害风险以及40%～60%的死亡风险。

佩戴头盔是减轻摩托车以及自行车碰撞导致的头部伤害的最有效方式。佩戴摩托车头盔可将头部伤害及其严重性降低约70%，将死亡率降低39%。

超速驾驶是导致道路交通伤害的主要原因。事实证明，将平均车速降低1km/小时可以减少4%～5%的致命车祸。降低车行速度还可以保护行人。驾驶员应严格按照限行车速行驶。

喝酒会增加事故发生的可能性和伤害的严重程度。酒后开车的驾驶员卷入致命车祸的风险比未受酒精影响的驾驶员高 17 倍。

疲劳驾驶往往导致车祸。所以，驾驶员连续行车达 4 小时就应停车休息，让身体和心理都得到放松。

行人及非机动车驾驶员也应自觉遵守道路交通法规。过马路时应走人行横道，而且不要打电话或听耳机，以免分散注意力。

思考题：

1. 什么是健康的生活方式？
2. 高血压、糖尿病如何防治？
3. 如何培养良好的生活方式和行为习惯？

第七章　大学生心理发展

提要：本章中主要介绍了人生中各个发展阶段的主要心理特征，以及大学生的生理和心理特点。通过本章的学习，了解心理发展的普遍规律，掌握不同年龄阶段的心理特性，能够科学地看待人生，更好地认识和发展自我。

第一节　人生的发展学

发展心理学是心理学的一个分支，将个体从出生到衰亡一生全程的心理发展现象作为研究对象，总结其心理发展规律的一门科学。从个人的角度看起来心理现象是千差万别的，每个人有各自不同的生活经历，但事实上人类的心理现象存在着普遍的发展规律，这正是发展心理学得以进行研究的基础。我们人的一生包括了胎儿期、婴儿期、幼儿期、童年期、青少年期、中年期和老年期，每个年龄阶段的心理发展都有与其他各年龄阶段不同的典型特征，呈现出从低级到高级持续发展的状态。不同心理阶段以不同的速率发展，普遍认为人的心理发展共经历两个加速期，分别是从出生到幼儿期和青春期。童年期为平稳发展期，成年期则处于缓慢发展变化阶段，老年期心理开始出现衰退。发展心理学的意义在于研究了人类各年龄阶段心理发展的特征，解释了心理机能的发展进程和特征，并且探讨了心理发展的内在机制，这有助于我们了解自身的特性，能够指导和教育个体向良好的方向去发展，完善自身。下面我们大致了解下每个阶段的基本生理和心理特征。

一、胎儿期

近二十年来，不少学者提出胎儿是否就已存在心理现象的问题。现有的研究技术将出生后两周左右开始出现条件反射的时间认定为心理发生的标志。从受精卵的开始到出生约 280 天为胎儿期，其发展主要受遗传物质以及生物因素的控制，但是胎内外的环境以及母体自身的状况可以对胎儿产生影响。此阶段被认为是提供了人类心理发展的自然物质前提，胎儿期从受精卵开始发育各个组织器官，特别是神经系统的发育为心理发展提供了可能。现代医学等学科的发展证实了胎儿可以通过母体与外界接触，能够感受到声音，尤其对心跳声和血流声更为敏感，同时能感受到外界的动觉刺激或者光刺激，这就是现代主张胎教的理论基础。

母体与胎儿的关系极为紧密，母亲的自身条件，如年龄、营养状况以及情绪状况都可以影响到胎儿的发展。现有调查显示母亲生育子女的年龄过高或者过低，导致低体重儿婴儿和死胎的比率明显增加，约 23～29 岁时为生育较好的时间。同时母亲的情绪也能影响胎儿的身心发育，国外学者的大样本调查发现夫妇感情不和，常发生矛盾的家庭，所生出的孩子出现身心障碍的概率比关系正常的夫妇所生的孩子高，这些孩子更为矮小瘦弱，长大后常常表现得神经过敏、孤独感强，较易出现神经症。综上所述，孕期妇女除了戒烟酒等有害物质外，保证营养的健康，保持一份稳定愉悦的心情均利于胎儿的健康成熟。

二、婴儿期

个体从出生起到3岁的这段时间称之为婴儿期。这段时期是人的生理和心理都快速发展的时期，是人生发展的重要里程。首先婴儿的生理在这一阶段得以快速的发展，在婴儿期以神经系统的发育最为显著。新生儿的脑重量平均为390g，约为成年人的28%，第一年可以增加到660g，相当于成人的47%，而到3岁左右即可达到成人脑重的70%左右。脑细胞的数量以及分化程度也与成人无异，但神经纤维髓鞘化到4岁左右完成，因而婴儿期中各种刺激不易形成兴奋，婴儿容易疲劳而进入睡眠的状态。胎儿的脊髓发育相对较为成熟，出生后就具有了觅食、吞咽、吸吮、拥抱等先天性的反射和对强光、寒冷、疼痛的刺激。同时身高和体重也迎来了第一个增长的高峰，婴儿的体重和身高在2岁时分别可以达到出生时的4倍和2倍。骨骼系统的生长表现为颅骨随脑的发育而增长，骨缝和前、后囟先后闭合；1岁左右出现腰椎前凸，并逐步形成生理弯曲。萌生乳牙，最晚2.5岁时出齐牙齿。肌肉组织随着运动能力增强，肌纤维增粗，活动能力和耐力增强，但生殖系统从出生到青春前期处于静止，保持幼稚状态。

大脑、神经系统以及感官的发育为心理发展提供了可能。婴儿期从感知觉的认知开始了解世界，获取周围环境的信息并以此适应。感知觉的发展不是被动的过程，而是主动的、有选择性的心理过程。出生一天后婴儿就能察觉到光的闪烁和具备了听觉的能力。3周左右的婴儿视线开始集中到物体上，3～4个月基本能够辨别颜色。6个月左右的婴儿听到音乐表达愉快的身体动作。新生儿的触觉敏感性和触觉分化发展迅速，喜爱母亲的拥抱和抚摸。记忆的发展则表现为出生后日益增长的保持能力，2～3个月的婴儿建立起的记忆可保持30天之久。1～3岁是记忆发展的第一个高峰时期，延缓模仿能力的出现是记忆能力走向成熟的一个标志。言语的形成是从发音开始，到1岁至1.5岁之间获得第一批词汇，词汇量约50个左右。3岁儿童基本上能掌握母语的语法规则。婴儿从出生后生活在社会环境中，一开始就从生物个体向社会个体发展。婴儿天生具有情绪反应的能力，出生后1～2天就有反射性的笑，4个月后对熟悉的人比不熟悉的人有更多的微笑，是属于真正意义上的社会性、有选择的微笑。7～9个月婴儿开始参与社会性游戏，主动进行与他人之间的交流。在面对陌生人时会表现出恐惧和焦虑。婴儿情感社会化的重要标志是对主要抚养者的依恋，9～12个月对主要照顾者表现出强烈的感情，形成了成人与儿童之间特殊的亲密关系。婴儿期是儿童亲社会和攻击性行为开始产生的阶段，同情心、亲情、焦虑和利他主义均从这个阶段开始。并开始萌生自我的意识，1岁后婴儿可以将自己与其他人分开，2岁后可以利用外表特征来认识自己，能用合适的代词称呼自己和他人，是个体自我意识发展的第一个飞跃。

三、幼儿期

幼儿期是指儿童3岁～6、7岁这一阶段，这是儿童正式进入学校以前的一个时期。幼儿期大脑结构不断完善，技能进一步成熟，儿童的内抑制有了较快的发展，突出表现在幼儿可以逐渐学会控制、调节自己的行为，减少冲动性。游戏是幼儿期儿童的主导活动，通过游戏的过程，儿童的认知、学习、社会化过程在不断进步，因此游戏是幼儿教育的重要手段。在言语词汇能力方面幼儿产生了具体形象性的思维，记忆能力以形象记忆和机械记忆为主，记忆的速度加快，但不精确，也容易遗忘。幼儿社会性和道德的发展突出的一点表现在情境性，模仿成为儿童阶段的明显特点。幼儿的自我意识在此阶段几乎是直线上升，能进行自我评价，自我控制。

能区分性别差异，能够将某些特定的人格特点与性别联系在一起，例如男孩应该勇敢。3～4岁左右开始出现第一反抗期，随着自我意识的发展，自主欲求增高，对周围的事情总想自己做，对父母的帮助、指示总用“不”来反抗。应该正确对待幼儿的反抗行为，有研究表明经过了反抗期的幼儿，成人以后自主性强；而那些未表现反抗期的幼儿，在成人以后有自主性和主动性缺乏的倾向。

四、童年期

个体从6、7岁到11、12岁的时期，相当于小学阶段。脑的重量在12岁时达到1 400g，和成人一样。6岁后，脑的任何一叶都迅速生长，内抑制和分化抑制显著发展，童年脑功能到13～14岁趋向成熟。身高体重方面都要比幼儿期增长缓慢，但身体变得更结实。8～9岁时白细胞数目增加到最高数值，抵抗力提高，生理的适应能力增强。童年期开始进入学校系统的教育，词汇量不断丰富，言语的连贯性增强。言语学习由识字阶段进入阅读和写作阶段。有意注意逐步占据主导地位。记忆从以机械记忆、无意记忆为主转入有意义记忆和以有意记忆为主。有意注意和记忆保持时间进一步延长。童年期儿童的思维特点表现为以具体形象为支柱的抽象逻辑思维。儿童虽能进行逻辑推理，但必须凭借具体形象的支持。思维缺乏灵活性、精确性，并常带有片面性。在情绪发展方面，有学习、同伴、教师等社会因素引起的情感开始占主要地位。出现与学习成败、班集体有关的理智感、集体荣誉感、责任感等。儿童情感表现外露、不易保持。在社会化方面，同伴在儿童生活中占据越来越重要的地位，表现出对同伴明显的依从性。男女儿童兴趣活动明显分化。在个性发展方面，此时，儿童的个性特征更加明显，开始按照成人和同伴的评价来评定自我。在学习过程中逐步形成与学习有关的个性品质，如勤奋或懒惰、细致或粗心、守纪律或散漫等。

五、青春期

青春期一般指11、12岁至17、18岁，也被称为青春发育期。青少年期是一个过渡的过程，介于儿童和成年人之间，面临人生中第二次的加速发展，无论是生理还是心理都面对着巨大的变化。青春期的生理改变加剧，形态方面，身高、体重、胸围、肩宽、骨盆等都在加速生长，肌肉力量、肺活量均有加强。体内的激素相继增量，特别是生殖器官及性功能迅速成熟。第二性征的出现，使得男女的差异变得更为明显，性发育加速，性意识萌动。由于生理的机能逐步达到生命的顶峰，智力也逐步发展接近高峰，但心理尚未成熟。自我意识迅速发展，“成人感”强烈，急于自主自立，摆脱成人的约束，渴望与成人一样具有平等的地位与权利，却又不可避免地受到经验等因素的控制。情绪和情感丰富而强烈，但不稳定。在青春期出现第二个反抗期，生理的成熟与心理的半成熟状态导致了青少年处于成人与半成人之间，这种矛盾造就了反抗期的出现，此反抗期的独立自主要求是全面的，从外部因素深入到内在因素，从行为表现到要求人格的独立。

六、青年期

青年期是个体从不成熟走向成熟的阶段，指18岁～30岁左右的时间段。青年在22岁左右形态生长发育完成，骨骼全部骨化，身高达到最大值，男女体态区分明显。各项生理功能日渐成熟，脉搏随年龄增长而逐渐减慢，血压趋于稳定，肺活量也随年龄增长而增加。身体素质在活动中表现出力量、耐力、速度、灵敏性和柔韧性等都在青年期达到高峰。认知语言能力呈现稳定化和概括化的特点，认知旺盛，富于想象，词汇非常丰富，智力也达到人生的高峰期。情感强烈，但随着年龄的增长，自我的控制力得以增强。意志力在青年期会飞速发展，青年人在自觉性和主动性上明显增强，遇事肯钻研。人格上也表现出日趋成熟的趋势，能对自己产生较为完善的评价，能够形成自己的人生观和道德观。此阶段青年的任务主要是社会适应问题、择业、就业和恋爱与婚姻。由于自我意识的迅猛增长，成人感和独立感、自尊心与自信心越来越强烈，期望个人的见解能够得到他人的肯定与尊重，能够在社会中形成独立人，经济独立，组建自己的家庭。

七、中年期

一般指 35 岁～60 岁这一年龄阶段。中年期是生理的成熟期，心理的稳定期，是长达 30 年左右的漫长人生路程。中年期的身体变化表现在体重增加，皮肤出现松弛，器官等逐步走向退化的过程。中年人的感知觉随着年龄的增大出现衰退，记忆力保持却相对平稳，只是表现在记忆的侧重点或者结构的改变，更讲究实用性。行为方式、人格特征基本定型，成年人在就业和成家两个方面稳定之后，其特有的行为模式和生活习惯逐渐固定，人格特征基本定型，社会态度、意识倾向、兴趣爱好等也不易再改变。稳定的生活环境和心理状态有利于人们集中精力获取事业上的成功，责任重、操心多。中年人人际关系最为复杂，呈现出“上有老，下有小”的局面，在家里要尽敬老育幼的责任，在外要与同事和朋友建立和谐的人际关系。更年期是成年期结束进入老年的一个转折阶段。在此阶段，由于人的大脑功能在某些方面开始衰退，体内分泌系统的功能，特别是性激素的下降，导致身体与心理状态明显变化。一般来说，女性在更年期可能出现的病症较男性的明显。更年期是人生进入衰老过程的起点，因此又被称为“第二个青春期”。

八、成年晚期(老年期)

成年晚期也称晚年期，一般是指 60 岁以后的人生阶段，生理较之中年人进一步衰退，身体的各个系统和器官走向老化的状态，机体老化引起的皮肤变皱失去弹性、脂肪增加等等表现。认知活动伴随着感官系统的退化而减弱，例如视力减退、听觉迟钝、动作反应迟缓、记忆力减退、心智锐敏度降低等。传统的观点认为老年人心理功能也是老化和衰退的，而没有发展，但是毕生发展观则认为影响心理发展的因素有很多种，其中主要有成熟、社会历史文化、非规范事件等，强调老年人心理变化积极的因素可以延缓衰老，并可以继续发展。有证据表明，随着知识和阅历的积累，老年人比青年人表现出了更多的智慧。老年期的社会性变化主要包括了退休和社会职能改变，以及带来的人际关系变化。例如，老年人退休后离开有较多人际交往的环境而回到狭小的家庭，使生活内容和节奏发生巨大变化，不少人会因此产生烦躁、抑郁，感到茫然、无所事事，若不能调适则会导致某些身心障碍。退休后，人际关系主要以夫妻关系、子女关系为主，同事的来往减少或者转为更深厚的友情。一般来说，老年人适应退休或重建新的生活秩序需要一年左右。另外老年人的人格有稳定的一面，也有变化的一面，老年人会因为身体心理机能的衰退出现不安全感、孤独感、适应性差、趋于保守等问题。而且要面对死亡的问题，多数老年人会感到恐惧和焦虑。因此老年期主要的任务之一是解决如何面对死亡的问题。

人从出生后，随着年龄的增长，心理和生理由简单到复杂，由低级到高级。不同的年龄阶段有不同的生理和心理特点，生理是心理发展的基础，心理发展可以促进或者抑制生理发展，两者紧密相连，相辅相成。总之人的一生在不断的发展变化，人们自身也在不断地追求人生的价值，因此了解自己显得尤为重要。苏格拉底的墓碑上刻着“认识自己”这句话，明确了认识世界、认识自己是人类存在的目的，也只有认识自己，才能使自己更好地发展，与社会、环境协调相处。

第二节　大学生的身心特征

一、生理上的成熟

大学生为年龄18～24岁左右的青年人，处于成年前期，生理上已经趋于成熟。这种生理的变化主要表现为三个方面，形态的变化，例如身高、体重等；内脏机能系统的完善，主要表现为神经系统的完善，肌肉力量、肺活量、红细胞的增强和增多；性的发育与成熟，作为人体内部发育最晚的部分，它的成熟标志着人体全部器官接近完善。

（一）形态的改变

1. 身高的增长。由于激素的分泌、先天因素和后天环境因素的相互作用，骨骼的生长速度明显加快，身体明显长高。女性12～14岁（多半在第一次来月经前后）身高增长加快，男性较女性迟两年才会出现青春期生长突增。女性多数能长到19岁，到23岁就会停止长高；男性则一直要长到23岁，个别人可延续到26岁。大学生男性的身高上限平均值为187cm，下限为153cm；女性身高上限平均值为174cm，下限为142cm。

2. 体重的增加。体重容易受营养、疾病等环境因素的影响，稳定性较差，主要反映骨骼、肌肉、脂肪组织和内脏器官的变化。女性随年龄的增长，脂肪积累在青春期达到高峰，22岁体重趋于稳定。女性大学生脂肪积累形成优美体态，而男性则以肌肉发育为主，体重在24岁趋于稳定。

3. 胸围的扩大。胸围的显著增大主要与胸部和呼吸等器官的发育有关。青春期胸围总增长量女性为19cm左右，而男性可达24cm左右。

4. 其他体征。男性出现喉结，声带加宽，声音变得低沉。肌肉发育使男性的肩部和胸部变宽变厚；而女性由于脂肪的积累和骨盆的增大，身材曲线更为明显。第二性征使男女呈现出更为明显的差异。

（二）内脏机能的改变

1. 心血管系统。心脏的发育从心脏形体、恒定性、血压、脉搏等指标变化来看，在青春期均有所变化，在20岁趋向成熟稳定。心肌细胞更为有力，心脏增大，收缩能力增强，脉搏逐渐稳定，收缩压增高，以便保证机体负荷增大的需要。男生平均脉搏为75.6次/分，血压平均值为116/60mmHg；女生平均脉搏为77.3次/分，血压平均值为105/57mmHg。

2. 呼吸系统。大学生肺脏发育加快，肺泡的容量逐步增加并且稳定，呼吸肌得到增强，变得深而缓慢，肺活量加大。总体而言，男生的增长值较女生高。

3. 神经系统。神经结构已与成人没有差别，大脑此时已经发育成熟，大脑皮质的沟回组织已经完善、分明，神经元细胞完善化和复杂化，传递信息的神经纤维髓鞘化已经完成，大脑机能显著地发展，兴奋与抑制过程逐步平衡。由于内分泌的作用，使得大学生的神经系统有较强的兴奋性，也容易疲劳，在20～25岁以后这种分泌现象开始减少。

（三）性的成熟

1.男性性发育包括男性生殖器的形态发育、功能发育以及第二性征发育。青春期前生殖器发育很缓慢，几乎处于静止状态，进入青春期后在配子生成素、黄体生成素以及雄性激素的作用下迅速发育。睾丸增大，容积可达12mL以上。精原细胞不断分裂繁殖，陆续生成精子。阴茎长度和周径进一步增加，阴囊皮肤色泽变深。男性第二性征发育主要表现除阴毛、腋毛、胡须、毛发改变等外，还有变声和喉结出现。

2.女性性发育包括女性生殖器的形态发展、功能发育和第二性征发育。女性生殖器官分内、外两部分。内生殖器包括阴道、子宫、输卵管及卵巢。外生殖器包括阴阜、大小阴唇、阴蒂、前庭和会阴。进入青春期后，在性激素的共同作用下，内、外生殖器迅速发育。卵巢从8～10岁起发育加速，以后呈直线上升，重量从6～10岁时的1.9g发育到18～20岁时的8.3g左右。当初潮来临时，卵巢仍未完全发育成熟，伴随卵巢的发育，功能日臻完善，开始排卵后，表面从光滑而变得凹凸不平。子宫的重量与长度在青春期有明显增加，尤其是宫体长度，其增长比子宫颈更明显。与此同时，女性外生殖器也出现明显变化：阴阜因脂肪堆积而隆起，小阴唇变大，色素沉着；大阴唇变厚；出现大量阴道分泌物，性状由碱性变为酸性。第二性征发育主要指乳房、阴毛和腋毛的发育。女性大学生已处于青春期的后期，月经随着激素分泌的稳定逐渐规律，卵巢能够正常排卵。女性第二性征已与成人无异。

二、大学生的心理特征

大学生从青春期一路走向相对平静、相对成熟的发展时期，是人一生当中最绚丽多彩的篇章。面临着一系列新的任务，例如学习深造、就业、择偶、创业等等，需要个体具备适应这些新任务的心理品质。大学生开始学习成为一个承担所有社会责任、真正意义上的社会人。

（一）智力水平达到顶峰

大学生的智力发展通常比较好，不存在智力低的问题。吴福元用韦克斯勒成人智力量表对大学生进行了一项智力调查，结果发现大学生的平均智商为116.08，属于中上智力或高智力水平。在青年期，神经系统、感知觉系统发育完善，知觉速度、机械记忆、识别图形的智力项目随着生理系统的完善达到顶峰。大学生思维敏捷，接受能力强，喜欢新鲜事物。在校园内通过专业训练和系统的学习，抽象逻辑思维能力得到充分的发展，智力水平大大提高，分析问题解决问题的能力增强。其智力层次含有较多的社会性和理论色彩，这一显著特点，使大学生心理活动的内容得到极大的丰富。关于青年期的思维发展，美国的学者帕瑞认为进入青年期后，个体思维中逻辑的绝对成分逐渐减少，辩证成分增多，抽象思维得到迅速的发展。大学生会逐渐意识到对同一个问题存在多种观点和多种解决方法。在抽象思维丰富的情况下，大学生能够对身边发生的事情和获取的经验进行概括和总结，超越了早期停留在具体人和事情的思维阶段。但是不能否认的是大学生的阅历尚浅，容易受到不正确思想的影响，看待问题也难免会带有强烈的主观色彩，心理还需进一步调适和发展。

（二）自我意识的发展

自我意识是人对自身及自身与周围世界关系的认识，是认识、情感、意志的综合体，是人心理发展过程中的重要方面。自我概念从童年期就开始产生并逐步发展，青少年时期是自我意识发展最快的时期，开始将自己的注意力集中到发现自我、关心自我的存在上来，这是青年期自我意识发展的最主要特色。大学生初期形成的自我概念还很不稳定，随着经历的丰富，需要对自我意识不断修正。自我意识的修正主要依据两个方面：一是生活中所积累的经验，特别是成功和失败的经验；二是来自他人的评价。因而他们注重对内心的分析和体验，力图了解自己的情感和心理，关心别人对自己的评价，渴望得到尊重和理解。大学生注重塑造自身形象，并设计出理想中的自我模式，现实自我与理想自我开始产生区别。大学生对自我的了解处于一种摸索的阶段，更应该提醒自己要辩证地看待问题，用客观的标准去衡量事物，在遇到挫折时要学会应用失败去激励自己，常常鼓励自己才能形成较好的自我认同。

（三）情感丰富，情绪强烈而欠缺稳定

大学生自我情感体验方面十分丰富，注重独立、个性、自尊和自信。交往范围的日益扩大，与同学、朋友及师长之间交往变得频繁，对异性的好感与追求，是大学生对亲密感需求的表现。这也使得大学生的情绪表现得更细腻、更复杂。大学生通过活动范围的扩大，自我意识的增强，对自己的身份、角色、志向、价值等问题有了更深入的思考，理智感、美感、集体荣誉感等高级情感也有所发展。特别是在当今社会变化日新月异的形势下，大学生强调自我与社会融合，兼顾国家、集体利益的同时非常注重自我。形成丰富强烈、纷繁复杂的情感需要结构，既有低层次的与生理、物质相关的情感需要，又有高层次的和心理、精神相联系的情感需要。例如满足现代化物质生活的情感需要、进行健康愉悦社会交往的情感需要、享受新奇高雅文化娱乐的情感需要、提升自我学习求知的情感需要、学习专业努力成才的情感需要、归属群体得到爱与尊重理解的情感需要、实现自我的情感需要等。可以说，当代大学生的情感需要是异常的多种多样、丰富多彩。但由于大学生生理、心理和在社会性上的不平衡，使得他们的情绪和情感具有不稳定因素，情绪活动往往强烈而不能持久。大学生情感上容易引起共鸣和同情，情绪活动随着认知标准的改变而改变，造成了大学生情绪的迅速变化，喜怒哀乐无常、阴晴雾雨变化是大学生情绪常见的现象。

（四）性意识的发展

大学生性生理的发育成熟必然带来了性意识的觉醒。性意识的觉醒是指个体意识到本人的性别，两性之间的影响，以及对待两性的态度和举措规范。性意识的发展让大学生对性问题本身产生了好奇和敏感，对异性产生垂青与爱慕，并且期待进入恋爱择偶的尝试期，因此是发生性问题以及恋爱问题的高峰期。对性知识的缺乏可能引起性心理的困扰以及性卫生问题。两性之间交往的技巧与经验不足，在遇到失恋、单恋等恋爱问题的时候让大学生也束手无策。因此大学生应该正视性的问题，掌握正确的性知识与态度，主动与异性交往，建立正常的两性关系，与异性友好交往都是帮助解决大学生性问题的良好途径。

（五）社会化需求

大学生社会化是指大学生通过学习社会文化知识，接受教育，把自己培养成为一个独立成熟的社会人的过程。大学阶段是大学生社会化过程中的重要时期，在校园里的生活虽然与社会有一定差别，但渴望加入社会的热情却丝毫没有受到干扰。大学生关注社会，评判各种社会现象，并希望自己加入进去，按照自己的想法去改变各种令人不满意的现象，把自己的专业知识服务于社会，体现自己的力量，实现自身的价值。渴望成熟，追求稳定的价值观和道德感以增强对社会的适应能力，倾向于以一个成人的姿态去迎接新生活的挑战。大学生充满理想和斗志，渴望成功，期望成才，是为今后事业发展做前期的准备。由于经验不足和抽象思维仍有一定的片面性的原因，容易遭受挫折和体验失败感，出现理想与现实差异之间的矛盾。若归因不良，会产生自我认知的偏差，出现自卑、自怜等现象。应该鼓励大学生多接触社会，参加社团活动，丰富自己的视野，增强操作能力。

第三节　大学生心理发展的影响因素

一、客观因素

（一）遗传因素

人的生命起源于受精卵，一个受精卵有23对46条染色体，每个染色体都包含着许多基因，它们携带着亲代可遗传的生物特征的信息。当人的受精卵形成的时候，人体生物信息的遗传就完成了，它奠定了人心理发展的基础，它决定了包括生命的长短、智慧的高低、身体机能的优劣及后天的个性特征。英国人类学家F.高尔顿在1869年发表的《遗传的天才》一书中用家谱调查法查询了977位名人，发现这些名人中有555位有同等优异或超过他们的亲属；而在调查的另外977位普通人中，只有4位有优异的亲属。因此推断，遗传素质是人的聪明才智和心理发展的决定性因素。经过多年的研究探讨认为，遗传对心理发展的作用，主要表现在两个方面：一是通过人的素质影响智能的发展。神经系统的灵活性、敏锐性，接受外界信息和反馈的速度等这些遗传而来的特性，是能力发展的前提；二是通过气质类型的因素影响到人的性格和情绪特点。这主要表现在个体体验的强弱、快慢、隐显以及动作的灵敏与迟钝等方面。一个人的积极热情、善于交际，或者沉静寡言、动作迟缓等，这就是受到遗传下来的气质类型因素的影响所致。遗传素质只是人的心理发展的自然条件，它决定了个体自然特性和生理机能。

（二）环境因素

心理是客观现实在人脑的反映，这种反映具有主观能动性。客观现实提供了心理的源泉和内容，它包括自然环境和社会环境，其中社会环境对未成年人心理发展具有决定性的影响。一个人出生后就生活在一定的社会环境中，社会的人际交往和政治、经济、文化等都会通过各种渠道对人们施加影响，这种影响随着人的年龄增长而日益提高，它影响着人个性的形成和品德的发展。例如，不同的地域有着不同的文化传统，不同的文化发展时期有着不同的文化认同。米德等人研究了新几内亚的三个民族的人格特征，结果表明：来自于同一祖先的不同民族各具特色，鲜明地体现了社会文化对个体的影响力。居住在山丘地带的阿拉比修族，崇尚男女平等的生活原则，成员之间互相友爱、团结协作，没有恃强凌弱、没有争强好胜，一派亲和景象。居住在河川地带的孟都古姆族，生活以狩猎为主，男女间有权力与地位之争，对孩子处罚严厉。这个民族的成员表现出攻击性强、冷酷无情、嫉妒心强、妄自尊大、争强好胜等人格特征。居住在湖泊地带的张布里族，男女角色差异明显，女性是这个社会的主体，她们每日操作劳动，掌握着经济实权。而男性则处于从属地位，其主要活动是艺术、工艺与祭祀活动，并承担孩子的养育责任。这种社会分工使女人表现出刚毅、支配、自主与快活的性格，男人则有明显的自卑感。大学生的生活环境以家庭和学校为主，对其心理发展有着重大的影响。家庭环境包括家庭人际关系、父母教育方式、父母人格特征等。一个人对客观现实的认识往往是从家庭生活、家长的言行举止开始的。不同的家庭教育与影响必然产生不同的结果，如对子女严格管教的父母，经常用命令、强迫、指责的方式让孩子去学习，把子女的学习放在中心地位，而往往忽视了对子女的能力、兴趣、需要的理解。处于这种类型家庭的大学生在日常交往中往往缺乏适应社会、适应生活的能力，虽然在性格上可能表现出诚实、负责、礼貌、细心，但在人际关系中往往表现出羞怯、自卑、敏感、对人容易屈从。过分地溺爱、不分差别地满足孩子需要的父母，唯恐孩子受到什么挫折，对孩子百依百顺。这种过多的保护，在一定程度上减少了孩子在成长期所遇到的挫折，由于没有遭遇较多的挫折体验，这种大学生形成了在人格上的依赖性格，遇事退缩，缺乏同情，情绪不稳定，自制能力和自信心差，易受到别人左右等。对于大学生而言这种社会文化性不仅仅是地域文化和家庭教育，还应该包括学校的教育。在校园生活中，教育的观念、教师本身影响了学生的心理发展。教师的性格特征可以影响学生的人格发展，有研究显示和蔼、亲切的教师所带的班级比脾气暴躁的教师所带班级的诚实性高。教师是学生的榜样，对于人格、价值观以及道德感尚未成熟的大学生可以起到模范作用。大学生在校园里学习，通过学习知识和接受教育发展其耐心、主动性和独立性等良好的性格特征；班集体可以让学生建立良好的人际关系，有助于培养学生的组织性、利他性等性格特质。同在校园中的同学、师生关系，可以得到经验的交流，通过沟通可以分享同伴的心理发展，可以通过他人间接地形成自我评价，同时交友带来认可和愉快感满足亲密感的需求，影响着大学生的心理发展。

二、主观因素

（一）自我认识

一个人的心理发展由遗传基因决定了其物质基础，环境起了促进的作用，但是一个人的心理发展是否完善，是由内外因素的相互作用形成的。心理发展的内因素首先指人的认知水平，是否对客观世界有正确的评价是形成后期认识的第一步。认知因素发展不正常或某几种认知因素之间的关系失调，就会产生认知矛盾和冲突。这种矛盾和冲突，会使人感到紧张、烦躁和焦虑，于是想极力减轻或消除。认知因素之间的失调程度越严重，则人们期望减轻或消除失调，维持平衡的动机也就越强烈。如果这种需要和动机长时间得不到满足，不能实现，则可能产生心理偏差或心理障碍。认知的严重失调，还会损坏人格的完整性和协调性，甚至导致人格变态。

（二）人格特征

个性因素包括性格、气质、能力和个性倾向性等因素，是心理活动因素的核心。在现实生活中，我们也能觉察到周围人各不相同的特征，有的人勤奋、有的人懒惰；有的人英勇、有的人懦弱；有的急躁，有的沉稳。而这些差别就是一个人的人格特质。人格可以影响到我们对外部世界的看法和对事情的行为。例如同样是落叶，一个乐观的人会认为落叶可以营养大地；而悲伤的人则会为此而哭泣，觉得落叶已经没有价值。人格也可以影响一个人的情绪和行为，一个冲动的人听到别人对自己的误解会生气暴躁，急于辩解；沉稳的人会等待机会解释。良好的人格在与人交往时有较好的人际关系，能够受到别人的喜爱，能获得更强烈的幸福感。会有更强的自信和意志力，在遇到困难和问题时，能够更为准确的分析局势，平衡心态。因此人格对人的心理发展和人的生存状态都起着重要的作用。

健全的人格一般认为应该符合下列条件：正确的自我意识，和谐的人际关系，积极乐观的人生态度，良好的情绪调控能力，人格品质的相对稳定。大学生培养健全的人格，应该注重培养自己的独立性、积极进取的态度，勇于竞争、敢于创新。

综上所述，一个人的心理发展是由遗传、环境、个体等多种因素的影响促成的，外因通过内因发生作用，内因的变化影响了外因。青年时期是一生中迅速发展的时期，也是接受教育的最佳时期，我们必须了解什么是我们应该关注的，哪些因素是应该学习的，才能有目的、有计划地对青年进行心理健康教育，搞好学习、工作，提高生活的质量。大学生是国家的希望，青年人强则国强。大学生是青年中知识层次较高、很有发展潜力和创造性的群体。要成长为有理想、有道德、有文化、有纪律的一代新人，成长为全面建设小康社会的主力军，接好中国特色社会主义事业的接力棒，就必须既具有较高的科学文化素质和思想品德修养，又具有健康的生理、心理素质和健全的人格。

思考题：

1. 纵观人的一生，需要经历哪些阶段？是如何划分的？
2. 简述人生各个阶段的心理特征。
3. 根据自身的变化简述大学生的生理。
4. 大学生的心理特征有哪些？
5. 结合校园情况，简述如何改善校园环境以促进大学生的心理健康发展。

第八章 大学生心理健康

提要：本章阐述了心理健康的含义，介绍了大学生心理健康的现状，同时列举了由于心理问题引起的心身疾病以及精神疾病的范例和处理方式。掌握心理健康的概念，能够进行自我心理状态的评估，增强预防心身疾病的意识，了解心理疾病等问题的概念，能及时发现、及时治疗，以促进大学生的心理健康。

第一节 心理健康

一、心理健康的概念

人们的心理是指建立在人脑机能上的对客观世界的反映。换句话说也就是客观世界作用在我们的感官，引起神经系统活动，继而产生了感觉、知觉、记忆、思维、情感、意志等一系列的心理活动。心理活动相对而言是较为主观性的，早期的心理问题，例如情绪问题等，只有个人能够感知。但是早期的心理干预是预防心理、精神疾病的最佳方式。因此界定心理是否健康对人自身有着重要的意义，可以帮助我们了解自身的状况，解决心理问题。但是心理活动却不能用简单的工具或者具体的数值来等价，因为它深受个人的影响。不同文化背景的人，不同经历的人、不同性格的人对同一事物产生的看法是不一致的。比如同样是秋季，有人认为是萧瑟的季节，让人伤感；而有人则认为是金色的收获季节，让人喜悦。由于描述心理活动的相对困难，何谓心理健康一直存在着争议。有人认为心理健康是一种心理无病的状态，但这却难免忽略了一部分虽无症状但却能带来大量痛苦以及影响社会生活的心理问题。我国现在大致认为心理健康是指："个体在各种环境中能保持一种良好的心理效能状态，并在与不断变化的外界环境的相互作用中，能不断地调整自己的内部心理结构，达到与环境的平衡与协调，并在其中渐次提高心理发展水平，完善人格特质。"

心理健康是一种状态，首先它是稳定的、能够保持的，并不是一种疾风骤雨的状态。从纵向上看，应该与自身的内在规律和内在稳定性，也就是说过去的我、现在的我以及将来的我保持必然的联系，突然的、不符合规律的变化预示着心理健康水平的异常；横向上看，心理也是不断变化的，应该能够一直与外界相适应。表现在与外界环境的相互协调性上，一个人的言行总是能够符合实地的情境。另外，还应该与心理活动的内部相协调，一个人的认知活动、情感活动和意志活动应该是一致的，如果内心表现喜悦，而脸部表情痛苦，这就是心理异常的表现。综上所述，我们大体上有了关于心理健康的概念，然而运用在个体之上，从哪些角度能够说明个体能够适应环境并与之相协调，又如何能够说明个体内在的调整是合理适度的。在实际操作中，需要类似躯体疾病一样检测的方法和评估标准可以让我们使用。

二、心理健康的标准

(一)国际标准

国外的学者马斯洛等根据自己的理解将心理健康的标准分为十个方面：

1.有充分的安全感。

2.充分了解自己，并能对自己的能力作出恰当的估计。

3.生活目标、理想切合实际。

4.与现实环境保持良好的接触。

5.能保持个性的完整和谐。

6.具有从经验中学习的能力。

7.能保持良好的人际关系。

8.具有适度的情绪控制和表达。

9.在不违背集体利益的前提下，有限度地发展个性。

10.在不违背道德规范的情况下，适当地满足个人的基本需要。

1946年，第三届国际心理卫生大会也曾为心理健康下过定义："所谓心理健康是指在身体、智能、情感上与他人的心理健康不相矛盾的范围内，将个人心境发展成最佳的状态。"并且指出了四条标准：

1.身体、智力、情绪十分和谐。

2.适应环境，在人际关系中彼此谦让。

3.有幸福感。

4.在工作中，能充分发挥自己的能力，工作有效率。

(二)国内标准

针对大学生这一群体，我国的学者认为心理健康的标准是以下八条：

1.智力正常。智力指人认识、理解客观事物并运用知识、经验等解决问题的能力，包括记忆、观察、想象、思考、判断等。智力是一个人能够完成学习、工作、生活所必需的心理条件。一般而言，能够步入大学殿堂的学生智力水平均属正常范围之内。大学生智力的评价关键在于其是否正常地、充分地发挥了自我效能。在大学生中正常的智力充分发挥的表现是能够有强烈的求知欲和浓厚的探索兴趣；在其认知活动和实践中都能积极协调地参与；乐于学习。

2.情绪健康。情绪是人的各种感觉、思想和行为的一种综合的心理和生理状态，是对外界刺激所产生的心理反应，以及附带的生理反应，如喜、怒、哀、乐等。健康、稳定的情绪能让人对现实保持积极的态度，有效地从事学习、工作、劳动，能够更好地适应环境。情绪健康的主要表现是愉快情绪多于负性情绪，乐观开朗，富有朝气，对生活充满希望；情绪较稳定，善于控制与调节自己的情绪，既能克制又能合理宣泄自己的情绪；情绪的表达既符合社会的要求又符合自身的需要，在不同的时间和场合有恰如其分的情绪表达；情绪反应与环境相适应，反应的强度与引起这种情境相符合。

3.意志健全。意志健全的学生在各种活动中有自觉的目的性，能适时地决定并运用切实有效的方法解决所遇到的各种问题；在各种困难和挫折前，能采取合理的反应方式，能够有坚定的克服困难的勇气和行动，并且能在行动中控制情绪和言行。

4.人格完整。大学生人格完整的主要标准是：气质、能力、性格和理想、兴趣、动机、人生观等方面平衡发展；具有正确的自我意识，不产生自我同一性的混乱；以积极进取的人生观作为人格的核心，并以此为中心把自己的需要、愿望、目标和行为统一起来。虽然气质等一些人格特质与遗传有关，但是大学生应该有培养和完善自身人格的观念。

5. 自我评价正确。正确的自我评价是大学生心理健康的重要条件，只有对自己有正确的认识，才能对自己产生认可。一个心理健康的人能体验到自己存在的价值，既了解自己，又能接受自己，对自己的能力、性格、优缺点都有正确的评估和理解，能够取长补短。既不会对自己提出难以完成的目标和期望，也能够在现实情况下结合自身的特点来设计生活目标和理想，常常能达到自我的认同，保持良好的心境。

6. 人际关系和谐。大学生良好的人际关系表现为：乐于与人交往，既有稳定而广泛的人际关系，又有知心朋友；在交往中保持独立而完善的人格，不趋炎附势，能够有自己独到的见解和理念；能客观地评价别人和自己；能够宽容待人，乐于助人，诚实可靠。

7. 适应能力强。大学生应当对自然和社会环境具有较强的适应能力，敢于正视人生与社会变化与挑战，选择积极的方式调节自身与社会期望之间的矛盾与冲突。在学校可以适应学业的压力，能积极调整，使自己在思想、行为上能跟上和符合时代发展的要求，与社会、环境协调一致。

8. 心理行为符合大学生的年龄特征。大学生其心理特征及行为表现应符合大学生的年龄特点和性格特征。在生命发展的不同年龄阶段，都有相对应的心理行为表现，从而形成不同年龄阶段独特的心理行为模式。心理健康的大学生具有与同龄多数人相符合的心理行为特征，如精力充沛，勤学好问，反应敏捷，喜欢探索等特点。

这里我们要注意的首先是心理健康与心理问题并没有明确的界限划分，而是一个连续的过程。偶尔的不健康心理和行为不等同于得了心理疾病，但是长久的心理问题的堆积可以导致心理疾病的发生。心理问题应该及时疏泄，避免积累。其次，心理健康是一种状态。并不意味着一旦出现了心理问题就不能再恢复健康，也不意味着现阶段的健康状态就表示永远都不会出现心理问题。应该时常关注心理健康的问题。再次，心理健康的标准是相对的，往往受到不同文化背景以及时代的影响。大学生在依据心理健康标准进行心理状态的评估时，不能死板，要考虑到评估者评估时的情景，文化背景、年龄等因素，进行综合考虑。

三、大学生心理健康的现状以及高校健康教育发展

大学生心理健康近年来已经成为人们关注的热点问题，一个个花季生命的陨落不断地提醒着我们重视学生的心理健康问题。自 2004 年震惊教育界的马加爵事件开始，每一年的校园自杀，群殴事件层出不穷。让我们禁不住疑问新的一代到底怎么了？

大学生处于心理障碍高发的年龄，心身尚未完全成熟，是人生的特殊阶段。在这个阶段大学生大多处于迷惘期，经济上的不独立，面对学业、就业、学费等压力，以及人际关系、爱情、理想等成长的烦恼，很容易出现心理问题。许多大学利用 SCL－90 项症状量表得出结论，心理障碍倾向者占大学生比例的 30％～40％，另外大学生中有抑郁、焦虑、神经衰弱等问题都明显高于一般的社会青年。据国家教委 1989 年对全国 12.6 万大学生抽样调查结果表明：大学生心理疾病患病率高达 20％～23％，也有调查显示我国在校大学生中因患心理疾病而被迫休学的人数占因病休学学生总数的 37.9％，因患心理疾病而被迫退学的人数占因病退学学生总数的 64.4％，位于疾病之首。

目前，我国高校中没有能力支付标准学费和起码生活费的经济困难学生约占学生总数的20%，在贫困生中，被问及自身是否属于"弱势"群体的时候，有66%的经济困难学生认为自己存在"弱势"现象，其中有55%的学生认为经济弱势是弱势表现中最为突出的方面。多数学生因为经济上的困难，为了减少开支，较少参与学校、班级等活动。个别学生因为在外打工，减少了自身学习的时间，由于精力不足往往不能参加校园活动，很少担任学校、学院、班级的职务，进而失去了与广大同学交流、学习的机会。经济弱势对学生的行为弱势也存在着明显影响，直接导致学生的学习、心理、行为等弱势现象。这些因素不利于大学生人格的塑造和培养，家庭贫困的学生自卑感是较为突出的。此外，经济困难的大学生更容易出现焦虑等不良情绪，但又苦于开口，不利于情绪的疏泄和进行心理指导。

大学生从中学跨入大学的校门，离开了父母的帮助，由于他们缺乏社会生活经验，遇事易于受外部刺激而影响心理上的平衡，不能控制自己的情绪和心态变化。大学生心理冲突矛盾时有发生，如理想与现实的冲突、理智与情感的冲突、独立与依赖的冲突、自尊与自卑的冲突、求知与辨别能力差的冲突、竞争与求稳的冲突等。随着我国经济建设步入快速发展阶段，日益激烈的竞争，就业的压力增大，使得大学生对环境的适应能力和承受能力受到进一步的考验，因此加强大学生心理健康教育势在必行。

高校应该不断深化高校健康教育改革，重新审视高校健康教育目标、任务、内容，实施途径和方法，树立新的健康教育观念，形成新的健康教育思想，有目的、有计划、有针对性、有评价地进行健康教育活动。通过各科教学进行心理素质教育既是学校心理教育实施的途径，也是各科教学自身发展的必然要求。开设心理教育必修课，增强自我教育能力。心理素质的提高离不开相应知识的掌握，系统学习心理、卫生、健康等方面的知识，有助于学生了解心理发展规律，掌握心理调节方法，增强自我教育的能力。教师在传授知识过程中深入挖掘知识内在的教育意义，就能够把人类历史形成的知识、经验、技能转化为自己的精神财富，即内化成学生的思想观点、人生价值和良好的心理素质，并在他们身上持久扎根。

开展丰富的校园活动，丰富大学生的在校生活。丰富多彩的文体活动能使同学们生活在一个健康和谐有朝气的集体环境中，陶冶他们的情操。鼓励学生积极参加文艺比赛、体育竞赛，这样既有利于学生的身心健康成长，又培养了学生的兴趣，发挥了特长，更增强了集体凝聚力和亲和力。

通过开展心理辅导或心理咨询工作，帮助学生解决不良心理和行为障碍。一方面高校的辅导员在日常学习生活中应该加强心理健康教育，做好与学生的沟通工作。另一方面建立校园内的心理咨询室，配备专业的心理咨询人员，针对有心理疾病的学生进行心理干预。心理咨询是由专业人员即心理咨询师运用心理学以及相关知识，遵循心理学原则，通过各种技术和方法，帮助求助者解决心理问题。心理咨询可以提供宣泄和疏导，大学生可以将自己郁结已久的不良情绪和心理问题倾诉给咨询者；帮助学生全面、深刻地认识其心理不适与情绪障碍、心理疾患的过程，使他们重新建立认知，协调自我与环境的关系，改变自身存在的消极行为方式和偏见；通过必要的训练和矫正，使来访大学生建立健康、有效的行为习惯和适当方式。在高校中心理咨询主要解决大学生的心理发展、心理适应和心理障碍的问题，其中以后两种为多。目的是排解学生的心理困扰，减轻和缓解心理压力，改善适应能力；通过心理辅导帮助学生克服心理障碍，恢复心理健康。常用的心理治疗方法有认知治疗、行为治疗、精神分析法、人本主义疗法等。

在高校中进行心理咨询，大学生应该抱着坦诚的态度主动去要求帮助。心理咨询的基本原则是为来访者保密，并且遵循尊重的原则进行访谈，来访者不需要感到自己没面子，在乎咨询师和别人对自己的看法，以免造成咨询的阻碍。另外，咨询并不是单纯的解决问题，而重视激发人自我的潜在能力，以期得“自救”的过程，不能依赖咨询师给来访者出主意，解决问题。咨询者应该了解心理咨询只是一个过程，一次两次的心理咨询并不一定能起到明显的治疗效果，在心理咨询中应该坚持并且为之努力。心理咨询特别是心理治疗的过程中要重新塑造来访者的认识，会产生不适；训练和学习也需要精力去配合和完成。

第二节　大学生常见的心理问题

一、人际交往

从幼龄起我们就在与人打交道，我们向父母微笑示好，和小朋友一起玩游戏，和同学们一起学习，从来没有间断过人和人之间的接触。心理学家马斯洛的需要层次理论中指出我们都有爱与被爱的需求。与人交往我们不但可以获得情感的交流，同时也可以从他人身上得到大量的信息，一方面有助于自我的认识，另一方面帮助我们融入社会。人际交往对于大学生而言，有更加重要的意义，可以获得安全感的满足，情感需要，能够更好地适应生活和社会。大学阶段是大学生学习知识、了解社会和探索人生的重要时期，也是其个性心理品质形成与发展的关键阶段，良好的人际交往对其人生发展具有特殊的意义。然而，许多的心理健康调查表明，大学生的人际关系不尽如人意，他们常常处于渴望接近却又无法接近他人的尴尬境地。在这一节中我们首先看看大学生常见的人际交往问题。

（一）大学生人际交往障碍成因

1.认知误区。认知是指人基于客观环境对自身及周围人或物的一种主观感受与评价。对自我、他人和人际交往过程等的错误认知，成为影响大学生人际交往，造成交往障碍的关键原因。普遍的大学生社会阅历不足，对事物的看法不够全面，但是在心理上强烈的自我意识发展，造成大学生往往以自己习惯的方式去判断他人和社会。理想化的交往标准势必会导致人际交往上的偏见，主观臆断，或以偏离现实的标准来评价人际关系，造成对现实人际关系状况的不满，产生人际交往障碍。

2.情绪障碍。大学生心理在发展成熟的阶段，情感往往显得极为敏感和不稳定，对人对事有时过于敏感，容易凭一时的好恶改变对一个人的看法，使得人际交往缺乏稳定性，容易冲动。

3.个性障碍。人格也就是我们常说的个性，是指人在各种心理过程中经常、稳定地表现出来的心理特点，包括气质、性格等。社会心理学的研究表明，乐观、聪明、有个性、独立性强、坦诚、幽默感、能为他人着想、充满活力的人在人际交往中更受欢迎；而那些在人际交往中不太受欢迎的人则具有自私、心眼小、斤斤计较、孤傲、依赖性、自我中心、虚伪自卑、没有个性等特点。

4.交往技巧不足。大学生由于生活空间的局限性，人际交往面相对狭窄，导致缺乏积极的人际交往意识，与人交往的实际经验不足，缺乏相应的经验和技巧，容易导致在与人交往时不能达到自己想要的结果，进而挫伤大学生与人交往的热情，导致交往心理障碍的产生。

5.家庭环境的影响。现在的大学生多是独生子女，在与人交往时通常以自我为中心，做事不考虑别人的感受反而要求别人按照自己的意愿行事。家长的过度保护，为避免孩子受到伤害,“知人知面不知心”等过多的负面言论让尚未成熟的学生们人际交往产生了胆怯心理,认为人际交往太复杂,而产生与他人交往的退却和困惑。加之现代教育更多看重学业成绩,减少甚至剥夺学生的人际交往,培养出“书呆子”,只和学习好的学生交往,将自己置身于一个狭小的交往空间,造成人际交往的局限性。

(二)人际交往困难的表现

1. 嫉妒。轻微的嫉妒是正常的一种现象,通过和别人的比对可以认识到自己的不足,可以转化成为动力,成为一种奋发向上的积极精神。但是嫉恨心理是人际交往中有害的一种心理,它容易降低人的理智,使人处在情绪化,导致偏激、冲动、暴怒等过激行为。而一旦这种嫉妒心超过限度就会走向反面,影响人与人之间正常的关系。在大学生中嫉妒心主要表现为对他人的成绩、进步不予承认甚至贬低。咨询案例中某高校成绩优异的学生A,由于担心别人的学习成绩超过自己,将同学的书籍藏起来,久而久之形成了偷书的习惯,形成心理障碍。嫉妒是虚荣心的一种表现,应当适当地控制和及时地调适,避免和减小因为嫉妒所造成的影响。

2. 自卑。自卑心理是指由于不适当的自我评价和自我认识所引起的自我否定、自我拒绝的心理状态。自卑是个人主观上认为自己不如别人,认为自己不够好,自己不值得别人对自己好,甚至一文不值。表现为自我评价较低、缺乏归属感、自惭形秽、对未来的预期不乐观的学生,在交往中缺乏自信,为人处事显得谨小慎微,总以为自己这也不行那也不行,为寻求安全感总喜欢将自己置于群体之外,从而将自己的人际交往范围限制得非常有限。但人际交往的缺乏又会影响学生对自己的评价,认为交不到朋友是自己能力差,加重自卑感。

3. 孤独。孤独会给人们带来种种消极的体验,如沮丧、无助、抑郁、烦躁、自卑、绝望等,因此孤独对人体健康有很大的危害。据统计,身体健康但精神孤独的人在十年之中的死亡数量要比那些身体健康而合群的人死亡数多一倍。在大学生中,有些学生虽然愿意与他人交往,但由于性格内向孤僻等原因却无法让别人了解自己,形成了一种自我封闭的状态。这类学生不由得产生出一种孤芳自赏的心态,认为没有人能够理解和接纳自己,将自己置于人群之外。还有的学生认为自己与别人差异很大,不屑让别人了解自己,总喜欢把自己的真实思想、情感和需要掩盖起来,故意把自己封闭起来,难以融入群体、融入社会。

4. 社交恐惧。表现为与人交往时(尤其是在大庭广众之下),会不由自主地感到紧张、害怕,以致手足无措,语无伦次,严重的甚至害怕见人,常称社交恐惧症。患社交恐惧症的学生在人群中焦虑不安,迫切地想离开有人的地方,不仅造成人际交往的问题,还影响了学生的学习能力。

(三)如何培养人际交往的技巧

1. 良好的性格基础。期望得到别人的喜欢,要有良好的人格,形成自身独特的魅力,应该具备下列特质:首先交友贵在真诚,真诚就是真心实意,坦诚相待。从心底感动他人而最终获得他人的信任。交友贵在坦诚,是相互建立信任的第一步。率真自然,心怀坦荡是一种人格魅力,能够吸引他人,利于相互沟通交流。另外,要能够对他人宽容以待。宽容是指对非原则性问题不斤斤计较,能够以德报怨,宽容大度。人际交往中往往会产生误解和矛盾。大学生情感丰富而冲动,日常的接触不可避免会产生出矛盾。应该注意的是大学生的思维模式相对而言是较为片面的,在交往中不要斤斤计较,要学会换位思考,要谦让大度、克制忍让,不计较对方的态度、不计较对方的言辞,并勇于承担自己的行为责任。再者,谦虚和尊重能够获得别人的尊敬。人们常说人际交往犹如看镜中的自己,你对它笑它才会对你笑。尊重是对他人的一种认可。无论对方的职业、相貌等，若是期待与人和谐相处，应该抛去自己的歧视。人都希望得到别人的喜欢，甚至青睐，渴望得到别人的肯定。彼此的认可可以促进更深层次的人际关系的发展。

2.坚持平等的原则。在人际交往中总要有一定的付出或投入，交往中这两者应该达到基本的平衡，平等是建立人际关系的前提。人际交往作为人们之间的心理沟通，是主动的、相互的、有来有往的。人都有友爱和受人尊敬的需要，都希望得到别人的平等对待，人的这种需要，就是平等的需要。

3.自我表露。社会心理学中指出一个人在人群中的暴露率可以影响他人的看法，暴露率高的人能够获得较好的评价。将自己恰到好处的介绍给他人，是对自己的一种营销，能加深别人对自己的印象。将自己的内心向别人倾诉，他人才可以及时地理解你的需要，建立亲密感。

4.学会倾听。沟通时要注意语言表达要清楚、准确、简练、生动，不要只顾自己表达，还要学会聆听，做一个好的听众。真诚的倾听不仅能使自己快乐，别人也会心情愉悦。聆听是用心倾听，这是一种友好的表现，是涵容的一种修养。暂时把个人的成见与欲望放在一边，尽可能地体会说话者的内心世界与感受，听者与说者的结合，双方更能相互了解并从中得到新的知识。

5.学会赞扬和批评。人普遍存在着自尊的需要，只有在自尊心高度满足的情况下，才会产生最大程度的愉悦，才会对对方的态度、观点易于接受。交谈时，要学会赞扬和批评。批评是负性刺激，会引起人不愉快的情绪，并且人无完人，总是会犯错误和失败的，即使批评应该以委婉的方式，避免正面的冲突。

二、学习问题

学习是生物普遍存在的现象，通过学习人类才可以繁衍生息。学习指人在社会实践中，通过与他人交往，自觉、主动地掌握社会相关经验以及积累自身经验的过程。而学生的学习主要是指在教师的指导下掌握间接经验为主的智力实践活动。大学生本身对这样的学习并不陌生，只是学习的内容与原有的不同，倾向于专业性、职业性。大学教育更加注重专业理论和基本技能的培养，仅围绕具体专业展开教学，有更强烈的职业倾向，是为今后的职业生涯打基础。另外要求学习的自觉性和自主性更高，学习走上自立的道路。大学生应该意识到自己处于学习的主导地位，增强自学能力，培养自己独立学习、独立工作和独立研究的能力。注重创新性，培养探索能力，将理论和实践相结合，学以致用。大学生学习的形式、内容较之以前改变，也常常面临许多关于学习的问题。

(一)学习动机不足

有些大学生刚刚走入校园有种空虚的感受，在没有督促的情况下，不愿意花费精力在专业知识上，缺乏学习的兴趣。学习动机是个体进行学习的内部动力，是将学习的需要和学习的愿望转化成为学习行为的心理动因。对学习对象的兴趣，期望获得成就的动机，求知欲与好奇心是促使人类学习的内在驱动力，就是我们说的学习需要，外部环境例如表彰等也是促使我们学习的诱因。缺乏学习动机的学生会变得懒惰、贪玩、对学习产生厌倦情绪，最终导致学习能力和效果的下降。在学习中大学生应该调整学习的目标，激发自己学习的兴趣。成就感可以为我们带来良好的学习动力，我们应该为自己设置具体的目标和完成目标的方法，使得学习有目标和可操作性。另外，学习的目标设立应该以中度为宜。目标过于简单带来的成就感低，目标过难不易操作完成，不仅不能带来成就感，还造成学习的挫折感。培养学习的兴趣，要保持好奇心和求知欲，才可以激发学习的动力。这要求在学习的过程中要善于发现，能够将理论和实际相结合，体验学习的乐趣。除此之外还要培养毅力，自我控制能力差的学生拥有目标，但不能坚持完成目标，容易受到周围环境的影响。练习学习归因，当遭受到失败的时候能够正确分析失败的原因。总是将失败归咎为自身原因的学生容易产生自卑感、无助感和失落感，久而久之失去了学习的自信，不愿再去尝试了。所以失败后应该积极总结，找出成功和失败的真正原因，将失败归因为努力不足，而不是缺乏能力。

（二）学习效率不高

学习效率低的原因大致有学习方法不当和疲劳学习两种。学习方法不当的学生往往付出很多时间和精力，取得的效果差强人意。学习方法是学习者在一定的学习原则指导下，用一系列具体的方法和手段有目的地学习。根据学习理论的研究，一般推荐大学生适当地预习，认真听讲，课后及时复习，利用作业巩固、消化知识，最后通过考试测验进行检验和反馈。预习可以提高听课的效率，掌握课堂的主动性，能够产生自我的见解，利于知识的消化。教师的讲解可以加深印象，及时的复习才能克服遗忘，融会贯通，使所学的知识完整、系统。考试能找出学习的薄弱环节，查漏补缺。当然除了把握以上学习环节之外，学习也需要劳逸结合，长期持续的学习容易导致生理不适以及心理上产生忧郁情绪，情绪烦躁，导致记忆力下降、注意力分散等症状。学习疲劳可以是心理性的，也可以是生理性的。在学习过程中长期保持固定的姿势，会产生肌肉疲劳；紧张地注意、不断地思考可以引起视觉和神经系统的疲劳；营养缺乏使大脑供氧不足会加速大脑疲劳，这些主要是生理性的疲劳。过重的学习压力，学习动机不足会产生不良的情绪，容易对学习倦怠、烦躁，这些主要是心理性疲劳的表现。为了预防学习疲劳的发生，应该建立合理的作息制度，保证充足的休息时间和营养。注意用脑卫生，不过度用脑。使人容易疲倦、难学的科目应该优先学习，最后学习不容易疲劳的课程，优化用脑。采取适合自身的学习方法，提高学习效率。改善学习的环境，选择照明适当、空气清新、温度适宜并且安静的学习环境也有助于避免疲劳。

（三）考试焦虑

考试焦虑是学习焦虑中的一种表现，在学习过程中因面对考试而情绪紧张，不能充分发挥自己水平的心理失常情况。主要表现为在迎考以及考试期间出现过分担心、紧张、不安等情绪，伴有失眠、植物神经功能紊乱等症状，学习的记忆力、注意力均下降，使得复习以及考试达不到应有的效果，表现严重者会逃避考试。绝大多数的考生在临考前都会产生一定程度的紧张或焦虑，属于正常反应。考试前适当的焦虑可以激发学习的积极性，能够增强学习的效率，应该正确地认识考前焦虑。降低考试压力可以有效地减少考试焦虑，考试的目的是为了检验学习的效果，帮助学生弥补不足的手段，不要给考试加上过多的砝码，产生有偏差的认知。对自己做出超过自身的能力的要求，也容易造成心理冲突。担心不能完成自己的考试目标，期望与现实的差距是造成考试焦虑一个主要原因。大学生应当了解自己，正确评估自己的能力，做出适当的期许，不可好高骛远。也可以尝试放松训练缓解考试的紧张。考前焦虑时可以试试听音乐、运动、洗热水澡等方法来缓解紧张。考试焦虑严重者可以在心理医生的指导下进行有效的放松训练等心理治疗，在紧张的时候通过调整呼吸，情绪宣泄等方法来松弛身体。

三、就业问题

据国家人力资源和社会保障部统计资料显示：2009 年全国高校毕业生超过 560 万人，近两年未就业的高校毕业生约有 480 万人，2009 年需就业的大学生已高达千万人。我国大学生的就业问题已经刻不容缓，这其中的原因多而复杂，就业结构的地区分布差异，专业结构的不合理以及供求双方的需求差异问题都是造成现在大学生就业难的原因。大学生开始择业意味着踏上了人生的又一重要旅程，难免在这条路上有彷徨和苦恼。而就业形势的严峻加重了大学生的心理负担。作为青年人，具有蓬勃的朝气和理想，也应该有正视和解决问题的勇气。

(一)就业中常见的心理问题

1. 择业的焦虑。焦虑是由心理冲突或个人遭受挫折以及可能要遭受挫折而产生的一种紧张、恐惧的情绪状态。焦虑心理在大学毕业生中较为普遍，造成焦虑的原因主要有以下几个方面：第一，就业是人生的转折，对于大部分时间在校园里度过的大学生，缺乏对社会的认识，产生了步入社会前的心理恐惧。一旦步入职业生涯，生活就此不同，不得不在感情与职业间取舍，分别的离伤增添了对未来生活的恐惧；第二，缺乏充分的就业准备，充分的准备可以提高求职成功的机会。除了自身能力的长期培养，择业信息的收集，简历的准备以及表达自己的能力在求职过程中可以为自己增强信心，但大学生缺乏求职的经验，准备不足也是导致择业焦虑的原因。特别是一些大学生在校期间缺少知识的储备以及能力的培养，在激烈的竞争下处于弱势，更增添了紧张、不安感；第三，职业选择的困惑，第一次选择工作对整体职业生涯来说是比较重要的，很多大学生过于慎重，左思右想，担心第一次的不良选择会影响终身的前途而久久不能决定。部分大学生对自己的职业生涯没有明确规划，缺乏职业方向，不知道应该从事什么样的职业才适合自己。过度的焦虑会对大学生择业就业产生消极影响，它不仅会抑制大学生的正常思维，还会导致注意力难以集中，记忆力明显减退，从而影响大学生正常的学习和生活。

2. 择业中的自卑与自大。有的大学生缺乏对社会以及自身的评估，自认为是名牌大学学生，紧俏专业，不切实际凭空为自己设定职业目标方向，设定了过高的就业期望值，渴望高收入和较高的社会地位，结果是总也找不到符合期望的职业，不能顺利就业。自卑的大学生恰好相反，自卑的大学生不敢正视现实，对自己的长处估计不够，怀疑自己的能力，不善于发现适合自己的职业岗位，在对自己的抱怨、贬低中失去了求职的勇气，丧失就业机会。自卑与自大也往往纠缠在一起，有的大学生在求职比较顺利时则容易自大，任何工作都会得心应手，在求职中自觉高人一等、自命不凡，一旦出现求职失败则容易陷入自卑、自责、一蹶不振，承受挫折的心理能力较低。

3. 就业攀比心理。现阶段的大学毕业生往往都存在很强的竞争意识，但同时由于竞争带来的负面影响也不容忽视。许多毕业生为进入同一家较为著名的公司，产生了激烈的竞争，由于自身的就业能力不同容易导致嫉妒心理产生，原本是同学、朋友，却因为择业反目成仇。在寻找工作单位时，毕业生也会和自己周围的同学进行比较，总想自己找到最好的工作，虚荣心导致了大学生择业中的不愉快。别人找到的工作比自己好，就认为自己缺乏能力或者抱怨社会对待自己的不公正。

(二)大学生就业心理的自我调适

1. 正确的客观认识。孙子兵法道："知己知彼，百战不殆"，面对择业中的各种矛盾和问题，毕业生首先要正确认识和评价自我，明确自己今后的职业发展方向，分析适合自己的岗位特征和地域范围。我国的应试教育为了高升学率，造成只抓考试成绩，而不管学生身心的发展。等到高考完毕选择专业的时候，大多数的学生不知道该如何抉择，往往带着从众心理，并没有从自身的喜好和特点出发，以至于毕业时发现根本不愿意从事所学专业的现象，增添了学生就业的烦恼。在就业的原则上应该以服从社会需求为准则，首先要明确现实岗位的重要性和工作的目的意义；其次在选择职业岗位时要考虑个人的兴趣、爱好、专长与社会实际，寻求到社会需要与个人追求的交汇点，带着兴趣工作减少了日后工作疲劳，也能够获得更多的工作愉快感。现阶段我国的基本国情普遍为独生子女，对孩子的教育存在着统包统管、封闭保护的现象，对困难、挫折、自立的教育引导不够。使很多大学生从小娇生惯养，形成依赖的个性，失去其独立性。择业时就会依赖于学校和家庭，仅仅着眼于轻松高薪的工作环境，一旦不能如愿便怨天尤人，畏惧不前。因此客观认识自己，在社会需求的指挥棒下找到适合自己的职业显得尤为重要。正确的客观认识还包括了对就业环境的理解。近年来高校扩招，大学毕业生人数增多，就业压力增大，特别是经济金融危机更是将就业的话题推到了风口浪尖。就业者普遍素质的提高，让大学学历已然不足以成为就业的金牌。然而经济的不断变化革新，产生了许多新型的职业，提供了更为广阔的就业选择。大学生应该眼界开阔，认真分析社会的需求。不能抱有旧的观念，只考虑大型国有企业和传统职业。另外不能目光短浅，仅考虑暂时的个人待遇问题，要有吃苦耐劳的精神，是否有长足的发展空间也应该作为考虑的方面。另外，我国就业的分布不平衡，大城市人才拥挤，竞争激烈，然而广大的农村和一些中小城市却人才难求。大学生应该正确评估就业环境，根据自己的特点有方向、有目标的就业，切不可盲目跟风。

2.增强就业能力。良好的心理品质和健全的人格特征是成功就业的基础和保障。工作大多是团体性的行为，要求人与人的协作，良好的个性保证了人际关系的和谐，有助于工作的进行。因此用人单位更加喜欢乐观自信、积极进取、善于合作、勇于创新、意志坚强、谦虚礼貌、自立自强、耐挫性高、自控力强、善于调节自己的情绪人。积极的心理状态，更能给人生带来快乐的心理体验，并不断催人奋进，这就是自信给人带来的力量。由此可见，首先要培养良好的性格以适应就业的需要。其次，要构建合理的知识结构。构建合理的知识结构就是根据职业和社会发展的具体要求，将已有知识科学地重组，最大限度地发挥知识的整体效能。大学生受高等的教育，大多数属于知识型人才。知识就是大学生的"手艺"，知识广博或者专业能力强的学生总是在就业中占优势地位。作为新时代的大学生，不仅要掌握尽可能多的知识，同时还应该掌握用于创造更多、更新知识的本领，同时加强实践练习增进自己的动手操作能力。用人单位在选择大学生往往苦恼于高分生多，但是缺乏具体实践的能力。这虽然与教育体制有关，但大学生应该主动培养，能够学以致用、活学活用。根据现代社会的发展需要，不断适应现代社会就业的要求，提高就业能力。

3.及时疏导。就业选择的烦恼和压力，求职过程中的挫折，往往会给大学生带来不良的情绪反应。应该及时通过宣泄、放松的方法排解不良的情绪，避免堆积。当感到紧张或焦虑时可以进行适度宣泄，向老师、同学、朋友倾诉自己的忧虑和不满，也可以参加一些体育活动以消除心理压抑。在遇到困惑和难以排解不良情绪的时候可以寻找心理咨询师等专业人员给予帮助。

四、恋爱与性的问题

(一)大学生的爱情观

"问世间情为何物，直教生死相许?"爱情是人类亘古不变的话题。单纯的爱情让人纯美，凄美的爱情让人动容，坚持的爱情让人钦佩，而我们的爱情呢？大学生恋爱早已被社会认可，国家的法制也允许在校大学生结婚。刚从繁重的高考压力中走出来，又面临性生理的成熟，讨论爱情，尝试与异性交往是很正常的现象。学会与异性和睦相处，也是为未来婚姻家庭生活做准备。

有关爱情的心理理论层出不穷，因为爱情实在是玄妙而复杂的。美国心理学家斯滕伯格提出的爱情三角理论中认为：爱情包括亲密、激情及承诺三个部分。亲密，指在爱情关系中能够促进亲近、连属、结合等体验的情感，即能引起温暖体验。这一成分也广泛地存在于较深的友谊关系之中。激情，也称"情欲成分"，指的是爱情中的驱力，能引起浪漫恋爱、体态吸引、性完美及爱情关系中其他的有关现象。在爱情关系中，性的需要是引起这种激情体验的主导形式，除此之外，自尊、养育、亲和、支配、服从以及自我实现等需要也是产生激情的来源。承诺包含两层意义：第一，在短期方面，指一个人作出了爱另外一个人的决定；第二，在长期方面，指那些为了维持爱情关系而作出的承诺或担保。爱情三角理论中认为这三种成分在爱情的发展过程中所占的地位是不一样的，随着时间的推移，激情是在上升之后快速下降的，而承诺是慢慢地增加到一个程度后不再有大的变化，只有亲密程度是不断增加的。他进一步提出爱情的类型，包括八种组合：喜欢的爱，只包括亲密的成分；迷恋的爱，只存在激情成分；空洞的爱，只有承诺的成分；浪漫的爱，结合了亲密与激情；友谊式的爱，包括亲密和承诺；昏庸的爱，激情加上承诺；无爱，三种成分都无；完美的爱，三种成分都包括。心理学中爱情理论很多，大家的看法和意见也多有不同，大学生可以参看、学习，了解自己对爱情的认识与类型。

爱情是奇妙的，因为每个人都会有自己的感情体验，加上社会的引导，有关爱情的说法也就千变万化了。在校园里有种说法"不在寂寞中沉默就在寂寞中爆发"，许多大学生因为寂寞而谈恋爱，存在着别人都谈恋爱而谈恋爱的从众心理。在这样的动机驱使下，容易轻易地选择对象，成为男女朋友后，又觉得怎么都不舒服，反而造成自身的困扰。不能将谈恋爱看做是衡量人际关系好坏的标准，认为不谈恋爱是因为交际能力差。另外学校是社会的缩影，现代社会流行着爱情的功利理论，将爱情作为一种达到目的的手段，选择对象的时候将金钱与权力作为标准，甚至甘做别人家庭的第三者。这样的爱情过于现实，会失去爱情本身所具有的吸引力和魅力，往往也不一定牢固。健康的爱情动机应该源于对美好的追求，双方的结合能够使彼此物质与精神上达到新的境地。爱情应该对于两人来说达到一种提升，互相扶持与帮助。爱情是男女之间彼此爱慕、专一且持久的情感。

1. 如何面对失恋。爱情的过程并不是总能一次成功、一帆风顺的。两个人相爱的激情渐逝，逐步深入地了解对方，可能发现并不是自己所需的伴侣；即使两个人相爱已久，人总是在不断变化中，或者因为现实的阻隔，也会导致分手。当爱情离去，留下我们独自失恋的痛苦时，是该悄悄合上爱的心门不再轻易打开还是勇敢地面对下一站幸福；是该愤怒、报复还是向对方送上祝福。失恋必然是令人难过的，不会有"忘情水"去帮我们免除那份伤痛。可是所幸我们还有父母和亲朋，找一个交心的对象，将那爱与恨，惆怅与遗憾说个明明白白，释放心中的压抑。将悲痛化为崭新的力量，转移注意力。逐步的思考失恋的原因，要明白爱情也是人生的一份功课，需要学习。失恋是爱情的一堂很好的课程，从中你可以看到自己对爱情的需求与不足。不断地完善和认识自己，爱情的答卷才会得到一个高分。每一段的爱情是一个过程，过程中的幸福与曲折都成为纪念，当过程结束回首的那刻，我们没有失去全部。

2. 单恋的纠结。相爱总是和两个人有关，如果我只是偷偷爱上了他，让人纠结烦恼的单恋，默默地爱恋却不能甘心，向他示爱又会不会得不到回应。单恋的原因是因为那个人值得期待和努力，总觉得对方会有喜欢自己的可能。大学生单恋的对象往往是自己的朋友，爱情与友情该怎样抉择？首先，单恋者应该鼓起勇气向暗恋的对象表露自己的心意。通过表白才可以明确对方的态度，如果对方也是喜欢自己的，感情就可以进一步发展。但是如果遭到了拒绝也并不是一件坏事情，可以重新调整自己的情感，选择放弃也不会觉得遗憾。而至于友情与爱情的抉择，首先要分清什么是爱情的感受，什么又是友情。并不是和异性朋友相处融洽就一定会发展成爱情。如果确实从友情的方向发展到了爱情，应该做出抉择的勇气，世上本来就难有十全十美之事。单相思的情感切忌不能变成自我幻想，应该在恋爱中采取切实有效的行动。

3.爱情与学习的纠葛。大学生正处于学习的黄金时间，可是爱情也需要试炼。老师和家长往往不赞同大学生恋爱的原因主要是害怕分散了学习的注意力，影响了前程。而没有一定的物质基础爱情也难以保证。良好的爱情应该是给对方空间发展，携手并进。人生中爱情只是一部分，还要追求人生的成就感和价值感。没有奋斗目标的爱情，只是卿卿我我，会让爱情缺乏新鲜的血液。爱情与学习并不是一对矛盾，是可以达到双赢的结果。

（二）大学生的性健康

性是人类最基本的生物学特征之一，当人的生理发育成熟之后，自然会有性的需要，而现代的文明所建立起的道德规范，影响制约了现代人的性观念和行为。上一章介绍过大学生的心身发展，大学生处于性生理已经成熟而性心理尚未成熟的矛盾时期。特别在东方传统文化受到西方开放文化的冲击之后更容易造成大学生产生出性的生理需求与性的社会规范之间的冲突。在这个阶段，提高性认识是很重要的，使学生们能正确地评价自己与他人，很好地适应与调节由于性机能成熟所带来的一系列生理、心理上的变化，保持身心统一。

何谓性心理健康？世界卫生组织定义为：通过丰富和完善的人格、人际交往和爱情方式，达到性行为在肉体、感情、理智和社会等各方面的圆满和协调。对于青少年健康的性心理应该具备以下能力：形成和保持一种有意义的人际关系；欣赏自己的身体；能够以礼貌和恰当的方式与同性和异性交往；用与自己价值观念一致的方式来表达自己感情、爱和亲密行为。大学生的性心理健康并不是一味地排斥和摒弃性，在传统文化以及社会的影响下曾经对性教育采取压制和隐瞒的方式。有调查曾指出，在大学生中超过一半的人认为“自慰”是危害健康的不良习惯，有近六成的大学生无法正确认识和掌握自己的安全期。这样的隐患是巨大的，不仅仅是增添了大学生关于性的烦恼。曾有医生指出大学生人工流产并不少见，部分学生因为不懂性卫生知识而造成多次流产，对年轻的身体造成危害。对于大学生来说性心理健康应该有正常的性需要和性欲望，能很好地调节自己内在的生理冲动，很好地适应大学生活和学习；与异性发展有责任心的亲密关系；对性有正确的态度和情感，性观念和性行为符合社会道德和法律规范；有正当、健康的性行为方式。

1.性自慰的问题。性自慰是指个体自身通过刺激性器官或者敏感地区而得到性冲动释放的一种性行为方式，也常被称为“手淫”。在美国90%以上的人口有过达到性高潮的自慰行为。这是一种青春期成熟的生理表现，而非低级下流，会造成身体损害的行为。许多学生采取性自慰的方式享受性冲动的释放过程，但是心理上对其进行排斥，造成自身的内心冲突，总认为自己是在进行不道德的行为，内心遭到谴责，久而久之终会造成不良的心身反应。因此，首先大学生应该了解在青春期的性冲动是自然的过程，并不是一种自己才有的罪恶行为。上海一综合性大学对693名大学生性心理和性行为的调查显示，有85.9%的大学生有手淫行为。

适当的性自慰是合理、正常的，对于性生理和性心理的平衡能起到调节的作用，放下自己内心的焦虑。另一方面，只有适当的性自慰才是健康的，过度沉溺只能导致身心的伤害。鼓励大学生培养兴趣爱好，把精力和注意力转移到学习生活中。关于适度的标准是因人而异的，如果在性自慰后没有不舒服的感受则是适度的，若是出现身心疲惫等不适症状，就应该寻找原因，及时地进行调整。

2.关于婚前性行为。前面介绍过大学生性生理已经成熟，但是性的心理发展以及客观条件限制，必然带来许多需要思考的问题。在东方古老的文明中，性生活应该是发生在婚后的，然而性生理成熟的提前和社会普遍婚龄的推后，以及性开放意识的影响，虽然人们不像看待婚外性行为、同性恋那样排斥，但它依旧作为一种违规的性行为存在于人们的观念之中。20 世纪 90 年代以来，婚前性行为开始在中国社会大量出现，并呈现出低龄化的趋势。据相关报告显示，目前，21 岁 79%的年轻人中有过婚前性行为，在农村地区该比例则超过 80%。虽然这一数据不一定可信，但它确实反映了婚前性行为在年轻人中的“泛滥”。当被问到对大学生发生婚前性行为、同居的看法时，持赞同意见的占总数的 21.66%，持反对意见的占总数的 30%，无所谓的占 48.3%。男女生对比，女生填写的有效问卷中，持赞同意见的为 8.33%。当问到发生关系后分手，受伤害比较深的是男方还是女方时，选择男生更受伤的占 11.66%，选择女方更受伤的占 51.66%，认为男女都一样的占 36.67%。由此可见，对于婚前性行为、同居，女生有更多的顾虑，也更慎重，而大家也普遍认可发生过关系后女生会受到更深的伤害。另外根据调查显示虽然多数的大学生可以接受婚前性行为，但当提到是否能接受对方以前的性行为时，25%的学生表示一点也不介意；12%的学生表示有点介意，但不影响感情；51%的学生表示相当介意但不会分手；12%的学生表示介意及完全无法接受，因这个原因而分手。很清楚表明大学生虽然可以接受，但很难允许自己的另一半有婚前性行为。讨论这个敏感的话题的意义对于大学生更为重要。在婚前性行为的问题上，心理上不太成熟的大学生是要承受很大压力的。不仅要承担恐惧、自卑、焦虑的心理问题，可能还要承担由于婚前性行为所带来的不良后果，如怀孕、疾病等问题。再考虑男女性生理的差别，男性在性欲方面表现相对外向，处于主动的一方。大学生婚前性行为中，女生很多时候是为了迎合男友作出的决定。一旦发生后又处于懊恼的情绪中，责怪对方不应该，造成两人之间的困扰。女性将性与爱联系在一起的倾向往往强于男性，一旦发生性关系，更容易在感情上产生依赖，也就是为什么调查中表示女性更容易受伤的原因之一。因此作为女大学生在这个时期应该为自己的性负责，而不是依赖于男性为自己负责，应该考虑清楚，如果不情愿发生性行为就应该主动委婉地拒绝。当然要能够理解男友的性冲动是正常的，而并不是说提出性要求的人就是卑劣的。对于男性学生处于性欲强烈的时期，要考虑到性可能引发的问题和后果，能够承担起自己的行为。采取积极舒缓的方式帮助自己排解，例如参加运动，追求其他的目标，同时注意好的卫生习惯，睡觉前不看性刺激的影视剧和书刊。而针对现在所谓的性开放的观念，简单地将性与爱分开，强烈享受性的乐趣，忽略爱情的观念而言，事实上性与爱是很难分开的，缺乏爱的性总不能达到完美，但是必须承认只追求性的乐趣，不仅会导致道德的堕落和混乱，很可能失去爱与被爱的机会，同时也会增加性病的患病率。我国的社会学者有人曾指出一味地反对婚前性行为是不理智的，社会与人都在变化之中，在现今性成熟年龄提前，而结婚年龄退后，由建国初期的 18 岁延长到现在的平均年龄 23 岁，因此更重要不是讨论采取或者不采取婚前性行为，而是积极地进行健康性心理、性观念与道德的教育和普及性卫生知识。总之，大学生应该全面考虑婚前性行为的利与弊，选择适合自身的方式。

3. 性心理异常带来的心理困扰。性心理异常是指性心理活动过程中出现的情绪偏差与行为紊乱，如同性恋、恋物倾向、窥视倾向等等。大学生的同性恋是一个非常隐蔽的群体，在青春发育期以及青年时代，人们会有短暂时期表现出同性恋的行为，在美国男性调查中，这种表现接近50%，但是并不意味着这些人都会发展为同性恋，只有大约5%的男性成为终身同性恋者。因此大学生中一些同性行为是由于性冲动得不到释放，转移到常态的同性接触中，部分在和异性接触后，会慢慢趋于常态。社会学者李银河曾推测我国成人中同性恋的比例达到3%～4%，按照这样的比例推测大学生中同性恋群体是不容忽视的。同性恋自古有之，人们对待同性恋的态度随着时代的发展也不断发生变化，我国在70年代将同性恋从精神疾病中剔除。同性恋者根据个人需求自由选择治疗，也只有同性恋导致了心理矛盾，影响了学习和生活的时候才称其为性心理障碍。同性恋由于长期被社会摒弃，双方之间没有约束，并且性伴侣获取受限制，呈现出多性伴侣的现象，但是并不意味同性恋就是混乱不堪的。有调查者在与大学生同性恋的接触中发现这一群体不乏为对方付出奉献者，六成拥有自己固定的性伴侣。但迫于外部环境的压力，很少的大学生同性恋承认自己的性取向，他们大多要面对社会、家庭的谴责，有数据表明大学生同性恋群体并不像表面上看上去的那么乐观勇敢。在大学生同性恋群体的自评中，虽然有40%的被调查者认为他们是“一个特殊但并没有危害性的群体，需要社会的特别关注”，另有54%的被调查者则觉得他们“跟其他的大学生没什么两样，很正常”，但是在被问及“您认为现在的中国社会对同性恋的普遍态度”时，仍然有高达58%的被调查者觉得社会对他们的态度是“鄙视，厌恶，排斥”的，仅有10%的被调查者认同社会的普遍态度是“宽容，表示理解”。从上述报告中，不得不为大学生同性恋群体担忧，在偏见与歧视中如何健康发展。大学同性恋者应该得到正确的引导和帮助，学会接纳自己的性取向，接纳自身。

五、网络问题

Internet是1969年由美国军方所发明的，当时只有少数科技人员和军事机构使用它。直到1993年才对外界开放，到目前还不足百年历史的网络却让人类的生活发生了巨大的改变。现在我们的生活和网络息息相关，可以在网上和亲朋好友联络、购物、工作、获取信息。然而事物往往是两面的，有大学生观察了自身和同学们的上网习惯，大多是用来聊天、游戏，有的甚至迷恋其中不能自拔。挂科、留级、劝退常常发生在这样的群体之中。有关资料调查，目前大学生中平均上网率达到92%，其中每周上网时间超过10小时以上的学生占在校学生比例的三分之一。

上网不言而喻的可以为大学生提供便利，首先，方便了学习，网络改变了原有的学习模式，获取资源非常便利，并且方便询问和查找。由于信息的多样化，可以开拓思路，学习和借鉴别人的成功模式。并且网络的相对自由，增强了学生们的信心，从某种程度上鼓励了创新和开拓。网络加强了与外界的交流，让学生们获得更多的人际交往机会，增加了解社会的渠道。通过与他人的交流和沟通，可以获得支持和鼓励，这些都是网络有利的一面。但是同时可以造成负面的影响。很多大学生上网的时间没有节制，过长过度的上网会影响身体的健康。在很多学校就有学生连续上网不休息，导致胃出血等疾病的现象。其次，由于网络缺乏约束，信息繁杂。一些不利于大学生成长的信息会干扰正常的心理发展以及伦理道德的培养。利用网络作为载体的违法行为也屡见不鲜。还有一些学生形成了“双面性格”，在网上是一种性格，脱离现实,在网上寻求满足,追求虚幻的价值和幻想的成功。对其人格发展都是有害的。随着网络飞快的发展,不得不关注网络所带来的问题。一般而言,大学生常见的网络心理障碍有五类,包括了网络恐惧、网络迷恋、网络孤独、网络自我迷失以及网络成瘾。这里着重介绍网络成瘾的内容。

网络成瘾,首先是由 1994 年纽约市的精神医师 Goldberg 提出的,指成瘾者无节制地花费大量时间和精力上网、聊天或者进行网络游戏,这种对网络的过度使用导致了成瘾者的生活质量的下降,影响了正常的学习以及工作效率,损害身体健康,导致行为异常、人格障碍、心境障碍以及神经系统功能的紊乱等问题。这是一种类似于毒品成瘾、病理性赌博的精神疾病。网络成瘾主要表现为上网时间长,并且需要不断增加上网的时间才能达到与以往同样的满足感;不上网就感觉到难受,坐立不安,上网的愿望很强烈;上网造成了人际关系、学习、工作等多方面的影响;花费大量的时间参与网络游戏、聊天、安装软件、整理和下载大量文件等;造成躯体的依赖以及心理的问题,机体由于休息不足和营养不够,免疫功能下降,精力疲乏,情绪不稳,抑郁等。目前,网络成瘾的形式包括:网络游戏成瘾、网络交际成瘾、网络色情成瘾、强迫信息收集成瘾和网络技术成瘾。关于网络成瘾的诊断,美国常用的标准为:①每天上网超过 4 小时,每个月上网总时间超过 144 小时;②头脑中总是出现与网络有关的事情;③无法抑制上网的冲动;④为逃避现实、避免焦虑而上网;⑤上网时间总是比预期要久;⑥不敢和亲人说明上网的时间;⑦因上网造成学业以及人际关系的问题;⑧花许多钱上网或者购买网络设备;⑨花更多的时间才能满足。答案为肯定超过 5 项(包括 5 项)可以诊断为网络成瘾。

卡梅隆等大学研究均显示网络成瘾患者往往喜欢独处、敏感、不服从社会规范等人格特点。说明网络成瘾的获得是有因可寻的。首先是自身的人格的缺陷,有研究表明,高水平的厌倦倾向、孤独、社会焦虑与自我封闭的人更容易造成网络成瘾。在网络里可以提供给成瘾者心理的需要,现实中的成功需要付出和努力,而在网络中成功更为轻易,通过角色的扮演,对自我的美化,能够满足成功的需要,更容易充满自信。对于易于羞怯的人群,在网络中能够扩大自己的社交圈子,更热衷于上网聊天。在现实中与人相对无言,却可以在网络上无话不说,宣泄自己的不满,获得安慰和支持。另外,日常的生活和学习压力成为大学生网络成瘾的另一诱因。考试所造成的焦虑等不良情绪自身不易排解,选择了逃避的方式,使用网络减少在考试、学习等方面的注意力。久而久之形成了恶性循环,学习成绩变差就更加不愿意面对,所以投入更多的时间在网络上,而投入网络的精力和时间越长,自身的生活和学习愈加紊乱。

虽然网络成瘾对于大学生的身心发展极其不利,但是不能因为网络的负面效果就禁止网络的使用,如何培养良好的上网习惯以避免网络成瘾,发生网络成瘾后如何纠正才是主题。

培养良好的网络认识和习惯。摆正上网的心态,是在网上汲取有用的信息来完善自我,但若过度使用则易导致心理障碍,网络生存并不能代替现实生活。能够正确的区分网络资源的优劣,熟悉网络的运用手段和规则。了解网络只是一种工具,能够正确理解依赖网络的危害性。培养自身的伦理道德观念,不能简单地认为在网上不会暴露真实身份就可以不遵守秩序规则。合理的安排上网的时间,能够有节制的使用。有报道指出形成网络成瘾的患者被强制阻断后有一定的矫正效果,特别对于程度较轻者更为有效。美国的学者提出让网络成瘾者在相反的时间上网,打破原有习惯,进而改变其在线停留的习惯。可以建立提醒卡片,制作个人的时间清单,便于控制网络使用时间。

加强网络使用管理。家庭与高校要强化对网络的管理,对于不良信息及时纠正,加强关于网络道德等问题的教育。大学生正在步入成熟的阶段，应该对其思想、行为予以正确的引导，给予必要的社会支持，使他们能身心健康地成长。

培养良好人际关系和人格，丰富生活。正确地评估自己，避免产生不切实际的自我期望，减少挫折感、自卑感。增进同学间的友情，多与他人沟通交流，学习人际关系的技巧。丰富校园生活，培养兴趣爱好，可以通过加强体育锻炼，听音乐、绘画、阅读、参加校园活动等方式来转移对网络的注意力，减少网络的吸引力。发现现实生活的乐趣，将生活的重心从虚拟的世界转移到现实世界中来。

适当的咨询与治疗。对于不能适应校园生活的学生进行心理咨询，帮助其解决问题，缓解不良的情绪。在日常学习生活中培养学生面对挫折、挑战的能力，加强处理学业压力和人际关系的能力。已经网络成瘾不能自拔的学生应该积极求助，请专业的心理治疗师予以帮助。现阶段常用的心理治疗手段有：催眠治疗、认知治疗、药物治疗、厌恶治疗等方法。在高校中也可以展开团体心理辅导的方式，让网络成瘾的学生在一起学习交流，从他人的行为中认识自己的问题所在，互相鼓励和帮助。

第三节　心身疾病的概念

心身疾病是一组与精神紧张有关的躯体疾病。它们具有器质性病变（病理解剖学改变）的表现或确定的病理生理过程所致的临床症状，心理社会因素在疾病的发生、发展、治疗和预后中有相对重要的作用。很早就有医生发现A型性格的人格容易发生冠心病等心血管类疾病，并且人们也已经证实压力与疾病的关系，生活中的压力通过某种途径抑制了我们的免疫系统，使得机体对疾病的抵抗力下降。压力可以促进肾上腺分泌肾上腺素和可的松，这些物质会影响免疫细胞.可的松会抑制吞噬细胞和淋巴细胞的功能，如果压力持续存在，将引起重要的淋巴组织萎缩。有研究者征集了75名一年级的医学生，他们即将参加压力很大的期末考试，就发现高压时学生血样中的杀伤性T细胞活动度较低，而孤独和压力评分高的学生血液中杀伤性T细胞活动度更低。常见的心身疾病主要常见于与那些和情绪联系密切，由植物神经系统支配的器官系统，例如心血管系统、胃肠系统、泌尿生殖系统、内分泌系统和呼吸系统等。常见的疾病有：冠心病、原发性高血压、癌症、胃、十二指肠溃疡、溃疡性结肠炎、胃痉挛、精神性（心因性）厌食、支气管哮喘、慢性胰腺炎、甲亢、肥胖症、紧张性头痛、偏头痛、植物神经障碍、遗尿、月经不调、经前紧张症、类风湿关节炎、肌痛、荨麻疹、湿疹、过敏性皮炎、功能性子宫出血、口炎、口臭等。

第四节　大学生常见的心身疾病

一、偏头痛

（一）疾病概述

偏头痛常常周期性发作，有时长达数日，并伴有发冷与恶心，是大学生中常见的心身疾病之一，严重困扰着学生正常的生活和学习。造成偏头痛的生理原因是头部动脉扩张，但最初诱发偏头痛的原因则是心理因素。偏头痛患者往往性格内向，争强好胜且感情脆弱。常常遭受挫折和积压怨恨、愤怒，不能正常宣泄，久而久之，这种既想发泄又想极力压抑的矛盾冲突会直接激发偏头痛，有时候偏头痛是患者不满、怨恨、愤怒等情绪宣泄方式的转换。

偏头痛高发于中青年和女性，部分典型偏头痛的病人具有先兆期：视觉症状是最常见的先兆症状，如在视野中心部位出现暗点或淡黑影、暗区有闪光点，也有细小盲点。其次有肢体麻木和感觉异常，这种先兆以上肢为多见，由手开始扩散到上肢。在先兆症状消失后即出现搏动性头痛，有偏于一侧，但也有两侧同时发生者。在太阳穴处的动脉搏动增强，面色苍白、畏光怕响、恶心、出汗、喜静卧，严重者有呕吐或腹泻。这些症状可持续 1 小时余或数天。若持续数日头痛不缓解，称为偏头痛持续状态。发作过后头痛症状消失后，大多感到精疲力尽、嗜睡。一般发作间歇期无症状，数周或数月后还可发作。

（二）治疗原则

首先消除或减少偏头痛的诱因，如避免情绪紧张，不饮用红酒，不进食奶酪等食物。发作时宜在光线较暗的房间内安静休息，对症用药。

（三）预防保健

适量的运动，长时间坐姿应该进行颈肩部的活动和放松。规律作息，保持良好的睡眠习惯，不要昼夜颠倒，要安静睡眠。适时为自已减压，保持愉快的心境。摄食营养均衡，适量补充维生素 B_2。

二、神经性呕吐

（一）疾病概述

神经性呕吐，又称为心因性呕吐，可看作是心理因素的躯体反应。家庭矛盾、突发事件、受到责难等等原因造成的焦虑和紧张可以造成神经性呕吐。常见年轻女性，查无躯体原因的反复不自主的呕吐，由于不愉快的环境或心理紧张而引起。一般发生在进食完毕后，无明显恶心及其他不适，突然出现喷射性呕吐，但不影响食欲，呕吐后即可进食，有时患者甚至边吐边进食。患者无减轻体重的主观愿望，体重多不减轻。

（二）治疗原则

缓解精神压力，通过认知和行为治疗改善患者的认知，进行行为纠正。配合改善稳定情绪的药品，近年来主张抗抑郁剂的使用。

（三）预防保健

认识肥胖的标准，形成健康体态美的观念。增强心理素质，遇到挫折以及生活压力大时，应该及时疏泄情绪，缓解心理压力，消除紧张情绪。

三、溃疡

（一）疾病概述

溃疡是由胃酸分泌过多而引起的常见疾病。高度紧张容易导致神经功能失调，导致胃酸分泌过多，引起消化性溃疡。好胜心强、事事想名列前茅、情绪波动大的学生容易出现溃疡，学习压力、对自己的过高要求都是促成溃疡发生的心理因素。溃疡一般临床表现为上腹疼痛，可为钝痛、灼痛、胀痛或剧痛，但也可仅饥饿样不适感。典型者有轻度或中度剑突下持续性疼痛，可被制酸剂或进食缓解。十二指肠溃疡患者约有 2/3 的疼痛呈节律性，早餐后 1～3 小时开始出现上腹痛，如不服药或进食则要持续至午餐才缓解。餐后 2～4 小时又痛，也须进餐来缓解。

约半数患者有午夜痛，病人常被痛醒。节律性疼痛大多持续几周，随着缓解几个月或终年，可反复发生。胃溃疡也可出现规律性疼痛，约在餐后半小时到一小时左右出现，在下次餐前自行消失。午夜痛也可发生，但不如十二指肠溃疡为多见。部分病例进食后反而引起腹痛，在幽门管溃疡尤为明显。幽门管溃疡可因黏膜水肿或瘢痕形成而发生幽门梗阻，表现为餐后上腹饱胀不适而出现恶心呕吐。

(二)治疗原则

心理干预消除不良的心理因素，避免精神紧张，可以配合使用抗抑郁药物。消化科药物的使用，抑酸制剂、抗生素和保护胃黏膜药物的合用。

(三)预防保健

要讲究生活规律，不可过分疲劳，起居要有规律。注意气候变化，根据节气冷暖，及时添减衣被。注意饮食卫生，不应偏食、挑食、饥饱失度或过量进食冷饮冷食，少吃辣椒、浓茶、咖啡等刺激性食物。注意饮食卫生，做到一日三餐定时定量，饥饱适中，细嚼慢咽，是促进溃疡愈合和预防溃疡的良好习惯。

四、经前紧张综合症

(一)疾病概述

育龄妇女在月经前 7～14 天(即在月经周期的黄体期)，反复出现一系列精神、行为及体质等方面的症状，月经来潮后症状即消失。表现为行经前的乳房胀痛、下腹和两腿的酸痛不适，身体疲乏，头痛，身体的水肿；情绪波动，产生抑郁、焦虑情绪，容易烦躁发怒，对月经来潮恐惧不安等症状有明显的周期性，来潮后减轻消失。

(二)治疗原则

主要是针对病人的心理病理因素，通过卫生宣教，使病人了解出现症状的生理知识，以协助病人改善对症状的反应，再通过调整日常生活节奏、加强体育锻炼、改善营养、减少对环境的应激反应等方法以减轻症状；药物治疗，应用调整中枢神经系统神经介质活性药物，以消退心理、情绪障碍，或应用激素抑制排卵以消除乳房胀痛等严重经前紧张综合症的症状。

(三)预防保健

合理饮食结构，应注意保持足够维生素和微量元素的摄入，如维生素 B_6、维生素 E；摄入高碳水化合物低蛋白饮食可以改善经前期综合征的精神症状，减少食盐量，避免或减少咖啡因的摄入。注意劳逸结合，避免精神紧张因素，调节心情。

第五节　精神障碍的概念

精神障碍是指在各种致病因素(包括物理、化学、生物、心理、社会等方面的因素)影响下所导致的精神活动的失调或异常情况的总称。人的精神活动主要是指整个心理现象，包括两个方面，一方面是人的三个心理过程，即认识过程、情感过程和意志过程。其中，认识过程又包括感性认识过程(即感知觉)和理性认识过程(即思维)以及保证认识过程得以顺利进行的注意、记忆等方面内容。另一方面就是人的人格。当然也包括以上述各方面，特别是以认识过程各方面组合所体现出的智能。精神障碍就是指以上任意一方面或多方面异常的总称。WHO 的总干事在中国一WHO 精神卫生高层研讨会上，引用全球疾病负担资料指出中国精神疾病中，最重的是抑郁症和自杀、其次为精神分裂症、癫痫、精神发育迟滞和老年性痴呆。在全球的疾病负担中，精神疾病负担占总疾病负担的1/5，不由地让人们开始关注精神卫生问题。

在以往提起精神障碍人们总是会想起“疯子”等类似的字眼，产生害怕、厌恶的情绪，往往是谈病色变。随着人们不断地重视和精神卫生工作的开展，慢慢已经改善了原有的观念。精神障碍的范畴并不狭隘，除了常见的精神分裂症、抑郁症、焦虑症等疾病外，还包括睡眠障碍、神经衰弱、适应障碍、进食障碍等，通过了解会发现精神卫生与我们的生活息息相关，内容贯穿了儿童到老年，睡眠、进食、学习工作各个方面。精神障碍的研究不断深入，精神卫生工作的重心也由精神疾病的治疗走向康复和预防的方向。

大学生正处于某些精神疾病的多发年龄阶段，2009 年《欧洲时报》报道，法国四分之一的大学生患有精神障碍，譬如焦虑或抑郁消沉等，造成学业、社会关系的不良影响。1 700 多名大学一年级学生的健康状况调查结果显示 25.7%的大学生有精神障碍，8.9%有明显的抑郁消沉症状。在我国有华西医科大学精神医学研究室对 6 所大学的 6 000 多名学生进行了调查，发现神经症占比例最大，占调查人数的 2%。虽然从这个数据上来看，我国调查的数据比例小于国外，但由于文化影响一部分大学生在调查中不愿意提供自己的真实情况，另外也存在国内大学生精神卫生知识薄弱，对自身情况并不关注的现象。国家的发展在于青年人的培养，因此高校的精神卫生是不容忽视的。

第六节　大学生常见的精神障碍

一、精神分裂症

(一)疾病概述

精神分裂症是一组病因未明的精神病，多在青壮年发病，患病率为 1‰～11‰。起病往往较为缓慢，临床上可表现出思维、情感、行为等多方面的障碍以及精神活动的不协调。多数患者对疾病缺乏认识，不主动就医。有的患者还可以在精神症状的支配下，出现自伤或冲动伤人行为，给自身、家庭和社会带来危害。

主要表现：患者常常会有知觉障碍，特别是“幻觉”症状。临床上最常见的是幻听。患者耳边听到说话的声音，其实四周无人，而这些声音的内容可能是责备或赞美的言词，也可能命令、支配患者去做事情。除了幻听之外，有些患者会闻到实际不存在的气味，如烧焦的味道；有些出现幻触。另一常见的症状为思维障碍，患者有古怪的脱离现实的想法，也就是妄想。病人对某些事物有错误的看法，却深信不疑，比如认为周围发生的事都和他有关，或周围人都在说他的坏话；相信别人会害他；认为自己被外界力量控制；相信自己有超乎寻常的能力；或者相信自己做了对不起人的事；或以为别人爱上他；或相信鬼神附身等。患者的情绪也出现障碍，与周围环境和自身不相符合，表现出紧张、害怕、恐惧、冷漠等。常有怪异行为，做些不可理解的动作；甚至偶尔有破坏性或攻击性行为。患病的学生学习成绩往往一落千丈，对外界刺激缺乏反应，经常发呆，或注意力不集中；无法继续学习；不能照顾自己，不在意个人卫生，行为幼稚，人际关系退缩。

(二)治疗原则

关于精神分裂症的治疗是以药物为主。常用的有利培酮、奥氮平等新型药物副作用性小，使用也较为方便。对急性发病症状的控制都要经过数天，数周才能逐步显效，服药后 4～6 周内，精神症状可被控制。症状得到控制后仍要继续进行一个月左右的药物治疗，以巩固疗效。为预防复发一般以最小剂量给予不少于两年的维持治疗。

电抽搐治疗通过适量的脉冲电流刺激，是大脑皮层广泛性放电，促使脑细胞发生一系列生理变化反应，从而达到治疗的目的。现在电抽搐治疗均配合麻醉，使患者无痛苦的治疗。国内对精神分裂症的电疗次数一般为每个疗程 12 次。在药物治疗的基础上合并电疗，可以缩短对患者阳性症状的治疗时间，减少患者的住院期。

支持性心理治疗及改善社会心理环境进行治疗。改善病人的心境也具有重要意义，一般是在病人病情好转时与药物治疗相结合进行。病情缓解期或慢性阶段，对患者的社会康复，提高患者适应社会的生活能力起着重要作用。

（三）预防保健

精神分裂症的病因未明，一级预防的难度较大。重点是早发现，及时的正规治疗和后期的康复工作。培养健康良好的心态，健全的人格还是有积极的效果。康复期的患者应该被给予社会帮助和关心，恢复社会功能对预防疾病的再次复发有明显的作用。

二、抑郁症

（一）疾病概述

抑郁症是心境障碍的一种，以持续的情绪低落为主要表现，伴有相应的认知和行为改变，可有精神病性症状，如幻觉、妄想。疾病有反复发作倾向，间歇期完全缓解，部分可有残留症状或转为慢性。抑郁症是精神疾病中导致自杀率最高的疾病。

主要表现：起病多缓慢，可由精神因素或躯体疾病诱发，常有失眠，疲乏，无力，工作学习效率降低，各种不适。病人感到心情的压抑、沮丧、烦恼、悲伤等，兴趣下降或消失，不能从工作、学习、家庭生活以及娱乐活动中获得应有的快乐的感受，可以出现以自责、自罪和自杀。患病时体验到自己的思维缓慢，精力不足，懒于料理家务和个人卫生，注意力不能集中，感到近期记忆力明显下降，幻觉在抑郁障碍病人中很少见，多为幻听。与此同时，患者容易出现不安的焦虑情绪，躯体的疼痛感，失眠和食欲减退。抑郁症往往呈现晨重夜轻，是由于患者容易早醒的失眠状态造成的。

（二）治疗原则

药物治疗。目前仍以选择性五羟色胺再摄取抑剂为主，抑郁症服药也分急性期、巩固期和维持期。由于抑郁症也是高复发的疾病，现在主张延长维持期的服药时间，建议终生服药。

心理治疗。主要以认知、行为治疗为主，用来改变不适当的认知或思考习惯、或行为习惯。人际心理治疗可以处理抑郁障碍病人的人际问题、提高他们的社会适应能力。心理治疗主要起到减轻和缓解症状，恢复正常心理社会和工作功能，预防复发。

电抽搐治疗。对于药物治疗无效或对药物不良反应不能耐受的病人；有严重自杀企图和行为的病人；伴有妄想症状的病人；有明确躯体疾病，不适于应用抗抑郁药的病人；抑郁性木僵病人可以考虑使用。

（三）预防保健

正常的睡眠可以帮助人们放松身心，运动可以帮助人们提高情绪，因此规律的作息和适量的运动都能起到舒缓心情的作用。过度的节食会使人心情烦躁、抑郁、疲倦和虚弱，应该保证摄食均衡。完善的人格，正确的认知能避免产生不良的情绪。和谐的人际关系可以适时倾诉、宣泄获得社会支持，减缓压力。

三、自杀

(一)疾病概述

近年来，自杀已成为我国第5位主要死因。而在15～34岁年龄段的青少年中，自杀死因排在首位，占自杀死亡人数的19%。据统计，自杀已成为我国大学生中仅次于意外伤亡事故的第2位死亡原因。一例自杀死亡可以使6人受到严重影响，造成他人的心理伤害可以持续10年。自杀者大多数是年富力强者，不利于国家的建设、发展，自杀的危害是巨大的。目前我国各高校中的大学生自杀事件已成为突出的社会问题和公共卫生问题，严重影响大学生心身健康。

自杀是指个体蓄意或自愿采取各种手段结束自己生命的行为，根据自杀的结果可以分为三种，一是自杀意念，指个体有各种威胁自己生命的意向，即有明显的自杀动机，包括可观察到的行为，做自杀的准备，如准备自杀的绳索等工具。二是自杀未遂，是指采取了有意威胁和残害自己生命的自杀行为，但由于种种原因未造成实际的死亡。自杀未遂也包括那些并不想结束自己生命但有自杀表现。三是自杀死亡，指自愿采取残害自己生命的各种手段，并导致了死亡。

自杀危险因素的评估。根据研究调查发现10个有独立影响的自杀危险因素：死前2周抑郁程度重；有自杀未遂既往史；负性生活事件导致死亡当时急性应激强度大；死前一个月的生活质量低；死前一年内负性生活事件产生的慢性心理压力大；死前2天发生剧烈的人际冲突；朋友或熟人曾有过自杀行为；有血缘关系的人曾有过自杀行为；失业或者没有收入者；死前1个月内的社会交往少。个体暴露的危险因素越多，自杀的危险性越高。导致大学生自杀的影响因素主要有：不良的生活事件，例如恋爱受挫、学习压力、毕业、就业和经济压力；家庭教育的方式问题，例如教育过于严厉；外界因素的影响，例如亲人朋友的自杀行为；心理问题导致的自杀，例如精神疾病。

(二)治疗原则

自杀预防和治疗。自杀行为是可以预测的，往往可发现其心理表现和心理过程。在各种负性因素的影响下，容易感到非常无助和绝望，萌生出自杀的想法，这种其内在的自杀动机和意念一般不易察觉，但并非没有迹象。如自杀者常常表现出情绪低落、孤独、沮丧、沉默寡言、自我封闭等。自杀者萌生了自杀的念头后不会马上就采取行动，往往处于非常苦恼和徘徊之中。在生与死的面前，想得非常多，产生激烈的心理矛盾。这个时期求生的欲望特别强烈。由于求生的本能使自杀者陷入生与死的矛盾冲突中，常常会谈论与自杀有关的问题，直接或间接地暗示自杀意图。自杀者在经过生与死的抉择之后，已从生与死的矛盾中解脱出来，坚定了自杀的念头，情绪会恢复，表现出异常的平静、轻松、自然，开始考虑自杀方式，做自杀准备，如写遗书、告别朋友，无缘无故地送给他人礼物等。自杀者经过上述几个阶段以后，往往采取比较果断、坚决的自杀行为。这时自杀的死亡率特别高，而对有自杀意念的学生，一旦发现应立即启动危机干预程序，将有自杀意念的学生转移到安全的环境，并成立监护小组，实行24小时的全程监护，确保学生人身安全。应在第一时间通知学生家长及时到校商量对策，及时将自杀学生转送到专业医院进行治疗，共同采取干预措施。自杀的治疗主要包括药物治疗，给予自杀者抗抑郁和镇静药物；电休克治疗，一般 3～6 次的电休克治疗可以明显地改善患者的抑郁情绪和自杀行为；心理治疗，对患者除采取药物治疗外还应该给予患者支持，耐心地倾听，帮助他们分析和认识周围发生的事情，寻找解决问题的方法，提高其应对能力，恢复心理平衡。

（三）预防保健

建立良好的人际关系，获得鼓励支持，同时也可以沟通和倾诉。注重培养心理素质，提高抗挫折、失败的能力。平时多注意心理健康问题，有家族史者更应该关注自杀问题，发现问题及早疏导。

四、焦虑障碍

（一）疾病概述

焦虑障碍是以焦虑综合征为临床表现的一组精神障碍，包括惊恐障碍、广泛性焦虑、恐怖症、强迫障碍等疾病。患者往往预感到非现实的危险、与客观现实不相称的恐惧和回避、对危险过高的评价。持久的、与现实不符的过度紧张、担心、增高的交感神经活动及运动性不安构成焦虑综合症的主要部分。

1. 焦虑症是以慢性的、弥散性地对一些生活情景的不现实的过度担心紧张为特征。常表现为持续性精神紧张，伴有头晕、胸闷、心悸、呼吸困难、口干、尿频、尿急、出汗、震颤及运动性不安等。但并非由实际的威胁或危险所引起，其紧张的程度与现实事件不相称。

2. 恐惧症是对于并没有真正危险的对象，明知是不合理的却不能控制的病理性的害怕。一种不合理的害怕，对特定的害怕客体的回避或对特殊害怕的某种活动或情景的回避。根据特定的客体分为社交恐惧症、广场恐惧症和特殊恐惧症。

3. 强迫症是以强迫观念或强迫行为为主要表现的精神疾病，多起病于青春期或成年早期。以有意识的自我强迫与有意识的自我反强迫同时存在为特征，患者明知强迫症状的持续存在毫无意义且不合理，却不能克制的反复出现，愈是企图努力抵制，反愈感到紧张和痛苦。

（二）治疗原则

药物治疗。抗抑郁药物选择性五羟色胺再摄取抑剂同时可以配合苯二氮卓类，常见的药物有文拉法辛、帕罗西汀、氟西汀、氯硝西泮、阿普唑仑等。

心理治疗。支持性心理治疗可以通过给予患者情感支持减轻患者的心理负担；系统脱敏法的治疗可用于恐惧症的治疗，诱导患者缓慢地暴露出导致焦虑的情境，并通过心理的放松状态来对抗焦虑；强迫症的心理治疗非常重要，往往患者存在认知偏差，采取重建认知的方式以及行为训练对强迫症较为有效。还可以采取森田疗法等。

（三）预防保健

培养与他人沟通的能力能有效地减轻社交恐惧。学会自我疏导和放松，意识到自己产生的焦虑可以运用注意力转移的原理，及时消除。培养良好的心态，不可事事追求完美，要宽容，使自己不断地适应外界环境，适应客观的现实。

五、神经衰弱

（一）疾病概述

由于心因性障碍引起的高级神经活动过程过度紧张造成，一种精神易兴奋却又易疲劳为特征的神经症。主要以脑和躯体功能衰弱为特征，表现为精神易兴奋，但容易疲劳，以及紧张、烦恼、易激惹等情绪症状和肌肉紧张性疼痛、睡眠障碍等生理功能紊乱症状。青壮年发病较多，以脑力工作者较常见。起病多缓慢，病程可迁延数年，症状呈现波动性，预后一般良好。

（二）治疗原则

以心理治疗为主，辅以必要的药物治疗，培养正常的作息，适量的体育锻炼。

（三）预防保健

提高心理素质，在日常生活中，完善自己的性格。保持良好的情绪，正确认识自己，对自己的身体素质、知识才能、社会适应能力要有自知之明，要正确面对挫折和失败，做到知足者常乐。合理安排工作与生活，使生活顺应人体生物钟的节拍，有利于神经系统功能的协调。要注意养成有规律的生活习惯，按时睡眠、进食。还应注意科学用脑，劳逸结合。适当的体育锻炼能增强中枢神经系统功能，促进血液循环，增进各脏腑器官的功能，并能改善全身状况，包括精神、情绪、食欲、睡眠等。这些都可以有效地起到预防神经衰弱的作用。

思考题：

1. 大学生心理健康的标准是什么？
2. 造成人际交往障碍的因素有哪些？怎样才能提高人际交往的技巧？
3. 如何看待婚前性行为？
4. 简述抑郁症的表现，并讨论如何防治校园内的自杀问题。
5. 简述心身疾病的概念以及常见的心身疾病。

第九章　大学生性卫生与性传播疾病

提要：达到性健康应该以了解性知识为基础，本章从生理的角度讲解性别的生理差异，介绍了男女的不同的性生理，以增加大学生对性卫生知识的了解。着重介绍了性传播疾病的概念以及常见疾病的发病机理和临床表现。通过本章的学习，培养大学生性卫生保健的意识，帮助大学生认识性问题。

第一节　性解剖和性生理

一、男性生殖器官和性生理

男性生殖器即男性生殖系统，是男性生殖繁衍后代的器官。由内、外生殖器两个部分组成。外生殖器包括阴囊和阴茎；内生殖器包括生殖腺体（睾丸）、排精管道（附睾、输精管、射精管和尿道）以及附属腺体（精囊腺、前列腺和尿道球腺）。

1. 睾丸。位于阴囊内，左、右各一。内部有曲细精管，是精子产生和形成的场所。精子由精元细胞不断分化而来，携带单倍染色体，尾部有鞭毛，能够运动。精子与卵子结合而受精，是繁殖后代的物质基础。睾丸的主要功能是产生精子和分泌男性激素，后者则是维持男性第二性征的重要物质。睾丸分泌雄激素主要是睾酮以及少量的雌性激素。雄激素可以促进男性生殖器的生长发育，促使肌肉和骨骼的生长，并能够促成雄性性欲和雄性行为的发生。

2. 附睾。主要由睾丸输出小管和附睾管组成，主要功能是促进精子发育和成熟，以及贮藏和运输精子。精子从睾丸排入附睾约贮存 21 天左右，通过附睾液促进其成熟，以获得运动的能力。

3. 输精管。是附睾管的直接延续，有很强的蠕动能力，主要功能是运输和排泄精子。在射精时，交感神经末梢释放大量类正肾上腺素物质，使输精管发生互相协调而有力的收缩，将精子迅速输往精囊排泄管、射精管和尿道中。

4. 射精管。平常情况下，输精管关闭，只有在强烈的性兴奋下开放。射精管壁肌肉较丰富，具有强有力的收缩力，帮助精液射出。另一方面精液通过狭小开口，作用于神经反射能引发出射精的欣快感，从而达到性高潮。

5. 尿道。男性尿道既有排尿功能，又有排精的功能。其中有尿道球腺，分泌的液体不仅参与精液的组成，在性交时能够起到润滑阴茎头的作用。

6. 精囊腺。为一对扁平长囊状腺体，左、右各一，位于前列腺的后上方，其末端细小部分为精囊腺的排泄管，与输精管的末端汇合成射精管。精囊腺能够分泌一种淡黄色的黏稠液体，含有丰富的果糖，占精液的 70%左右，主要为精子运动提供动能。

7. 前列腺。为一个栗子状的腺体，有中间凹陷沟，左、右两侧稍隆起，是由腺组织和肌肉构成的。前列腺能分泌前列腺液，是一种呈碱性的乳白色液体，有特殊的气味，是精液的主要组成成分。前列腺液能增强精子的活动能力，保护精子穿过卵子的透明带而受精。在精阜近端，平滑肌加强，称为前列腺前括约肌，这种肌肉组织具有防止逆行射精的功能。

8.尿道球腺。左、右各一，位于尿生殖膈上下筋膜之间的会阴深囊内，开口于球部尿道近端。性冲动时会有少量液体溢出尿道口，能够润滑尿道和中和尿道碱性，利于精子的存活。

9.阴茎。是男性的交配器官，尿道的一部分穿行其中，所以其主要功能为进行性交，排尿和排精。阴茎分为三部分，后端为阴茎根，中部为阴茎体，前段为阴茎头(也称龟头)。阴茎皮肤极薄，皮肤下无脂肪，具有活动性和伸展性。在常态下阴茎绵软，勃起时因为阴茎海绵体的血窦内血液增多，阴茎膨大、增粗变硬，并略向上方弯曲。阴茎头部神经末梢丰富，性感敏锐。

10.阴囊。阴囊为一皮肤囊袋，位于阴茎的后下方，包裹睾丸。阴囊的皮肤薄而柔软，色素沉着明显，有少量阴毛。皮下有平滑肌纤维，在寒冷、性兴奋和其他刺激下，肌纤维收缩，阴囊缩紧；相反情况下，如受热时，肌纤维舒张，阴囊松弛，有利于散热。平滑肌的运动可以调节阴囊内的温度，有利于精子的发育。

11.精液与射精。精液由精子和精浆液组成，其中精子占10%，精浆液是精液的主要成分，含有果糖和蛋白质，是精子的营养物质，提供给精子动能。正常的精液呈乳白色、淡黄色或者无色，呈碱性，适合于精子的生存和活动。每次排精大约有2～5mL的液体，每毫升精子数一般在0.6亿～1.5亿左右，有活动能力的精子占总数的60%以上。疾病、性交次数过频或者烟酒过度都可以减少精子的含量导致受孕机会减少。人常说“精满自溢”，进入青春期的男性，随着性功能的发育进展，在睡眠状态下从尿道排出乳白色的液体叫遗精。第一次遗精大都发生在14～15岁，但也有人早在11岁或迟到18岁发生，是正常的生理现象。射精则是指通过生殖系统各部分的一系列协调动作，包括勃起、发射、由阴茎射出精液和达到性高潮的过程。射精是一个复杂过程，通过神经的支配，阴茎勃起，兴奋不断地刺激射精中枢，使输精管等平滑肌收缩，分泌物汇入前列腺部，再由尿道和阴茎根部的肌肉以及会阴的肌肉发生节律性收缩，使精液射出，同时伴有强烈的快感。正常的性交，男性以射精结束，这不仅是两性生殖物种繁衍的需要，对于人类性行为更以快乐为目标，是一种爱的凭证，能解除生理上的紧张，加强精神上的结合。

二、女性生殖器官和性生理

女性生殖器由内生殖器和外生殖器组成(详见图9-1)。女性内生殖器由生殖腺(卵巢)、输送管道(输卵管、子宫和阴道)和附属腺(前庭大腺)组成。外生殖器即女阴，包括大阴唇、小阴唇、阴蒂、阴阜、阴道前庭和处女膜等。

1.卵巢。为女性生殖腺，左、右各一，位于盆腔内，贴靠在小骨盆侧壁的卵巢窝内。卵巢是产生卵子和分泌女性激素的器官。卵巢产生的卵子成熟后突破卵巢表面排至腹膜腔，再经输卵管腹腔口进入输卵管，在输卵管内受精后移至子宫，种植在子宫内膜里发育成为胎儿。成熟的胎儿分娩时，出子宫口经阴道娩出。卵子在输卵管内如未受精，即退化而被吸收。成年女性的卵巢约为4cm×3cm×1cm，但卵巢的大小和形状随年龄的增长而变化，幼女的卵巢较小，表面光滑。性成熟期卵巢最大，以后由于多次排卵，卵巢表面出现瘢痕，显得凹凸不平。35～40岁卵巢开始缩小，50岁左右逐渐萎缩而月经停止，即绝经。

2.输卵管。输卵管是一对细长而弯曲的肌性管道，长约10～14cm，左、右各一，连于子宫底的两侧，女性腹膜腔经输卵管、子宫、阴道可与外界相通。输卵管具有输送的作用，精子与卵子通过输卵管结合，受精后，受精卵经输卵管的输送进入子宫腔着床。若受精卵未能移入子宫而在输卵管或腹膜腔内发育，即称为宫外孕。

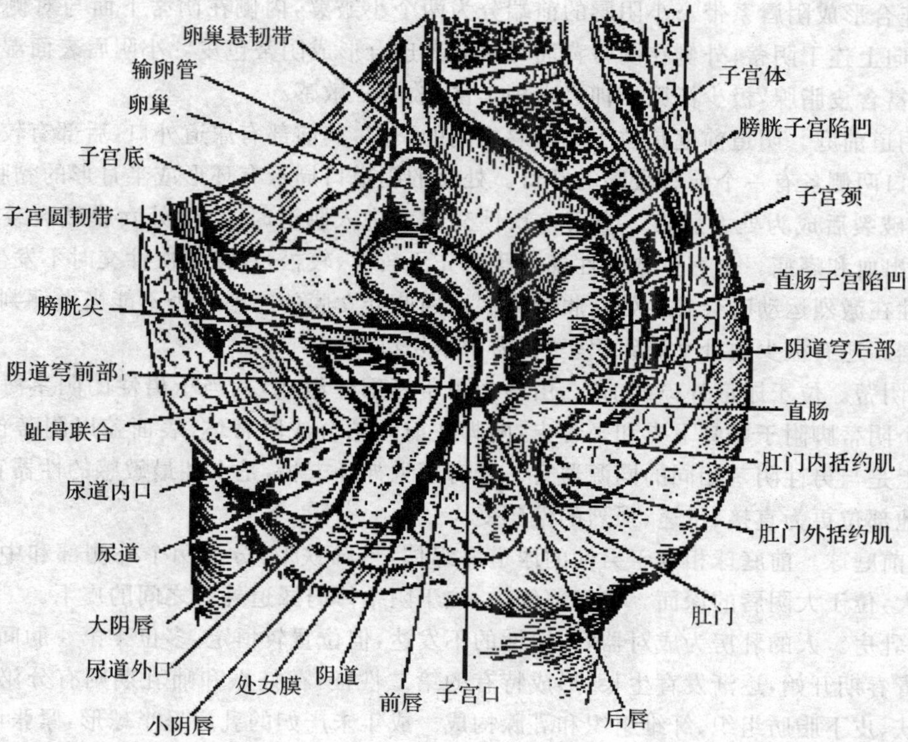

图 9－1　女性骨盆正中矢状切面

3.子宫。是一壁厚腔小的肌性器官，是孕育胎儿的地方。子宫位于盆腔的中央，在膀胱与直肠之间，下端突入阴道，两侧有输卵管、卵巢和子宫阔韧带。输卵管和卵巢构成子宫附件，一般所说的附件炎即指输卵管炎和卵巢炎。子宫的主要功能是孕育和营养胎儿，受孕后子宫为胚胎着床、发育、成长的场所，分娩时子宫收缩使胎儿及胎盘娩出。

4.阴道。阴道为前后略扁，连接子宫和外生殖器的肌性管道，是女性的性交器官，性交时接纳男性阴茎和排出的精液，同时也是排出月经和娩出胎儿的管道，由黏膜、肌层和外膜组成，富于伸展性。阴道壁在性兴奋时可能因周围静脉丛的扩张而出现渗出液以润滑阴道，有利于阴茎的插入和抽动。不过阴道壁的弹性、皱襞、渗液受内分泌特别是雌激素的调控，幼女及绝经后的妇女阴道上皮薄，皱襞少，弹力差，自洁润湿作用弱，容易受创伤和引起感染。在女性月经期间，子宫内膜剥脱，碱性的经血中和了阴道的酸性环境，使天然屏障功能被削弱。如果不注意经期卫生，甚至在月经期性交，将会把细菌带入生殖道内，极易引起感染。

5.前庭大腺。形如豌豆，位于前庭球后端的深面，其导管向内侧开口于阴道前庭，阴道口的两侧。其分泌物有润滑阴道口的作用。如因炎症导管阻塞，可形成前庭大腺囊肿。

6.阴阜。为耻骨联合前面的皮肤隆起，皮下富有脂肪，性成熟期以后，皮肤生有阴毛，能起到减少摩擦的作用。

7.大阴唇。为一对纵长隆起的皮肤皱襞。大阴唇的前端和后端左右互相连合，形成唇前和唇后连合。多数妇女的大阴唇皮肤有色素沉着；内侧面湿润似黏膜。大阴唇皮下组织松弛，脂肪中有丰富的静脉、神经及淋巴管。

8.小阴唇。是位于大阴唇内侧的一对较薄的皮肤皱襞，表面光滑无阴毛。两侧小阴唇后端互相连合形成阴唇系带。小阴唇的前端分为两个小皱襞，内侧在阴蒂下面与对侧结合成阴蒂系带，向上连于阴蒂；外侧在阴蒂背面与对侧者连合形成阴蒂包皮。小阴唇表面湿润、微红，无阴毛，富含皮脂腺，极少汗腺。神经末梢丰富，故非常敏感。

9.阴道前庭。阴道前庭是位于小阴唇之间的裂隙，其前部有尿道外口，后部有较大的阴道口，阴道口两侧各有一个前庭大腺的开口。处女的阴道口周缘有环形或半月形的黏膜皱襞，称处女膜，破裂后成为处女膜痕。当第一次性交阴茎进入阴道时，会使处女膜破裂或者被伸展开，引起出血和疼痛。也有少数女性处女膜口先天较大、较松，在第一次性交时不发生出血；有一些女性在激烈运动时会发生处女膜的撕裂。因此处女膜的完整与否不能当做评判是否为处女的依据。还有极少数处女膜组织坚韧，需手术切口。

10.阴蒂。位于尿道外口的前方，由两个阴蒂海绵体组成，相当于男性的阴茎海绵体。后端以两个阴蒂脚附于耻骨下支和坐骨支，两脚在前方结合成阴蒂体，表面盖以阴蒂包皮，它在胚胎学上是与男性阴茎相同的同源器官。富有感觉神经末梢，是女性最敏感的性器官，可以唤起较其他部位更为直接、迅速、强烈的性感受。

11.前庭球。前庭球相当于男性的尿道海绵体，呈蹄铁形，分为两个外侧部和中间部。外侧部较大，位于大阴唇的深面。中间部细小，位于阴蒂体与尿道外口之间的皮下。

12.乳房。人的乳房为成对器官，男性的不发达，但位置较恒定，多位于第 4 肋间隙。女性乳房由青春期开始，逐渐发育生长，形成特有的第二性征，在妊娠和哺乳期则有分泌活动。乳房由皮肤、皮下脂肪组织、纤维组织和乳腺构成。成年未产妇的乳房呈半球形，紧张而有弹性。乳房的中央有乳头，其顶端有输乳管的开口。乳头周围有颜色较深的环形区域，称乳晕，表面有许多小隆起，其深面为乳晕腺，可分泌脂性物质润滑乳头。乳头分布有丰富的神经末梢，因此刺激乳头可以引起性欲。乳头和乳晕的皮肤较薄，易受损伤而感染。妊娠后期和哺乳期乳腺增生，乳房明显增大；停止哺乳后，乳腺萎缩，乳房变小。

第二节　大学生的性卫生

性卫生包括性的心理卫生和性的生理卫生两个部分。大学生要了解自己的生理特征，建立良好的性心态，做好生殖保健，才能真正达到性健康的标准。大学生在学习的最佳阶段，也面临着生理成熟的需要，把握人生的发展方向，不仅仅是要做好课业，还要协调自己本身的生理、心理需求。要正确地认识到青年期阶段出现性欲和性的需要，这是人生的必经阶段。应当消除由于性而造成的罪恶感和过分的性压制。在我国的大学生中这样的例子不乏其人，由于家庭的过分灌输，有些学生认为发生性行为本身是不道德的，厌恶和异性交往。但一方面又难以控制性的冲动，最后导致性心理障碍的发生，如恋物癖等。现今大学生性问题中最为棘手的，是过快的性开放意识与性教育落后之间的矛盾。大学生的性道德观念需要重塑，培养有责任感的性。目前的调查认为大学生对婚前性行为普遍持宽容理解态度；对性问题表现出过度的随意性，多性伴侣、网恋、一夜情等行为被部分学生所接受；对性心理开放程度越来越大，性行为的年龄提前。但是缺乏对怀孕、性病、艾滋病等问题的防范，导致由于性问题产生的悲剧越来越多，对大学生造成了心身伤害。因此，相适应的性卫生不可忽视。

一、性生殖器官的清洁

要注意生殖器官的卫生,清洁不够容易导致炎症。对于男性来讲,有包皮过长和包茎的人,产生的包皮垢更多,包皮垢有致癌作用,可引发阴茎癌,同时,不洁的外生殖器可诱发配偶生殖器疾病的发生。女性尿道短,尿道口、阴道口和肛门口的位置又很接近,更容易发生泌尿生殖道的炎症。清洁生殖器官要多用清水冲洗,有些人认为应该多用有杀菌作用的洗液或者频繁的冲洗才能有效预防感染,但事实上这样会减低对病原菌感染的抵抗能力。特别是女性长期地使用碱性洗液会减低阴道酸度,破坏自身屏障。清洁的顺序应先清洗外生殖器官,再清洗肛门及附近皮肤。最好有个人专用毛巾和盆,以免与他人和自身发生交叉感染,并且定时消毒用具。应该勤换内衣裤,避免穿过紧的裤子,否则对于女性容易导致滋生细菌;对于男性而言,过紧的裤子也不利于精子的生成。

二、女性的经期卫生

女性月经期由于血液排出,宫颈口打开,阴道的抵御能力减弱,加之血液容易滋生细菌等因素,在月经期更容易出现生殖道的感染。经期要使用干净的卫生棉,要勤换。要保持外阴的清洁,月经期应常用干净的布巾擦洗阴部,但不宜盆浴或下身浸泡水内。月经期应禁止性交,以免带入细菌引起发炎。经期适量的劳动可促进盆腔内血液循环,减轻腰酸背疼、下腹坠胀等感觉。但过重体力劳动或剧烈体育运动,有时会使盆腔内血流量增加,引起经血过多或经期延长等异常现象。月经期机体容易疲倦,抵抗力降低,应该注意身体保暖,避免寒冷刺激,寒冷等刺激容易引起盆腔脏器的血管收缩,使经血过少,甚至突然中止。月经期的饮食没有特殊要求,最好吃新鲜易消化的食物,不宜进食生、冷、酸、辣等刺激性食物。经期应与平时一样保持心情愉快,防止情绪波动,遇事不要激动,保持稳定的情绪极为重要。抑郁愤怒常使气滞进而导致月经后期痛经、闭经等。

三、避免过早的性交

一般而言,男生到 22 岁才发育成熟,如果早早地过性生活,性器官还没有发育成熟,易引起不同程度的性功能障碍,成年后易发生早泄、阳痿、腰酸、易衰老等问题。关于女性宫颈癌的低龄化调查发现,20 岁以下的少女患子宫颈癌,与性生活不洁有密切关系,并发现性生活年龄愈小、性伴侣愈多、性交愈频,其发病率也愈高。过早的性交可能会阻碍正常生理的成熟。面对过早的性生活,造成生理、心理发展的脱节,难免有焦虑和紧张,例如担心意外怀孕、性病等问题,不仅干扰学习生活,严重者造成性心理的不健康发展。此外,过早的性生活也增加性疾病发生的可能。

四、正确的避孕知识

前面提到人的性行为已经脱离了最基本的物质繁衍要求,所以人们一直在考虑如何节育和避孕的问题。直到 1843 年科学家们发现精子与卵子的结合是导致怀孕的原因后,避孕就随之而生了。避孕通过控制生殖过程中的三个环节来完成:抑制精子与卵子产生;阻止精子与卵子结合;使子宫环境不利于精子获能、生存,或者不适宜受精卵着床和发育。常见的避孕法有:使用避孕药、避孕套、安全期避孕法、体外排精避孕法、手术避孕法等。

1. 避孕套。避孕套分为男性避孕套和女性避孕套，现以男用避孕套为主，在性交前，由男方套在生殖器上。避孕套是现在主张的主要避孕方式，和其他避孕方法相比，使用方便、副作用小，避孕成功率一般为 85%，受过专门训练的使用者则可使避孕成功率达到 98%。正确使用避孕套可使感染艾滋病的概率降低 85%，感染淋病的概率降低 85%，但却无法有效防止尖锐湿疣、阴部单纯疱疹、梅毒和软下疳的传播。缺点：须男性配合使用；对橡胶过敏者不能使用；存在避孕失败的可能；不能完全防止性传播疾病。

2. 避孕药。服用避孕药进行避孕，是一种比较安全、有效的避孕方法，能够大大减少妊娠的可能性。适用于除哺乳期外的所有正常健康的女性。避孕药的优点一是成功率比较高，坚持使用，能达到 99%的避孕率；二是具有可逆性，停药后即可再次怀孕；三是具有一些治疗作用。避孕药分内用和外用两类。内用避孕药的主要成分是人工合成的雌激素和孕激素，根据避孕作用的时间长短不同又分为长效、短效和速效 3 种。避孕药是通过抑制卵巢排卵，使宫颈黏液变稠、干扰子宫内膜发育、改变输卵管蠕动、抑制精子获能、抑制或杀死精子等几个环节起作用的。长效避孕针和长效口服避孕药可应用于哺乳期妇女，使用简单，一次用药可以维持较长时间，但是副作用较大。短效避孕药的使用较为麻烦，一般在月经来潮第五天晚饭后睡觉前服药，每天服一片，连服 22 天，不能间断。服药 1 个月，可以避孕 1 个月。但避孕效果可靠，对人体无害且不影响今后生育。紧急避孕药是在无保护性生活后，或觉察到避孕措施失败（避孕套破裂、滑落、漏服避孕药等）后采用的一种“紧急避孕”措施，以起到预防意外妊娠的发生。紧急避孕只是一种临时性补救办法，反复使用会干扰女性卵巢功能，紧急避孕失败而妊娠者，新生儿畸形发生率高。总体而言，16 岁前不宜用内服避孕药，避孕套是最佳选择；16 岁以上的人群，最佳避孕方式是口服短效避孕药。但是避孕药也存在其缺点，不能预防性传播疾病；适用范围有限，一些有躯体疾病者不适宜使用；长期使用会造成副作用，例如有时可引起各种维生素吸收代谢障碍，使人的皮肤干燥、易苍老，尤其面部易有色素沉着，出现黄褐斑，体重增加等。

3. 安全期避孕法。是指在每个月经周期中的排卵期内避免性生活，从而防止怀孕的一种手段。常用体温法来确定排卵期。女性在每日清晨醒后未起床前立即测量体温，并在专门的体温纸上记录下来。因为在排卵后的 1～2 天，体温开始升高。因此，在月经来潮的第一天到体温升高后的第三天不应进行性生活，3 天后至下次月经前 10 天认为是性交安全期。缺点：失败率高，不可靠。女性的排卵往往受生活环境、情绪、健康或性生活等影响而改变，甚至有时会出现额外排卵。

4. 体外排精避孕法。顾名思义，就是在正常性生活时，当男方进入高潮，即将射精的瞬间，把阴茎抽出将精液排在女性阴道之外，以达到避孕的目的。虽然此法经济简便，但是存在避孕效果不理想和影响性生活两个主要缺陷。首先很难掌握阴茎抽出的准确时间。其次即使有很好自控能力者，体外排精虽能准确把握时机，但射精之前就可能存在的精子外溢现象。因此体外排精法避孕是不可靠的。

5. 手术避孕法。通过结扎生殖管道和内置子宫环等方式进行避孕，适合生育后者避孕。

第三节　常见的性疾病

传统上将梅毒、淋病、软下疳、性病性淋巴肉芽肿和腹股沟淋巴肉芽肿称为经典性病。1975 年，世界卫生组织将性疾病更名为性传播疾病，将尖锐湿疣、生殖器疱疹、艾滋病、非淋菌性尿道炎、生殖器念珠菌病、阴道毛滴虫病等 20 多种疾病也列入性病范畴。性传播疾病是由性接触、类似性行为以及间接接触所感染的一组传染性疾病。主要通过性行为传播，性交是主要的方式，占 95%，还包括口交、肛交、手淫、接吻、触摸等，增加了感染机会。另外可以通过血液和血液制品、胎盘、母乳、产道、器官移植、人工受精等间接接触获得。性传播疾病的病变可导致不育症、生殖器畸形、缺损以及危及生命等恶果，因此对待性传播疾病应该以预防为主，早发现，早治疗。

一、艾滋病

（一）疾病概述

艾滋病，即获得性免疫缺陷综合征，英语缩写 AIDS(Acquired Immune Deficiency Syndrome)。1981 年在美国首次被确认。是人体感染了“人类免疫缺陷病毒”(HIV)所导致的传染病。HIV 主要侵犯辅助 T 淋巴细胞，使机体细胞免疫功能部分或完全丧失，继而发生条件致病菌感染、恶性肿瘤等。HIV 属于 RNA 逆转录病毒，典型的病毒颗粒呈球形，毒粒大小为 100～140nm。病毒蛋白主要有核蛋白、膜蛋白及与复制有关的酶蛋白 3 种。HIV 对 T4 细胞具有特殊的趋向性；对热敏感，56℃，30 分钟可灭活；许多化学物质都可以使 HIV 迅速灭活，如乙醚、丙酮、20%乙醇及所有对乙型肝炎病毒有效的消毒剂，对 HIV 也都有良好的灭活作用。但对紫外线不敏感。

HIV 进入人体后，可进入多种细胞，其主要靶细胞是 T4 淋巴细胞及其前体细胞。HIV 穿进细胞后释放自身 RNA，并在转录酶的作用下转录成 DNA，与被侵入细胞的 DNA 进行整合，被侵入细胞翻译并合成病毒所需要的结构蛋白，并在细胞膜上重新装配成新的病毒颗粒，通过芽生释放。HIV 在被侵入细胞中复制，导致其死亡，随着疾病的发展，辅助 T 淋巴细胞数目减少，最终感染者免疫功能遭到严重破坏，导致免疫缺陷，各种条件性感染和继发性恶性肿瘤的发生率急剧增加。

艾滋病的直接传染源是艾滋病患者以及 HIV 感染者，目前已经从患者的血液、精液、阴道分泌物等体液中分离出 HIV，流行病学只证明血液和精液有传播作用，另外乳汁也可使婴儿受到感染。因此艾滋病的主要传播途径是性接触传播、血液传播和母婴传播。国外性接触传播的病例占 3/4，在我国约为 1/5 病例。艾滋病病毒感染者的精液或阴道分泌物中有大量的病毒，通过肛门性交、阴道性交接触传播。口交传播的几率比较小，除非健康一方口腔内有伤口，或者破裂的地方，艾滋病病毒就可能通过血液或者精液传染。一般来说，接受肛交的人被感染性大；无保护性接触被感染几率高于保护性性接触；同时患有其他性传播疾病，可使单次性接触的危险性增高 2～10 倍；性伴数越多，受染的几率越高。血液传播主要包括输入污染 HIV 的血液、血液成分或血液制品；与静脉药瘾者共用污染 HIV 的针头、注射器；移植或接受 HIV 感染者的器官、组织等；医疗器具消毒不严等。母婴传播也称围生期传播，即感染 HIV 的母亲通过胎盘、产道、产后母乳哺养时传染给新生儿，母婴传播几率为 15%～30%。

艾滋病的临床表现十分复杂，感染后从无症状到形成多样性严重病变。一般可分为四期，急性感染期、无症状感染期(病毒携带者)、艾滋病相关综合征和完全型艾滋病。

1. 急性感染期。HIV 侵袭人体后对机体造成刺激，患者在感染后的 3～4 周左右出现发热、皮疹、淋巴结肿大、还会发生乏力、出汗、恶心、呕吐、腹泻、咽炎等症状。血清 HIV 抗体可呈现阳性反应，血常规白细胞数正常，单核细胞增加，淋巴细胞比例轻度减轻。此期持续 2～3

周后自行缓解，因此急性感染期时，症状较轻微，容易被忽略。

2. 无症状感染期。一般患者无症状，有少数人会出现淋巴结肿大，病毒仍然在体内复制，血清 HIV 抗体阳性，细胞数目基本无变化。

3. 艾滋病相关综合征。此期最主要的临床表现之一是感染者的淋巴结肿大。发生的部位多见于头颈部、腋窝、腹股沟、颈后、耳前、耳后、股淋巴结、颌下淋巴结等浅表淋巴结。一般至少有两处以上的部位，有的多达十几处。肿大的淋巴结对一般治疗无反应，常持续肿大超过半年以上。约 30%的病人临床上只有浅表淋巴结肿大，而无其他全身症状。3/4 的病人可出现脾肿大。也有患者出现全身不适，肌肉疼痛等症状。约 50%的患者出现疲倦无力及周期性低热，常持续数月。患者出现夜间盗汗和体重减轻。病毒侵犯神经系统导致患者出现头痛、抑郁或焦虑，有的出现感觉神经末梢病变，有的可出现反应性精神紊乱。除了上述的浅表淋巴结肿大和全身症状外，患者经常出现各种特殊性或复发性的非致命性感染。约有半数病人有比较严重的脚癣，通常是单侧的，对局部治疗缺乏有效的反应，病人的腋窝和腹股沟部位常发生葡萄球菌感染大疱性脓疱疮，病人的肛周、生殖器、负重部位和口腔黏膜常发生尖锐湿疣和寻常疣病毒感染。口唇单纯疱疹和胸部带状疱疹的发生率也较正常人群明显增加。口腔白色念珠菌也相当常见，主要表现为口腔黏膜糜烂、充血、有乳酪状覆盖物。其他常见的感染有非链球菌性咽炎，急性和慢性鼻窦炎和肠道寄生虫感染。许多病人排便次数增多，变稀、带有黏液。可能与直肠炎及多种病原微生物对肠道的侵袭有关。此外，口腔可出现毛状白斑，毛状白斑的存在是早期诊断艾滋病的重要线索。

4. 完全型艾滋病。有的学者称其为致死性艾滋病，是艾滋病病毒感染的最终阶段，感染者免疫功能全面崩溃，病人出现各种严重的综合病症，直至死亡。此期具有以下特点：严重的细胞免疫缺陷，血清抗 HIV 抗体出现阳性，淋巴细胞明显下降；发生条件性感染和恶性肿瘤，条件性感染最常见的是卡氏肺囊虫性肺炎，发生率为 60%～80%。其临床表现为发热、呼吸困难和缺氧。恶性肿瘤多属淋巴瘤或卡波西肉瘤。当艾滋病病毒侵犯中枢神经系统时，出现下列症状：头痛、发热、共济失调、行走困难、视力下降、抽风、记忆障碍和肢体瘫痪等。严重者出现进行性脑萎缩，表现出痴呆症状。

艾滋病在我国的诊断标准如下：

1. HIV 感染者：受检血清初筛阳性，如酶联免疫吸附试验、免疫酶法或间接免疫荧光试验等方法检查阳性，再经确诊试验，如蛋白印迹法等复核确诊者。

2. 艾滋病确诊病例：①艾滋病病毒抗体阳性，又具有下述任何一项者，可为实验确诊艾滋病病人。近期内（3～6 个月）体重减轻 10%以上，且持续发热达 38℃1 个月以上；近期内（3～6 个月）体重减轻 10%以上，且持续腹泻（每日达 3～5 次）1 个月以上；卡氏肺囊虫肺炎（PCR）；卡波济肉瘤 KS；明显的霉菌或其他条件致病感染。②若抗体阳性者体重减轻、发热、腹泻症状接近上述第 1 项时，可为实验确诊艾滋病病人。CD4/CD8（辅助/抑制）淋巴细胞计数比值＜1，CD4 细胞计数下降；全身淋巴结肿大；明显的中枢神经系统占位性病变的症状和体征，出现痴呆，辨别能力丧失，或运动神经功能障碍。

（二）治疗原则

针对艾滋病尚无明确的特殊治疗方法，主要是根据病因的抗病毒治疗，增强机体的免疫力以及根据疾病出现的并发症进行对症治疗。

1. 抗 HIV 治疗。监测血浆病毒浓度和细胞计数，在明显的免疫缺陷出现之前实施抗病毒治疗，至少应用两种药物联合使用。常见的药物有 HIV 逆转录酶制剂，如双脱氧肌苷；蛋白酶抑制剂，如沙奎那韦等。

2. 促进免疫功能。通过药物增强患者免疫力，常用药物有 α－干扰素，白细胞介素－2 等。

3. 对症治疗。针对机会感染使用相应的抗生素治疗，如卡氏肺囊虫肺炎采用复方新诺明作为首选药物。卡波西肉瘤通过皮损内注射长春花碱或者进行放射、化疗。

4. 中医药治疗。近年来发现一些中草药成分对 HIV 有抑制作用，主要靠中药提取物抗 HIV，常见的如香菇多糖、紫花地丁等。

（三）预防保健

1. 研制艾滋病疫苗，特异性预防。

2. 目前尚无预防艾滋病的有效疫苗，因此最重要的是采取预防措施。其方法是：坚持洁身自爱，不卖淫、嫖娼，避免婚前、婚外性行为；严禁吸毒，不与他人共用注射器；不要擅自输血和使用血制品，要在医生的指导下使用；不要借用或共用牙刷、剃须刀、刮脸刀等个人用品；受艾滋病感染的妇女避免怀孕、哺乳；使用避孕套是性生活中最有效的预防性病和艾滋病的措施之一；要避免直接与艾滋病患者的血液、精液、乳汁和尿液接触，切断其传播途径。

二、梅毒

（一）疾病概述

梅毒是 16 世纪传入我国的一种危害性极大的性传播疾病，由梅毒螺旋体通过性交途径或者从母体通过胎盘传入，侵犯感染者多个器官和系统的慢性传染性疾病。

梅毒螺旋体是厌氧微生物，离开人体不易生存，主要通过性接触传播感染，大约占 95％以上，感染者若不治疗在 1～2 年内有强的传染性。也可以通过胎盘、产道等母婴途径传播。少数患者可因与梅毒患者的皮肤粘膜发生非性接触而受到感染。个别患者可因输血而被感染。

一般梅毒可分为先天性（孕妇传染胎儿）和后天获得性两种类型。后天性梅毒分为三期：①一期梅毒临床特征是硬下疳。感染梅毒后 7～60 天出现，大多数患者硬下疳表现为单发、无痛无痒、圆形或椭圆形、边界清晰的溃疡，高出皮面，疮面较清洁，有继发感染者分泌物多。触之软骨样硬度。持续时间为 4～6 周，可自愈。男性多见于阴茎、龟头、冠状沟、包皮、尿道口；女性多见于大小阴唇、阴蒂、宫颈，肛门、肛管处。也可见于唇、舌、乳房等处。②若患者一期未经治疗或者未治愈，螺旋体由淋巴系统进入血液循环，随血液循环播散，侵犯皮肤、黏膜、骨骼、内脏、心血管、神经系统，造成损害。梅毒进入二期时，所有的梅毒实验室诊断均为阳性。在皮损出现前，可出现发热、头痛、骨关节酸痛、肝脾肿大、淋巴结肿大等全身症状。③早期梅毒未经治疗或者未能治愈，经过 3～4 年的潜伏期，梅毒螺旋体会造成皮肤黏膜、骨损害，还侵犯内脏组织，特别是心血管及中枢神经系统，危及生命。大约 40％的梅毒患者会发生三期梅毒 。先天性梅毒特点是不发生硬下疳，其经过与后天梅毒相似。

（二）治疗原则

早期梅毒，包括一期、二期及早期潜伏梅毒可以使用足量足疗程的青霉素治疗，青霉素过敏者可以使用四环素或者红霉素等药物治疗。对于晚期梅毒患者除青霉素治疗外，应该给予对症治疗。

（三）预防保健

应加强卫生宣传教育，反对不正当的性行为；对可疑病人均应进行预防检查，做梅毒血清试验，早期发现新病人并及时隔离治疗；对患者的性伴侣同时展开治疗，未治愈前禁止性生活；对可疑患梅毒的孕妇，应及时给予预防性治疗，以防止将梅毒感染给胎儿；对已接受治疗的病人，应给予定期追踪治疗。

三、淋病

（一）疾病概述

淋病是淋病奈瑟菌（简称淋菌）引起的以泌尿生殖系统化脓性感染为主要表现的性传播疾病。发病率居我国性传播疾病首位，是常见的性病。主要通过性交传染，偶尔通过间接接触患者的衣物、用具等传染，可以引起男性尿道炎、女性尿道炎、宫颈炎等疾病，还可以经血播散引发菌血症。一般潜伏期为感染后的1～10日，平均3～5日发病，多见于性活跃的中青年，60%以上的女性和部分男性无明显的临床症状。

淋病的临床表现根据感染部位的不同，症状有所区别，可发生在泌尿生殖道、咽部和眼部等部位。男性淋菌性尿道炎为急性尿道炎，感染后出现尿道口的红肿、发痒和轻微刺痛。伴有稀薄透明黏液流出，2日后，分泌物变黏稠，为深黄色或黄绿色脓液。患者出现尿急、尿痛、尿频等尿道刺激症状。女性以宫颈内膜和尿道为多见的感染部位。淋菌性的宫颈炎多数患者无症状，有症状的患者表现为分泌物增多，不正常的经期出血，下腹疼痛感，妇科检查可见宫颈红肿和脓性分泌物。女性尿道炎常于性交后2～5日出现尿道刺激症状，尿道口红肿、溢脓。

（二）治疗原则

应与性伴一起治疗，主要使用头孢曲松钠等药物治疗。

（三）预防保健

宣传性传播疾病知识，提倡洁身自好；使用安全套，可降低淋球菌感染发病率；在公共浴池，不入池浴，提倡淋浴；患病后要及时治疗，以免传染给配偶及他人，患者注意个人卫生与隔离，不与家人、小孩尤其女孩同床、同浴；应当经常用肥皂清洗阴部和手，不要用带脓汁的手去揉擦眼睛。新生儿出生时，经过有淋病母亲的阴道，淋菌侵入眼睛会引起眼睛发炎，为了预防发生新生儿眼病，对每一个新生儿都要用1%硝酸银一滴进行点眼预防。

四、滴虫性阴道炎

（一）疾病概述

滴虫阴道炎是常见的阴道炎，由阴道毛滴虫所引起。主要通过性交直接传染，亦可通过公共浴池，游泳池，坐式马桶等间接传播。女性的阴道毛滴虫多寄生于阴道、尿道、前庭大腺及膀胱。月经前后，阴道的酸碱性发生改变，阴道毛滴虫得以繁殖，它能消耗或吞噬阴道上皮细胞内的糖原，阻碍乳酸生成，破坏阴道的自净防御机能，继发细菌感染。通常潜伏期为4～7天，起病可急可缓。主要表现外阴瘙痒，阴道分泌物增多，呈泡沫状，味恶臭，黄绿色。急性期持续1周或数月，病情轻重常有波动，患者会出现性交疼痛，月经期后症状加重。随后白带减少，症状减轻，亦可完全消失，但患者成为带虫者。阴道毛滴虫能吞噬精子，可致不孕。有人报道，阴道毛滴虫还能引起细胞发育异常及细胞核异常，因此，癌症的发生率显著高于无滴虫妇女。

（二）治疗原则

增强阴道防御能力，采用肥皂棉球擦洗阴道后，可用0.5%乳酸或1∶5 000高锰酸钾液冲洗阴道。合并细菌感染者，可用1∶2 000新洁尔液冲洗。口服甲硝唑（灭滴灵），500mg，每日

2次，连用7天；或2.0单剂量服用进行全身治疗。性伴同时治疗非常重要。甲硝唑治疗疗效显著，治疗后滴虫检查转阴性时，应于月经净后复查，并继续在月经后用药两个疗程，以巩固疗效。凡经连续三个月复查均为阴性者为治愈。

（三）预防保健

加强卫生宣教，注意个人卫生。开展普查普治工作，消灭传染源，严格管理制度，禁止患者进入游泳池，改进公共卫生设备，医疗单位做好消毒隔离，以防交叉感染。

五、霉菌性阴道炎

（一）疾病概述

霉菌性阴道炎由霉菌感染引起，霉菌有许多种，在人体最主要的为白色念珠菌属。阴道感染中80%～90%系白色念珠菌引起，故霉菌性阴道炎实际上即念珠菌阴道炎。念珠菌通常是一种腐败物寄生菌，可生活在正常人体的皮肤、黏膜、消化道或其他脏器中，经常在阴道中存在而无症状，当阴道糖原增加、酸度升高时，或在机体抵抗力降低的情况下，便可成为致病的原因。长期应用广谱抗生素和肾上腺皮质激素，可使霉菌感染大为增加。药物可导致机体内菌群失调，改变了阴道内微生物之间的相互制约关系，抗感染的能力下降。此外，维生素缺乏（复合维生素B)、严重的传染性疾病，和其他消耗性疾病均可成为白色念珠菌繁殖的有利条件。妊娠期阴道上皮细胞糖原含量增加，阴道酸性增强，加之孕妇的肾糖阈降低，常有营养性糖尿，小便中糖含量升高而促进白色念珠菌的生长繁殖。间接接触传染也是霉菌性阴道炎的一条传播途径。接触被霉菌患者感染的坐便器、浴盆、浴池坐椅、毛巾，使用不洁卫生纸，都可以造成传播。霉菌性阴道炎也可以通过性行为传播。

最常见的症状是白带增多，呈凝乳状或为片块状，常被形容为豆腐渣样灰白色的白带，外阴及阴道灼热瘙痒，阴道黏膜高度红肿。妊娠期霉菌性阴道炎的瘙痒症状尤为严重，甚至坐卧不宁，痛苦异常，也可有尿频、尿痛及性交痛等症状。另外，尚有10%左右的妇女及30%孕妇虽为霉菌携带者，却无任何临床表现。

（二）治疗原则

改变阴道的酸碱度，如用碱性药物冲洗阴道，可用2%～4%苏打液冲洗阴道，以改变霉菌的生活环境。外用或服用抗霉菌药物，若伴有其他霉菌感染疾病应同时治疗。常用药物为酮康唑。对于男性带菌者也必须进行常规治疗。

（三）预防保健

消除发病诱因。如积极治疗糖尿病，及时停用广谱抗生素或雌激素。讲究卫生，穿棉质内裤，勤换内衣裤。换下的衣物一定要消毒处理，避免公共场所的交叉感染。保持心情愉快，及时缓解精神压力。

六、尖锐湿疣

（一）疾病概述

生殖器疣或性病疣是由人类乳头瘤病毒（HPV）感染引起的一种性传播疾病。人类乳头瘤病毒是一种最小的DNA病毒。HPV呈球形，直径约为45～55nm，主要感染上皮细胞，人是唯一宿主。尖锐湿疣可以通过性接触使病原体接种感染；通过接触病变部位及病人分泌物或者衣物用品等造成间接感染。一般潜伏期3周到8个月，平均3个月，多见于性活跃的青、中年男女，初期时常不痛不痒，皮疹也不明显，可仅为数个，亦可为多数针头样大的损害，多数患者一般无症状。逐渐由小丘疹增多、增大，相互融合成乳头瘤样、菜花样等不同形状的赘生物，可破溃和继发感染。个别会发生癌变。

（二）治疗原则

提高机体免疫力，应用抗病药物。根据湿疣的位置、大小，可采取手术切除、激光、冷冻等方法治疗。

（三）预防保健

提高性道德，洁身自好；不使用别人的内衣、泳装及浴盆；在公共浴池不洗盆塘，提倡淋浴，沐浴后不直接坐在浴池和坐椅上；在公共厕所尽量使用蹲式马桶；上厕所前用肥皂洗手；不在人群密度大、消毒不严格的游泳池游泳；讲究个人卫生：每日清洗外阴、换洗内裤，内裤要单独清洗。即使家庭成员间也应该做到一人一盆，毛巾分用；配偶患病后要禁止性生活；孕妇患尖锐湿疣后为了避免分娩时感染胎儿，可选择剖宫产。

思考题：

1. 女性的月经是如何形成的？
2. 性卫生包括哪些方面？结合自身思考如何做好生殖保健？
3. 谈谈性传播疾病的概念，并列举几例常见的性传播疾病。
4. 艾滋病的传播途径都有哪些？应该如何预防艾滋病的发生？
5. 霉菌性阴道炎的临床表现有哪些？如何治疗？

第十章　常见传染病及其防治

提要：本章主要介绍传染病的概念、发生及流行特征；传染病的预防对策和方法；常见传染病的疾病概述、治疗原则和预防保健措施。大学生在了解前面知识的基础上，应重点掌握传染病的预防对策和方法，以及每种传染病的预防保健措施。

第一节　传染病基本理论

一、传染病概念

凡由有致病性的各种病原体所引起的，可在适宜传播途径下对人群有传播可能的感染均称为传染病。传染病是感染性疾病的一部分。

二、流行病学特征

（一）传染病流行的基本条件

传染病流行必须具备三个基本环节：传染源、传播途径和易感人群，切断任何一个环节就可控制流行。

（二）传染病流行强度

1. 散发：指某病在某地区人群呈历年的一般发病率水平，病例在人群中散在发生或零星出现，病例之间无明显联系。

2. 流行：指某地区、某病在某时间的发病率显著超过历年该病的散发发病率水平。

3. 爆发：指在一个局部地区或集体单位的人群中，短时间内突然发生许多临床症状相似的患者。

4. 大流行：某病在一定时间内迅速传播，波及全国各地，甚至越过国界和洲境。

人类与疾病之间进行着长期斗争，虽然消灭了许多传染病，但新的传染病病种又不断出现，如 SARS、人感染禽流感、甲型 H1N1 流感等。

（三）传染病的基本特点

1. 有病原体：传染病是由病原微生物引起的，任何传染病都有特异的病原体，包括病毒、立克次体、细菌、真菌、螺旋体、原虫等。

2. 有传染性：病原体从宿主排出体外，通过一定方式，到达新的易感染者体内，呈现一定传染性，其传染强度与病原体种类、数量、毒力、易感者的免疫状态等有关。

3. 有流行性：是指传染病流行和传播的人群、空间和时间范围。

4. 地方性：受地理条件、气温条件、人们生活习惯的影响其发病具有明显的地域性称为地方性，如血吸虫病、黑热病等。

5. 季节性：在某一特定时段或季节发病率高称为季节性，如流行性脑脊髓膜炎在冬季发病率升高，而乙型脑炎在七、八、九月份发病率升高。

6. 有免疫性：人群感染后可产生免疫（即抵抗力）。人体感染病原体后都能够产生针对病原体及其产物（如毒素）的特异性免疫。不同的传染病、病后免疫状态有所不同，有的传染病发病一次后可终身免疫，有的还可再感染。

三、传染病流行的三环节

（一）传染源

传染源是指能排出病原体的人或动物。

1. 病人。无论临床症状轻重，而能排出病原体的人。

2. 病原携带者。无症状而能排出病原体的人。

3. 受感染的动物。如狗、猫、鼠、禽类等。

（二）传播途径

病原体由一个传染源传播到另一个易感个体所经过的具体的传播因素的综合。传播因素：传播病原体的物体，如水、空气、食物、苍蝇、手等。

1. 空气传播。咳嗽、喷嚏的飞沫等，即呼吸道传染病，有流感、麻疹、肺结核、流行性脑脊髓膜炎、甲型 H1N1、SARS 等。特点：传播广泛，发病率高；传播易实现；多发冬春季；与居住条件有关。

2. 消化道传播。即消化道传染病甲型病毒性肝炎、伤寒、霍乱、痢疾等，包括①经水传播，是由于水源被污染而引起。特点：病人的分布与供水范围一致，有饮用同一水源的历史；各年龄、性别、职业均可发病；对水源采取措施后发病停止；发病有季节性和地区性。②经食物传播是通过污染食物传播。特点：病人都有食用某种被污染食物的历史，不吃者不发病；一次大量污染，可出现爆发而且潜伏期短，病情严重；采取措施后爆发很快停止；爆发或流行持续时间短。

3. 接触传播。即经手及日常使用品传播，包括有些呼吸道，消化道等传染病。特点：发病呈散发状态；卫生条件差、个人卫生习惯不良的情况下，发病较多；流行过程缓慢无明显季节性；加强管理，增强卫生，可降低发病。

4. 虫媒传播。如蚊、蝇、虱、螨等传播流行性出血热、乙型脑炎、斑疹伤寒等。

5. 其他还有土壤传播、血液传播、医源性传播、母婴传播等。

（三）易感人群

人群作为一个整体对某种传染病病原体容易感染的程度称为人群易感性。在人群中对某种传染病存在有一定数量的易感者，是能够发生该种传染病流行的基础。

影响人群易感性的因素：

1. 影响人群易感性升高的主要因素。新生儿的增加；易感人口的迁入；免疫人口免疫力的自然消退；免疫人口的死亡。

2. 影响人群易感性降低的重要原因。有计划地对易感人群施行广泛的人工免疫措施；传染病流行后免疫人口的增加；“隐性”感染后免疫人口的增加。

只有正确理解和掌握传染源、传播途径和人群易感性以及传染病的流行过程，才能采取正确和有效的防制措施。

四、传染病的预防与控制

对所有传染病均应采取针对传染源、传播途径、易感人群三个环节的综合性措施。在一定条件下应迅速地从综合性措施中找到效果最大的主导措施如预防接种，达到措施效果和边际效益或效用最大化。

(一)管理传染源

1.对病人、病原携带者的管理。应做到早发现、早诊断、早报告、早隔离治疗。

2.对患病或带菌动物管理。杀死、焚烧、深埋主要针对无经济价值的动物，如消灭狂犬、野犬、狼等是消灭狂犬病的重要措施；隔离、治疗、检疫及预防主要针对有经济价值同时又不是烈性传染病的动物。

(二)切断传播途径

由于各类传染病的传播途径不同，所采取的切断传播途径的措施也不同。

1.对于肠道传染病要加强对垃圾、粪便、污水的卫生处理，饮用水、餐具消毒等，个人要养成饭前、便后洗手的好习惯，防止“病从口入”。

2.对于呼吸道传染病应开窗通风，保持空气流通，传染病流行期间提倡戴口罩。

3.对于虫媒传染病主要是大力杀灭引起这类传染病的节肢动物如蚊、蝇、虱、螨等。

4.对于传播途径较为复杂的传染病，如血吸虫病，需同时进行灭螺、治疗、粪管、水管、个人防护等多种措施。

(三)保护易感人群

1.一般措施。合理营养，锻炼身体，增强抵抗力，养成良好的卫生习惯及一些防护措施，如口罩、蚊帐、防护服等。

2.特异性措施。采用自动免疫和被动免疫的方法，以提高人群特异性免疫力(见第十一章)。

3.药物预防。对某些尚无特异性免疫方法或免疫效果不理想的传染病在流行期间可给易感者进行药物预防，如口服磺胺类药预防流行性脑膜炎，口服乙胺嘧啶预防疟疾等。

第二节　常见传染病及其预防

由于传染病的种类、数量很多，现根据高校的特殊情况介绍几种常见的及教育和卫生行政部门要求加强管理的传染病。

一、肺结核病

(一)疾病概述

结核病是由结核分枝杆菌(简称结核杆菌)经呼吸道传播引起的全身慢性传染病。

1.流行病学。传染源:排菌的肺结核患者是传播结核病的主要来源。传播途径:主要是经空气传播，排菌的肺结核患者痰中带有结核杆菌，在咳嗽、打喷嚏及谈笑时，带菌的飞沫便传播给他人。易感人群:人群普遍易感。生活贫困、居住拥挤、营养不良等是结核病高发的原因。婴幼儿、青少年、老年人及某些传染病愈后者，尤其易发结核病。

2.临床表现。发病过程与临床类型:原发型肺结核(Ⅰ型)——为初次感染即发病的肺结核，也称初染结核。包括原发综合症和胸内淋巴结结核。血行播散型肺结核（Ⅱ型）——多由原发性肺结核发展而来，常见于儿童。成人可由原发感染后进入血循环或因肺或其他脏器结核侵袭淋巴血道引起，包括急性、亚急性和慢性 3 种类型。结核杆菌短期大量入侵引起的急性血行播散型肺结核常伴结核性脑膜炎等肺外结核。继发性肺结核（Ⅲ型）——是常见类型，由原发感染后体内潜伏结核杆菌活跃或再次感染结核杆菌所致。由于免疫反应及治疗等因素的影响，可表现为渗出型肺结核、增殖型肺结核、干酪型肺炎、结核球或空洞形成等。结核性胸膜炎（Ⅳ型）——是结核杆菌及其代谢产物进入处于高度过敏状态的胸膜引起的炎症。在发展的不同阶段有结核性干性胸膜炎、渗出性胸膜炎及结核性脓胸等临床表现，以结核性渗出性胸膜炎最常见。肺外结核（Ⅴ型）——常因初染结核杆菌潜伏于肺外脏器，机体抵抗力降低时发病。如结核性脑膜炎、骨结核、肾结核、结核性腹膜炎、肠结核等结核病。

由于结核杆菌侵犯器官不同，出现症状也不同，有下列症状，应及时到医院检查，结核中毒症状：易疲劳、精神萎靡、体重减轻、盗汗和食欲不振；反复发作和迁延不愈的“伤风、感冒”；轻度咳嗽持续 3～4 周以上；咯血或痰中带血；长期低热、声音嘶哑的慢性喉炎症状；急性发病者常有畏寒、高热、肌肉酸痛等流感样症状；经常发生部位较为固定的胸痛，呼吸和咳嗽时疼痛加重；女性有原因不明的月经不调或闭经。

（二）治疗原则

结核菌的生物学特征、抗结核药物的药理学特征和结核病灶的组织病理学特点决定了要想彻底治疗肺结核，必须遵循以下五个原则：早期、联合、适量、规则、全程用药。

（三）预防保健

结核病主要通过呼吸道传播，因此控制结核菌的空气传播是预防结核的关键。

1. 提高全民防病意识，养成良好卫生习惯。对结核病的发病原因和传播途径要有一定了解。经常打扫室内卫生并开窗通风，保持室内空气清新。养成良好的卫生习惯，不随地吐痰，咳嗽、打喷嚏时用手帕掩住口鼻，以防飞沫传染他人。

2. 早期发现和彻底治疗病人。对有条件的定期进行肺部健康检查，早期发现病人，早进行隔离治疗。对结核病人的用具，最简单的方法是煮沸消毒，如食具、衣物等可煮沸 10～15 分钟；书籍、棉被等可在阳光下晒或用紫外线灯消毒。排菌者居住的地方，应经常开窗通风，使室内带菌飞沫及时稀释到大气中，减少传染机会。

3. 保护易感人群。加强体育运动，加强营养，合理安排学习，保持稳定的情绪，以增强体质；必要时预防接种卡介苗。

二、流行性出血热

（一）疾病概述

流行性出血热又称“肾综合征出血热”，简称出血热，是由汉坦病毒引起的自然疫源性疾病。临床除发热、出血外，有明显的肾脏损害。

1. 流行病学。传染源：病人一般不起传染源作用。农村的主要传染源是黑线姬鼠，城市是褐家鼠。传播途径：主要传播途径是被感染而带病毒的鼠的排泄物污染易感者的破损皮肤，病原体经皮肤创口侵入；病毒排泄物污染尘埃或食物，也可经呼吸道或消化道侵入；也有草螨是出血热病毒的中间宿主之一，它通过叮咬吸血可在鼠类间传播，也是人鼠之间传播的途径之一。人群易感性：普遍易感，多见于青壮年。感染后可获终身免疫。

2. 临床表现。潜伏期平均为2周，根据本病临床规律，大致可分5期，但多数不典型，有“越期”现象或两期，甚至三期交叉重叠。发热期：突发高热，伴有畏寒，体温在1～2天内可升至39～40℃，常有头痛、全身酸痛等流感样症状，此期易误诊为流感。患者颜面、颈部和前胸皮肤充血潮红（三红征），很像喝醉酒的人，俗称为“酒醉外貌”。常有头痛、腰痛、眼眶痛，称为“三痛征”。眼球结膜水肿，像剥了皮的葡萄。出血点最常见于软腭和前胸双腋下皮肤，常排列成条索状或抓痕状。一般误诊病例多发生于本期，做血常规和尿常规检查可与流感鉴别。还有低血压休克期、少尿期、多尿期、恢复期。

（二）治疗原则

病人尽可能做到“三早一就”（早发现、早休息、早治疗，就地治疗），目前尚无特效药物治疗，应根据各期病理及生理特点，采取综合性治疗措施。

（三）预防保健

1. 管理传染源。灭鼠和防鼠是关键。保管好粮食和各种食品以防止被鼠的排泄物污染。

2. 切断传播途径。劳动时防止皮肤破损，破损后要消毒包扎，避免被鼠的排泄物污染。食品、剩饭菜要加热和蒸煮后方可食用。灭螨，保持屋内清洁、干燥、通风。

3. 保护易感人群。注意个人防护，在疫区不直接用手接触鼠类及其排泄物。防止螨虫叮咬。及时预防接种出血热疫苗。

三、病毒性肝炎

（一）疾病概述

病毒性肝炎是由多种肝炎病毒引起的，以肝脏损害为主的一组全身性传染病。目前已确知至少存在有甲型、乙型、丙型、丁型和戊型五种肝炎病毒。乙型肝炎在我国流行广泛，危害性最大。

1. 流行病学。病毒性肝炎呈世界性分布，我国是高发区之一，甲型肝炎病毒的人群感染率约80%。全世界乙肝病毒携带者约3.5亿人，其中我国约1.2亿人。全球丙型肝炎现症感染者约1.7亿人，我国约3 000万人。丁型肝炎病毒人群感染率约1%，戊型肝炎病毒感染率约17%。

传染源：甲型、戊型肝炎传染源为急性期患者和隐性感染者。乙型、丙型和丁型肝炎传染源为急、慢性肝炎患者和病毒携带者。慢性患者和病毒携带者作为传染源的意义最大。传播途径：甲型肝炎主要由粪—口途径传播，粪便污染饮用水源、食物、蔬菜、玩具等可引起流行，典型的如1988年上海31万人暴发流行，其主要由食用经甲型肝炎病毒污染的未煮熟毛蚶引起。乙型肝炎传播途径有：母婴传播，分娩过程是母婴传播的主要方式；血液、体液传播，如输血及血制品、注射、手术、拔牙、针刺、共用剃刀、公用牙刷、血液透析、器官移植等均可传播。现已证实唾液、汗液、精液、阴道分泌物、乳汁等体液含有乙肝病毒，因此密切的生活接触、性接触等也是获得乙型肝炎感染的可能途径。多个性伴侣及同性恋者是丙型肝炎感染的高危人群；丙型肝炎、丁型肝炎传播途径与乙型肝炎相似；戊型肝炎传播与甲型肝炎相似。易感人群：人类对肝炎病毒普遍易感。甲型肝炎病毒感染后可产生持久性免疫。

2. 临床表现。不同类型肝炎病毒引起的临床表现具有共同性，临床上分为急性肝炎（急性黄疸型肝炎和急性无黄疸型肝炎）、慢性肝炎（轻、中、重三度）、重型肝炎（有急性、亚急性、慢性三型）、淤胆型肝炎、肝炎后肝硬化。

潜伏期:甲型肝炎2～6周,平均4周;乙型肝炎1～6个月,平均3个月;丙型肝炎2周～6个月,平均6周;丁型肝炎4～20周;戊型肝炎2～9周,平均6周。

急性肝炎。各型肝炎均可引起。甲、戊型不转为慢性,成年急性乙型肝炎10%～40%转慢性,丙型50%～85%、丁型约70%转为慢性。急性黄疸型肝炎:总病程2～4个月。黄疸前期:起病急,有发热、畏寒。主要症状为全身乏力、食欲减退、恶心、厌油、腹胀、肝区痛、尿色加深等。肝功能改变主要为血清ALT升高,持续5～7天。黄疸期:自觉症状好转,发热消退,尿黄加深,巩膜及皮肤先后出现黄染,皮肤瘙痒,1～3周内黄疸达到高峰。肝大有叩压痛,肝功能检查ALT和胆红素升高,持续2～6周。恢复期:症状逐渐消失,黄疸消退,肝、脾回缩,肝功能恢复正常。本期大多持续1～2个月。急性无黄疸型肝炎:除无黄疸外,其他临床表现与黄疸型相似。症状较轻。

慢性肝炎。急性肝炎病程超过半年,或原有乙型、丙型、丁型肝炎或乙型肝炎携带史而因同一病源再次出现肝炎症状、体征、及肝功能异常者。

重型肝炎。病毒性肝炎中最严重的一种类型,发展为肝衰竭的一种表现,约占全部肝炎中的0.2%～0.5%,病死率高。所有肝炎病毒均可引起重型肝炎,甲型、丙型少见。重型肝炎的发生与重叠感染(如乙型肝炎重叠戊型肝炎)、机体免疫状态、妊娠、过度疲劳、精神刺激、饮酒、应用肝损药物、合并细菌感染、有其他合并症(如甲状腺功能亢进、糖尿病)等因素有关。临床又分为:急性重型肝炎(又称爆发性肝炎)以急性黄疸型肝炎起病,但病情发展迅猛,2周内出现极度乏力,严重消化道症状,出现神经、精神症状,表现为嗜睡、性格改变、烦躁不安、昏迷等,本型病死率高。亚急性重型肝炎(又称亚急性肝坏死):以急性黄疸型肝炎起病,15天至24周出现极度乏力、频繁呕吐、腹胀等中毒症状,黄疸进行性加深,进一步有脑病型或腹水型表现。一旦出现肝肾综合症,预后极差。慢性重型肝炎:临床表现同亚急性重症肝炎,但在慢性肝病基础上发生。

淤胆型肝炎。急性淤胆型肝炎起病类似急性黄疸型肝炎,但自觉症状较轻。黄疸较深,持续3周以上。

肝炎后肝硬化。为肝脏组织结构与功能已不可逆转性改变。有腹水、脾大等肝硬化的一系列临床表现。

(二)治疗原则

病毒性肝炎临床类型不同,转归各异,目前尚缺乏特异性药物。治疗应以中西医结合为主。对没有肯定疗效的药物,应慎重使用,原则上应少用药,以防增加肝脏负担。注意休息,注意营养,合理安排饮食,避免饮酒。

(三)预防保健

由于病毒性肝炎尚无特异性治疗方法,除甲型、乙型肝炎外,其他型肝炎也尚无有效的主动免疫制剂,故采取以切断传播途径为主的综合防制措施。

1. 管理传染源。急性期病人住院或在家中隔离治疗。乙肝病毒携带者要注意个人卫生。

2. 切断传播途径。加强三管(饮食管理、水源管理、粪便管理)一灭(消灭苍蝇)是预防病毒性肝炎的重要措施。严格消毒,对病人的衣物、用具以及分泌、排泄物等要进行严格消毒。养成良好的个人卫生习惯,饭前便后洗手,食品用具自理,实行分餐制。严格防止通过血液、血制品、体液等途径传播。特别是医源性传播,注射器应做到一人一针一管,各种医疗器械或用具均应实行一人一用一消毒。尤其应严格对带血污染物的消毒处理。加强对血制品使用的管理，尽可能不用血液制品。

3. 保护易感人群。甲肝疫苗和乙肝疫苗是预防甲型肝炎和乙型肝炎的主导措施。我国已将乙肝疫苗纳入新生儿计划免疫接种程序。甲肝疫苗在幼儿、学龄前儿童及其他高危人群中广泛使用。此外人血丙种球蛋白和胎盘血丙种球蛋白对甲型肝炎接触者具有一定的保护作用。特别是近年来我国大部分高校把新生入校后接种甲、乙型肝炎疫苗的工作常态化，使得高校甲、乙型肝炎的人群易感性显著降低。

四、细菌性痢疾

(一)疾病概述

细菌性痢疾简称菌痢，是由痢疾杆菌引起的肠道传染病。临床上以发冷、发热、腹痛、腹泻、里急后重及黏液、脓血便为特征。

1. 流行病学。传染源:患者和带菌者。传播途径:痢疾杆菌通过被患者和带菌者的粪便污染的手、食物、水、苍蝇、蟑螂、物品和食具，经口引起传播。人群易感性:普遍易感，病后免疫力不持久。

2. 临床表现。起病急骤，伴有发冷、发热(一般为中等度发热)、腹痛、腹泻。开始大便呈稀糊状或水样，渐转为黏液、脓血便，呈红、白相间的胶冻状，便次增至每日数次至数十次不等，伴阵发性腹痛，左下腹尤为明显。排便前后有里急后重感。此外，还有全身痛、疲乏、食欲不振、恶心、呕吐等全身中毒症状。吐泻严重者，可引起脱水和酸中毒。

(二)治疗原则

1. 一般治疗。卧床休息，给予低脂肪、易消化的半流质饮食，避免食用生冷、辛辣、油腻及刺激性食物。对于高热及呕吐不能进食者，及时给予静脉补液以维持水、电解质平衡。

2. 病原治疗。在支持疗法的基础上，合理应用对痢疾杆菌敏感的抗生素十分重要。

(三)预防保健

本病主要采取以切断传播途径为主导的综合性措施。

1. 管理传染源。早期发现患者和带菌者，及时隔离和彻底治疗是消灭菌痢的重要措施。

2. 切断传播途径。切断传播途径是预防菌痢的主要措施，积极开展群众性爱国卫生运动，应采取综合措施，如粪便管理，饮食管理，改进环境卫生，防蝇灭蝇，养成良好的个人卫生习惯。

3. 保护易感人群。加强身体锻炼，提高防病能力。

思考题:

1. 简述传染病的概念及流行病学特征。
2. 传染病流行的三个环节是什么?
3. 影响人群易感性的因素有哪些?
4. 简述结核病的预防保健措施。
5. 简述流行性出血热的预防保健措施。

第十一章　免疫与预防接种

提要:本章主要介绍免疫学的基本知识,包括免疫学的基本概念、异常免疫(超敏反应),预防接种的基本概念、计划免疫、预防接种的注意事项和反应等。大学生在了解前面知识的基础上,重点掌握预防接种的注意事项和反应。

第一节　免疫学的基本知识

一、免疫学的基本概念

免疫学是研究机体免疫系统组织结构及其免疫生物学功能的一门独立学科。现代免疫学涉及:免疫系统对抗原的识别及应答;免疫系统对抗原的排异效应及其机制;免疫功能异常所致的病理过程及其机制;抗原耐受的诱导、维持、破坏及其机制;免疫学理论和方法学在疾病预防、诊断和治疗中的应用等领域。

机体内存在着一个负责免疫功能的完整的解剖系统——免疫系统。与神经系统和内分泌系统一样,这个系统有着自身运行机制并可与其他系统相互配合、相互制约,共同维持着生命活动过程中总的生理平衡。

免疫系统生理功能:

1.免疫防御,即抗感染免疫。主要指机体排斥外源性抗原异物的免疫保护能力。在异常情况下,此类功能也可能对机体产生不利影响,若应答过于强烈或持续时间过长,在消除抗原的同时,也可能导致免疫炎症的发生,表现异常,即发生超敏反应;若应答过低,可发生免疫缺陷病。

2.免疫自稳。指机体识别和清除自身衰老残损组织、细胞的能力,这是机体通过免疫系统内极为复杂而有效的调节机能,维持正常内环境的稳定性。若该机制发生异常,可引发自身免疫病。

3.免疫监视。指机体杀伤和清除异常突变细胞的能力,机体以此监视和抑制恶性肿瘤在体内生长。若免疫监视功能异常,可能引起持续的病毒感染或导致肿瘤的产生。

二、免疫系统

免疫系统是人和高等动物中承担识别自我和危险信号,引发免疫应答、执行免疫效应和维护机体自我免疫状态平衡的解剖学系统。它是在生物种系发育、进化过程中逐步建立和完善的。免疫系统包括免疫器官、免疫细胞、免疫分子。

(一)免疫器官

免疫器官主要分为中枢性免疫器官和外周性免疫器官。

1.中枢免疫器官。中枢免疫器官是免疫细胞产生、发育、分化、成熟的场所,对外周免疫器官的发育起主导作用。人类中枢免疫器官包括骨髓、胸腺。

胸腺：位于心脏的上前方，分左、右两叶。它主要在胎儿时期至青春期起重要作用，成年后逐渐萎缩。胸腺是T细胞分化成熟的场所。

骨髓：是人和其他哺乳动物的造血器官，也是各种免疫细胞的发源地。从广义上说，所有的细胞均属于免疫细胞。骨髓中的多能造血干细胞分化成淋巴干细胞再通过骨髓、胸腺，分别衍化成B细胞或T细胞，最后定位于外周免疫器官。

2. 外周免疫器官。外周免疫器官又称二级免疫器官，是成熟淋巴细胞定居、发生免疫应答的场所；其包括淋巴结、脾、扁桃体、黏膜和皮肤的相关淋巴组织。

（二）免疫细胞

从广义角度讲所有与免疫相关的细胞都属于免疫细胞，其中主要的是淋巴细胞和抗原提呈细胞（APC）。淋巴细胞主要分为T细胞、B细胞和NK细胞三类。T和B细胞是发挥核心作用的免疫细胞，分别负责细胞免疫和体液免疫，称免疫活性细胞。自然杀伤细胞不需要预先接触抗原，就能杀伤某些被病毒感染的宿主细胞和肿瘤细胞。在抗病毒感染、抗肿瘤方面发挥天然免疫的作用。

（三）免疫分子

参与免疫应答的免疫分子相当多，包括细胞因子、黏附分子、CD分子、补体和免疫球蛋白等。

第二节　超敏反应

超敏反应是指机体免疫系统与抗原性物质在一定条件下相互作用，产生致敏淋巴细胞或特异性抗体，如与再次进入机体的抗原结合，可导致机体生理功能紊乱或组织损害等免疫病理性反应。根据其发生机制及临床特点，可将其分为四种类型，即Ⅰ型、Ⅱ型、Ⅲ型、Ⅳ型超敏反应。Ⅰ、Ⅱ、Ⅲ型为抗体参与的反应，Ⅳ型为效应性T细胞参与的反应。

一、Ⅰ型超敏反应

Ⅰ型超敏反应又称变态反应或过敏反应，主要由血清中IgE介导的。该型超敏反应是已被超敏原致敏的机体，再次受到相同超敏原刺激后所发生的急性超敏反应。因其反应发生迅速，故又称速发型超敏反应。

（一）Ⅰ型超敏反应的特点

1. 反应发生快，一般在几秒至几十分钟内发生，其消退也快，有明显的病理生理效应，以生理功能紊乱为主，很少有组织损伤。

2. 参与的抗体主要是IgE。

3. 参与的细胞主要是肥大细胞、嗜碱性粒细胞和嗜酸性粒细胞。

4. 有明显的个体差异和遗传倾向。

5. 可经血清被动转移。

（二）临床常见疾病

1. 全身过敏反应。主要由药物或异种动物血清所致的过敏性休克。可在接触过敏源后数分钟内发生，患者可表现为烦躁不安、胸闷气急、呼吸困难、恶心呕吐、出冷汗、面色苍白、血压下降等，甚至昏迷抽搐，严重的抢救不及时可导致死亡。药物过敏性休克以青霉素最为多见，破伤风抗毒素、白喉抗毒素引起的属异种动物血清所致的过敏性休克。

2. 呼吸道过敏反应。常见的有过敏性哮喘和过敏性鼻炎。

3. 消化道过敏反应。少数人食入鱼、虾、蟹、贝、乳、蛋等食物后，可出现以恶心呕吐、腹痛腹泻等症状为主的过敏性胃肠炎。

4. 皮肤过敏反应。主要表现为荨麻疹、特应性湿疹、特应性皮炎和血管性水肿等，可由药物、食物、花粉、肠道寄生虫和冷热刺激引起。

(三)防治原则

1. 找出超敏原，避免接触：询问病史和超敏原皮肤试验。

2. 脱敏疗法包括异种免疫血清脱敏疗法和特异性超敏原脱敏疗法。

3. 药物防治。

4. 免疫新疗法。

二、Ⅱ型超敏反应

Ⅱ型超敏反应又称为细胞溶解型或细胞毒型超敏反应。

(一)Ⅱ型超敏反应的特点

1. 参与Ⅱ型超敏反应的抗原。

细胞固有抗原：人类红细胞血型抗原如 ABO 与 RH 血型抗原，白细胞抗原等。

自身抗原：机体自身细胞受某些因素作用，抗原性发生改变成为自身抗原。

半抗原：某些药物(半抗原)进入机体与细胞或蛋白质结合成为完全抗原。

2. 参与的抗体。主要为 IgA，IgG 和 IgM。

3. 参与的细胞。主要为单核吞噬细胞、中性粒细胞及 NK 细胞。

(二)临床常见疾病

1. 输血反应。

2. 新生儿溶血症。

3. 免疫性血细胞减少症。

4. 肺-肾综合征。

5. 自身免疫性甲亢。

三、Ⅲ型超敏反应

(一) Ⅲ型超敏反应的特点

该型超敏反应是有中等大小可溶性的抗原抗体复合物沉积于局部或全身毛细血管壁基底膜上，经激活补体或招引粒细胞、血小板及其他细胞，导致以充血水肿、局部坏死和中性粒细胞浸润为主要特征的炎症反应及组织损伤。又称为免疫复合物型或血管炎型超敏反应。

(二)临床常见疾病

1. 人类局部 IC 病。

2. 血清病。

3. 感染后肾小球肾炎。

4. 系统性红斑狼疮和类风湿性关节炎等。

四、Ⅳ型超敏反应

此型超敏反应发生较慢，一般在接受超敏原刺激后24～72小时发生，故又称迟发型超敏反应。此型超敏反应无明显的个体差异，无抗体和补体的参与，是由T细胞介导，亦称为细胞介导型。

（一）Ⅳ型超敏反应的特点

1.由T细胞介导。

2.反应发生缓慢(24～72小时)。

3.引起以单核细胞浸润和组织细胞损伤为主的局部炎症反应。

4.无明显的个体差异。

5.与抗体和补体无关。

（二）临床常见疾病

1.传染性Ⅳ型超敏反应。胞内寄生菌、病毒和真菌感染等可使机体发生Ⅳ型超敏反应，如结核病、麻风病。

2.接触性皮炎。人的皮肤与某些超敏原，如染料、油漆、农药、化妆品等接触后一般在24小时后出现局部皮肤红肿、皮疹、水泡，48～96小时炎症达高峰，严重者甚至可发生剥脱性皮炎。此外，同种异体移植排斥反应和某些自身免疫性疾病的发生机制，均与Ⅳ型超敏反应有关。

第三节　预防接种

预防接种是建立在免疫生物学基础上，预防和控制一些急慢性传染病的主导措施也是某些疾病的一级预防，它能够有效地保护易感人群。在降低婴幼儿死亡率，控制疾病如麻疹、白喉、百日咳、小儿麻痹等以及消灭疾病如天花的过程中发挥了重要作用。随着科学技术的不断发展，人类对疾病更深入地认识，预防接种将会产生广泛而深刻的影响。

一、预防接种的种类

（一）人工自动免疫

将抗原物质接种人体，使人体主动产生特异性免疫。其制剂有：活菌(疫)苗、死菌(疫)苗、类毒素。

（二）人工被动免疫

以含有抗体的血清或制剂接种人体，使人体获得现成的抗体而受到保护。其制剂有：免疫血清和免疫球蛋白。

（三）被动自动免疫

对少数传染病疫情出现时，用于保护婴幼儿及体弱接触者的一种免疫方法，兼有被动免疫和自动免疫的优点。

二、计划免疫(计划接种)

预防接种可分为应急接种和计划接种。前者是在传染病流行时所进行的预防接种。后者是根据疫情监测和人群免疫状况，按照规定的免疫程序，有计划地对应接种人群进行预防接种，以提高人群免疫水平，达到控制某种传染病以致消灭的目的称计划免疫。其内容包括：确定预防接种种类、确定预防接种对象、确定预防接种时间、确立执行的组织机构、确定预防接种的范围（即人群分布、时间分布和地区分布）。

三、预防接种的注意事项

严格按照说明书要求并特别注意安全和有效原则进行接种。

1. 接种的剂量、间隔、次数及接种途径要严格按照说明书执行，以防影响接种效果或出现意外事故。

2. 严格执行预防接种禁忌症。

3. 严格控制接种对象的年龄。

4. 保证菌（疫）苗冷链系统。

计划免疫得以顺利推广和确保实施的关键是建立了完善的冷链系统。冷链系统是将疫苗从生产单位到分配接种点的各个环节，使其始终保持在有效的状态下，即冷藏条件下。

四、预防接种的反应

因为疫苗本身含有菌体蛋白、内毒素及其他毒性物质、附加剂等物理和化学物质，所以可以造成机体反应。

（一）一般反应

1. 局部反应。一般在接种后 24 小时内接种局部可有炎症反应，发生红、肿、热、痛等炎症反应，有的还伴有淋巴结炎和淋巴管炎。这种反应一般在接种后 24～48 小时逐渐消退。

2. 全身反应。全身反应有体温升高、头晕、恶心、呕吐、腹泻等。目前所用的预防接种制剂大多数的局部反应和全身反应轻微，不需要作任何处理，经过适当休息，多饮开水，注意保暖，防止继发感染，可很快恢复正常。反应较重的应及时到医院处理。

（二）异常反应

应及时发现与抢救。有晕厥、过敏性休克、变态反应性脑脊髓炎、血清病、无菌性脓疡、过敏性皮疹。

（三）偶合病

不是由注射疫苗引起，但是在注射后发生的疾病。常被误认为由注射疫苗引起。

思考题：

1. 简述免疫的生理功能。
2. 简述超敏反应的种类及临床特点。
3. 预防接种的种类有哪些？
4. 简述计划免疫的概念。
5. 预防接种的注意事项和接种反应是什么？

第十二章　大学生常见病及其防治

提要：本章对大学生中常见的疾病的一般知识、治疗原则和预防保健的要点，做了通俗和简明扼要的介绍，旨在拓展非医学专业大学生知识面，学习日常保健所必需的知识，以提高大学生对疾病的认识，增强对自我防护的能力。要求大学生掌握常见疾病防治的基本知识和预防保健知识，做到无病防病，有病时积极主动配合医务人员诊治、护理和康复。

第一节　内科常见病

一、高血压病

(一)疾病概述

高血压病是指在静息状态下动脉收缩压≥140mmHg 和/或舒张压≥90mmHg，常伴有脂肪和糖代谢紊乱以及心、脑、肾和视网膜等器官功能性或器质性改变，以器官重塑为特征的全身性疾病。休息 5 分钟以上，2 次以上非同日测得的血压≥140/90mmHg 即可以诊断为高血压。高血压病是一种以动脉血压持续升高为主要表现的慢性疾病，它的发生可能与以下因素有关。遗传因素：其发病有明显的家族性，双亲一方有高血压病的，子女的发病率高 1.5 倍，双亲均有高血压病的，子女发病率高 2～3 倍。饮食因素：食盐摄人较高的人，高血压患病率高；长期饮酒者高血压患病率升高；过量摄入高脂肪食物特别是动物脂肪也可使高血压患病率升高。职业和环境因素：从事注意力须高度集中的工作，长期精神紧张、焦虑、烦躁、环境噪声均可引发患高血压病。另外，吸烟及肥胖也使患病率增加。高血压的病变主要是小动脉的痉挛、变性和硬化，最后引起心脏、中枢神经系统、肾脏等组织的损害。

高血压多数为中年以后发病，但有家族史者发病年龄较轻。高血压病典型的症状是头痛、头晕、头胀、耳鸣、眼花、健忘、失眠、乏力、四肢麻木、心悸。在某些生理状态下会出现一时性血压升高，如运动后、精神高度紧张时、极度兴奋和愤怒时都会出现血压升高，但很快会恢复正常，不属于高血压病。但高血压病患者在上述生理状态下可诱发血压升高、加重病情，甚至发生中风、心力衰竭、心肌梗塞等严重并发症。部分青少年在青春发育期也会出现血压升高，但血压升高幅度不大，青春期过后恢复正常，称为“青春期高血压”。原因主要是由于血管发育落后于心脏发育，未出现血管病理变化，也无明显症状。近年来患高血压病的青少年逐年增多，目前已接近 3%。除了遗传、长期精神紧张、肥胖等因素会导致学生患高血压即原发性高血压外，一些疾病如嗜铬细胞瘤、肾脏疾病也会导致发生高血压即继发性高血压，尤其是那些有“满月脸”、“水牛腰”的学生更应警惕这些疾病引起的高血压。有一部分青少年患高血压是由于服用一些药物引起的。

(二)治疗原则

高血压病后期可并发心、脑血管等严重疾病。故一旦发现患有高血压，应及早、长期、耐心治疗。通过降压药物和非药物治疗使血压降至正常，可减少并发症和死亡率。降压药物主要是各类扩张血管药物和降低心搏出量的药物。

（三）预防保健

1. 劳逸结合，避免过度脑力和体力活动。

2. 保持良好充足的睡眠，消除紧张情绪。

3. 减少盐摄入，减少动物脂肪摄入，控制体重。

4. 不吸烟，少饮酒，不乱服药。

5. 工作和生活中应胸怀开阔，精神乐观。

6. 积极治疗可能引起继发性高血压的疾病。

7. 定期检查血压，早期发现、早期治疗。

二、病毒性心肌炎

（一）疾病概述

病毒性心肌炎是指人体感染嗜心性病毒，引起心肌非特异间质性炎症，是临床常见病、多发病。急性病毒性心肌炎患者多数可完全恢复正常，少数发生猝死，一些慢性发展的病毒性心肌炎可以演变为心肌病。部分患者在心肌疤痕明显形成后，留有后遗症表现：一定程度的心脏扩大、心功能减退、心律失常或心电图持续异常。症状体征取决于病变的广泛程度与部位，重者可至猝死，轻者几无症状。心肌炎的症状如在原发病的症状期出现可被原发病掩盖。多数患者在发病前有发热、全身酸痛、咽痛、腹泻等症状，但也有部分患者原发病症状轻而不显著，而心肌炎症状则比较显著，如胸闷、心前区隐痛、心悸、乏力、恶心、头晕，90%左右以心律失常为主诉或首见症状，其中少数患者可发生昏厥或阿-斯综合征。极少数患者起病后发展迅速，出现心力衰竭或心源性休克。老幼均可发病，以年轻人较易发病。各种病毒都可引起心肌炎，其中以引起肠道和上呼吸道感染的病毒感染最多见，柯萨奇、埃可、脊髓灰质炎病毒为致心肌炎的主要病毒；黏病毒如流感、副流感、呼吸道合胞病毒等引起的心肌炎也不少见；腺病毒也时有引起心肌炎。此外，麻疹、腮腺炎、乙型脑炎、肝炎、巨细胞病毒等也可引起心肌炎。

（二）治疗原则

心肌炎患者应卧床休息，进食易消化和富含维生素和蛋白质的食物；运用抗病毒药、干扰素或干扰素诱导剂；及时控制心力衰竭；早搏频繁，或有快速心律失常者用抗心律失常药；因高度房室传导阻滞、快速室性心律或窦房结损害而引起昏厥或低血压，则需用电起搏或电复律；为防止细菌感染，急性期可加用抗生素；运用促进心肌病变恢复药和促进心肌能量代谢的药物；免疫治疗，如免疫球蛋白、肾上腺皮质激素等。

（三）预防保健

1.增强身体素质，防治病毒性消化道和呼吸道感染。

2.如在感冒或腹泻的急性期或起病1～3周内出现心慌、气促、心前区不适，应及时到医院就诊。

3.了解此病的有关知识。患病后要积极医生配合治疗，不能大意，也不要恐惧。

4.本病恢复期可适当活动，以不引起症状为度，但应避免妊娠、较剧烈运动、饮酒及其他对心脏有害因素，一般应休息3～6个月，才可逐渐恢复工作。

三、自发性气胸

（一）疾病概述

自发性气胸是指无外伤或人为因素情况下，肺实质和脏层胸膜破裂，气体进入胸膜腔导致胸腔积气而引起的病理生理状况。肺无明显病变由胸膜下气肿泡破裂形成者称特发性气胸；继发于慢性阻塞性肺气肿、肺结核等胸膜及肺疾病者称继发性气胸。按病理生理变化又分为闭合性（单纯性）、开放性（交通性）和张力性（高压性）三类。可有或无用力增加胸腔、腹腔压力等诱因，多突然发病，主要症状为呼吸困难、患侧刀割样痛、刺激性干咳，张力性气胸者症状严重烦躁不安，可出现紫绀、出冷汗、甚至休克。X线胸部检查为最可靠诊断方法，可判断气胸程度、肺被压缩情况、有无纵隔气肿、胸腔积液等并发症。

（二）治疗原则

斜坡位卧床休息，给予吸氧、镇痛、止咳，有感染时给予抗生素治疗。闭合性气胸，肺压缩<20%者，单纯卧床休息气胸即可自行吸收。肺压缩>20%症状明显者，应胸腔穿刺抽气或水封瓶闭式引流正压排气。开放性气胸，应用胸腔闭式引流排气，肺仍然不能复张者，可加用负压持续吸引。张力性气胸，病情较危急须尽快排气减压，同时准备立即行胸腔闭式引流或负压持续吸引。对内科积极治疗肺仍然不能复张或复发性气胸则须考虑外科手术治疗。手术治疗有传统的开胸手术、电视胸腔镜手术、达芬奇机器人手术等。

（三）预防保健

1. 防治呼吸道感染。

2. 加强体育锻炼，增强体质。

3. 曾有气胸史或有肺气肿者，应谨防突然过度用力、高声呼喊、用力大便。

四、急性气管-支气管炎

（一）疾病概述

急性气管－支气管炎是由生物、物理、化学刺激或过敏等因素引起的气管－支气管黏膜的急性炎症。生物因素可以由病毒、细菌直接感染，常见病毒为腺病毒、流感病毒、冠状病毒、鼻病毒、单纯疱疹病毒、呼吸道合胞病毒和副流感病毒；也可在病毒感染的基础上继发细菌感染。常见细菌为流感嗜血杆菌、肺炎链球菌、卡他莫拉菌等，还有衣原体和支原体感染。物理、化学因素见于过冷空气、粉尘、刺激性气体或烟雾（如二氧化硫、二氧化氮、氨气、氯气等）的吸入，对气管-支气管黏膜急性刺激和损伤引起。过敏反应常见于吸入致敏原包括花粉、有机粉尘、真菌孢子等，或对细菌蛋白质过敏，引起气管－支气管炎症反应。常见于寒冷季节或气候突变时发病，起病较急，常先有急性上呼吸道感染症状。全身症状一般较轻，可有发热，38℃左右，多于3～5天降至正常。咳嗽、咳痰，先为干咳或少量黏液性痰，随后可转为黏液脓性或脓性，痰量增多，咳嗽加剧，偶可痰中带血，咳嗽可延续2～3周才消失，如迁延不愈，可演变成慢性支气管炎。如支气管发生痉挛，可出现程度不等的气促，伴胸骨后发紧感。血白细胞计数和分类无明显改变。X线胸片检查，大多数表现正常或仅有肺纹理增粗。

（二）治疗原则

发病后应注意休息，注意保暖，多饮水，补充足够的热量。干咳者用止咳药，有痰时用祛痰药，也可雾化帮助祛痰。中成药止咳祛痰药也可选用。发生支气管痉挛，可用平喘药物如茶碱类、受体激动剂等。发热可用解热镇痛药。伴有细菌感染的可用抗菌药物。

（三）预防保健

1. 平时应加强体育锻炼，进行耐寒训练以增强体质。

2. 预防上呼吸道感染。

3. 改善劳动卫生环境，防止空气污染，净化环境。

4. 清除鼻、咽、喉等部位的病灶。

5. 注意休息，注意保暖，多饮水。

五、急性胰腺炎

（一）疾病概述

1. 急性胰腺炎是常见病，死亡率高，可引起猝死。病因可与下列因素有关。梗阻因素，如急性胆道梗阻诱发急性胰腺炎；酒精因素，长期饮酒者容易发生胰腺炎；血管因素，胰腺的小动、静脉急性栓塞、梗阻导致急性胰腺炎；外伤和医源性因素，外伤使胰腺管破裂、胰腺液外溢以及血液供应不足，导致急性重型胰腺炎；感染因素，病毒或细菌通过血液或淋巴进入胰腺组织引起胰腺炎；代谢性疾病，如高钙血症、高脂血症引发急性胰腺炎；药物过敏、药物中毒、血色沉着症、肾上腺皮质激素、遗传因素等均可引发急性胰腺炎。急性胰腺炎的发病机理主要是胰酶对胰腺及其周围组织的自我消化，而继发一系列的器官的功能障碍。胰腺含有非常丰富的消化酶：蛋白酶、脂肪酶、淀粉酶等。在病理情况下，这些酶在胰腺导管及细胞内被活化后引起胰腺炎的发生。胰蛋白酶和抗胰蛋白酶系统、磷脂酶 A 和血栓素 A_2、胰腺血循障碍、氧自由基、细胞膜的稳定性以及内毒素等，在急性胰腺炎的发病机理中都起了重要作用。

2. 急性胰腺炎主要症状为腹痛、恶心、呕吐、发热。腹痛为最早出现的症状，往往在暴饮暴食或极度疲劳之后发生，多为突然发作，位于上腹正中或偏左。疼痛为持续性进行性加重似刀割样，向腰背部放射，也可短时间内出现全腹痛。呕吐物起初为食物、胆汁样，加重后为粪样。可出现休克、高热、黄疸、腹胀、肠麻痹以及皮下淤血斑等。黄疸多由于同时存在胆管结石嵌顿或肝功能损害。发病后数小时至十多小时即可呈现严重的脱水现象，无尿或少尿。一般体温在 39℃以内，重型胰腺炎，则体温常在 39～40℃，并出现毒血症，出现谵妄、恍惚、昏迷以至精神失常。胰液沿组织间隙达到腹壁皮下溶解皮下脂肪，使毛细血管破裂出血，局部皮肤呈青紫色，可融成大片状，并可有大量炎性腹水，出现麻痹性肠梗阻，还可有胸腔反应性胸水、肺不张、呼吸困难等，可致肺衰，成人呼吸窘迫综合征；可致心脏损害，如心肌梗死、心内膜炎或传导系统损害等；引发肾衰；造成精神神经系统改变；还有电解质的改变。

（二）治疗原则

急性水肿型胰腺炎一般只需卧床休息、控制饮食、补液、对症处理，必要时可用抗生素；出血坏死型胰腺炎应根据情况予以治疗，进 ICU（重症监护病房），禁食、胃肠减压、静脉高能营养、纠正水电紊乱、抑制胰液分泌药、抑制胰酶药、降酶药、抗生素、内窥镜治疗等；降温疗法；冷冻治疗；在 CT 导向下对胰腺进行穿刺抽出坏死组织及液体；必要时转外科手术治疗。

（三）预防保健

1. 注意饮食卫生，勿暴饮暴食。

2. 不酗酒，避免酒精与高蛋白、高脂肪食物同时摄入。

3. 积极治疗胆胰系统疾病，特别是结石症。

4. 注意劳逸结合，防止过度疲劳。

5. 控制肥胖，治疗高血脂症。

6. 孕妇，甲状旁腺机能亢进、高血钙症、一些病毒感染、细菌感染和寄生虫病的患者要警惕并发急性胰腺炎。

7. 安全合理用药，警惕药物引发急性胰腺炎。

六、急性胃肠炎

(一) 疾病概述

急性胃肠炎是由于进食含有病原菌及其毒素的食物，或饮食不当，如过量有刺激性的不易消化的食物而引起的胃肠道黏膜的急性炎症性改变。急性胃肠炎多由于细菌及病毒等感染所致，沙门氏菌属是引起急性胃肠炎的主要病原菌，其中以鼠伤寒沙门氏菌、肠炎沙门氏菌、猪霍乱沙门氏菌、鸡沙门氏菌、鸭沙门氏菌较为常见。一般潜伏期为12～36小时。主要表现为上消化道病状及程度不等的腹泻和腹部不适，恶心、呕吐、腹痛、腹泻、发热等，严重者可致脱水、电解质紊乱、休克等。病人多表现为恶心、呕吐在先，继以腹泻，每日3～5次甚至数十次，大便多呈水样、深黄色或带绿色、恶臭，可伴有腹部绞痛、发热、全身酸痛等症状。

(二)治疗原则

卧床休息，口服葡萄糖-电解质液以补充体液的丢失。如果持续呕吐或明显脱水，则需静脉补充5%～10%葡萄糖盐水及其他相关电解质。鼓励摄人清淡流质或半流质食品，以防止脱水或治疗轻微的脱水。必要时可注射止吐药、解痉药、止泻药。对于感染性腹泻，可适当选用有针对性的抗菌素，但应防止滥用抗菌素。

(三)预防保健

1. 注意饮食卫生。

2. 按手卫生要求勤洗手。

3. 消毒家庭用品，如餐具、毛巾、衣物、马桶、厕所、水龙头等。

4. 生活规律，吃饭规律，避免饥一顿、饱一顿，冷一顿、热一顿的现象。

七、风湿性关节炎

(一) 疾病概述

风湿性关节炎是一种急性或慢性结缔组织炎症。其典型表现是轻度或中度发热，游走性多关节炎，受累关节多为膝、髋、踝、肩、肘、腕等大关节，手足的小关节少见。病变关节红、肿、热、痛明显，不能活动，疼痛游走不定，常由一个关节转移至另一个关节，部分病人也有几个关节同时发病。不典型的病人仅有关节疼痛而无其他炎症表现。急性炎症一般于2～4周消退，不留后遗症，关节不留畸形，但常反复发作。该病是风湿热的主要表现之一。风湿热是由A组乙型溶血性链球菌感染所致的全身变态反应性疾病，病初起时常有丹毒等感染病史。风湿热起病急，且多见于青少年，除有游走性多关节炎，并有发热、皮下结节和皮疹等表现，若风湿活动影响心脏则可发生心肌炎甚至遗留心脏瓣膜病变。血化验血沉加快，抗“O”滴度升高，类风湿因子阴性。

(二)治疗原则

风湿病病因多样、病理复杂，用单一的治疗方法难以取得满意的效果，应综合治疗。药物治疗的原则是早期诊断和尽早合理、联合用抗风湿病药物和其他药物(如细胞毒药物、肾上腺皮质激素等)。外科治疗包括不同的矫形手术、人工关节的置换、滑膜切除、骨髓移植术等。其他治疗包括物理、康复、职业训练、心理等。代替疗法即利用纯天然锯峰齿鲛(大青鲨)软骨粉治疗关节炎。

(三)预防保健

1. 加强锻炼,增强身体素质。

2. 要防止受寒、淋雨和受潮,关节处要注意保暖,不穿湿衣、湿鞋、湿袜等。

3. 注意劳逸结合,饮食有节,起居有常。

4. 保持正常的心理状态。

5. 预防和控制感染。

6. 研究发现,红肉吃多易患风湿性关节炎,故应避免大量吃红肉。

八. 急性肾小球肾炎

(一)疾病概述

急性肾小球肾炎简称急性肾炎,是一组病因及发病机理不一,但临床上表现为急性起病,以血尿、蛋白尿、水肿、高血压和肾小球滤过率下降为特点的肾小球疾病,故也常称为急性肾炎综合征,绝大多数属急性链球菌感染后肾小球肾炎。发病前1~4周多有上呼吸道感染、扁桃体炎、猩红热或皮肤化脓等链球菌感染史。经1~3周无症状间歇期,出现水肿、高血压、血尿、可伴不同程度蛋白尿或颗粒管型尿;血尿素氮在少尿期可暂时升高;血沉在急性期增快,抗"O"效价增高;血清补体C3测定在发病大于2周明显下降,1~2月恢复正常。本症在临床上表现轻重悬殊,轻者可为"亚临床型"即除实验室检查异常外,并无具体临床表现;重者并发高血压脑病、严重循环充血和急性肾功能衰竭。

(二)治疗原则

急性期应卧床休息,待肉眼血尿消失、血压恢复、水肿减退即可逐步增加室内活动量。急性期应限制盐、水、蛋白质摄入。对有咽部、皮肤感染灶者应给予抗菌药物治疗。根据病情应用利尿剂和降压药。一般不用肾上腺皮质激素。对内科治疗无效的严重少尿或无尿、高度循环充血状态及不能控制的高血压可用透析治疗。

(三)预防保健

1. 加强身体锻炼,注意皮肤清洁卫生,以减少呼吸道及皮肤感染。

2. 一旦感染应及时彻底治疗,感染后2~3周时应检查尿常规,及时发现异常。

3. 冬天做好保暖,因低温血管收缩,血压窜升,小便量减少,血黏度增高,容易伤肾。

4. 许多止痛药、感冒药和中草药都有肾毒性,不要乱吃。

5. 不暴饮暴食,太多蛋白质和盐分,会加重肾脏负担。

6. 如感冒后,出现高血压、水肿、解小便有泡泡,应及时找肾脏科医生做筛检。

7. 适量饮水不憋尿。

8. 不喝成分不明的井水和河水,以免铅、镉、铬等重金属损害肾脏。

9. 泌尿系结石要积极治疗。

九、贫血

(一)疾病概述

贫血是指外周血中单位容积内红细胞计数(RBC)、血红蛋白(Hb)含量及/或红细胞压积(HCT)低于患者同年龄、同性别和同地区的正常标准。沿海和平原地区,如果成年男子 Hb<120g/L,RBC<4.5×10^{12}/L 及/或 HCT<42%;成年女子 Hb<110g/L,RBC<4.0×10^{12}/L 及/或 HCT<37%;可以认为有贫血。其中血红蛋白含量最重要。12 岁以下儿童比成年男子的血红蛋白正常值约低 15%左右,男孩和女孩无明显差别。海拔高的地区一般要高些。

贫血分类有:缺铁性贫血,缺铁而影响血红蛋白合成所引起的贫血,见于营养不良、慢性腹泻及肠道功能紊乱、长期小量出血和钩虫病;出血性贫血,急性大量出血所引起的;溶血性贫血,红细胞过度破坏所引起的贫血;遗传性溶血性贫血,是由于血液中红细胞膜发生了异常的改变,或是血红蛋白的合成发生了障碍或是红细胞中酶的缺乏所引起的;巨幼红细胞性贫血,缺乏红细胞成熟因素而引起的贫血,缺乏叶酸或维生素 B_{12}引起的巨幼红细胞性贫血,多见于婴儿和孕妇长期营养不良;恶性贫血,缺乏内因子的巨幼红细胞性贫血。再生障碍性贫血,是由多种原因引起的骨髓干细胞、造血微环境损伤以及免疫机制改变,导致骨髓造血功能衰竭,出现以全血细胞(红细胞、粒细胞、血小板)减少为主要表现的疾病。一般贫血症状为面色苍白或萎黄、容易疲劳、全身无力、嗜睡、心慌、低热、头痛、月经失调等,重症患者除以上症状外,还会有心衰、口腔炎、舌炎、口角炎、肝脾肿大、神志模糊及吞咽困难等。

(二)治疗原则

治疗贫血的关键是去除病因,首要的是病因治疗。治疗贫血药物种类很多,要严格掌握适应症;严重贫血,血红蛋白低于 70g/L 者,可多次少量输注浓缩红细胞,以尽快纠正贫血症状;脾切除;骨髓移植。

(三)预防保健

1.注意营养,膳食要平衡、合理,蛋白质含量要丰富,多吃含铁较多的食物。

2. 食物必须多样化,食谱要广,不偏食,不挑食,少吃烘烤食物。

3.提倡和推广生产各种强化铁的食品,供青少年食用。

4.忌食辛辣、生冷不易消化的食物。

5.要做好钩虫、蛔虫的检查及驱虫工作。

6.劳逸结合,进行适当的体育活动。

7.贫血者最好不要喝茶,茶中含有鞣酸,饮茶后易形成不溶性鞣酸铁,从而阻碍了铁的吸收。牛奶及一些中和胃酸的药物会阻碍铁质的吸收,所以尽量不要和含铁的食物一起食用。

十、泌尿系统感染

(一) 疾病概述

泌尿系统感染多指肾盂肾炎、膀胱炎和尿道炎。尿液从膀胱通到体外去的通道叫做尿道,尿道、膀胱和肾脏三者紧密相连,尿道感染常会上行引发膀胱炎。女性泌尿系统感染来源于大肠杆菌,它们盘踞阴道,并进占尿道。这些细菌见于所有女性身上。男性也会得此病,但较为罕见,男性泌尿系统感染通常是由性病所引起的。非特异性尿道炎及淋病两种性病最常引起尿道和膀胱炎症。泌尿系统感染多与卫生不良有关,大约 50%的女性至少患过一次泌尿系统感染，20%的女性有多次感染，许多女性一年患1～2次，是很常见的事。临床症状有寒战、发热，单侧或双侧腰痛或叩击痛，尿频、尿痛、尿急、血尿、排尿困难等。久病者可有肾功能不全表现。检验血、尿常规，尿细菌镜检，清洁中段尿细菌培养，尿浓缩功能试验均有阳性发现。必要时进行有关的肾功能检查。肾超声波检查，还可行肾图、CT或磁共振、肾扫描、静脉肾盂造影及膀胱尿道造影等检查。

（二）治疗原则

应根据细菌药物敏感试验，选用有效抗生素，早期用药，彻底治疗。痊愈后定期随访一年以上。为防耐药菌株的产生，可采用联合用药或交替用药，即每种药物用2～3周后轮换应用，以提高疗效。慢性感染伴有严重膀胱输尿管反流，出现明显瘢痕等解剖异常者应予手术矫正。单侧肾盂肾炎伴肾萎缩、高血压、肾功能极差而对侧肾功能良好者，可手术切除病肾，双侧肾病者可考虑肾移植。

（三）预防保健

1. 注意个人卫生，防止细菌侵入和病菌感染。穿棉质内衣裤，保持干爽，避免紧身不透气的裤子，勤换内裤。

2. 不要在公共浴池洗浴，不要坐在未经消毒的马桶上，不要与他人共用一条毛巾。

3. 多喝水。尿液滞留膀胱愈久，细菌的数量愈多，大肠杆菌的菌数每20分钟增加一倍，多喝水有利于冲走细菌。

4. 女性排大便后，擦拭方式错误是最常见的感染原因之一，同时也易引起复发。应由前向后擦拭而非向前擦到阴道及尿道口。

第二节 外科常见病

一、体表感染与包块

（一）疾病概述

1. 局部出现红、肿、热、痛和功能障碍是所有体表皮肤、软组织感染的共同症状，如疖、蜂窝组织炎、丹毒、急性淋巴炎等。疖是指一个毛囊及其所属的皮脂腺的急性化脓性感染，常见于头面部、颈部、腋下、腹股沟区等处；痈是多个相邻毛囊及其所属皮脂腺或汗腺的急性感染，也可以由多个疖融合而成，常见于颈、肩、背部等。发生在唇部的痈有引起颅内感染的可能。蜂窝组织炎是皮下、筋膜下、肌间隙或深部蜂窝组织的一种急性弥漫性化脓性感染。病变不易局限，扩散迅速，与正常组织无明显界限。炎症可由皮肤或软组织损伤后感染引起，亦可由局部化脓性感染灶直接扩散经淋巴、血流传播而发生。局部灼热感、压痛、水肿、红斑等，同时发烧、畏寒、全身倦怠、头痛或关节痛等，严重时，甚至会引发败血症而死亡。当细菌造成严重的发炎时可能已找不到伤口，或是细菌转移至其他部位而不在原来的伤口处发炎。丹毒是皮肤及其网状淋巴管的急性炎症，多见于面部或下肢，蔓延很快，但很少出现化脓或坏死。表现为片状红疹、鲜亮、界限清楚，皮肤烧灼痛，附近淋巴结肿大、疼痛。急性淋巴管炎是皮肤的管状淋巴管的急性炎症，病菌自皮肤黏膜的破损或疖、痈、足癣等处侵入，继而扩散到局部淋巴结或区域淋巴结，也就是常见的自创口出现一条或多条“红线”，如果合并淋巴结炎或扩散可形成团块的脓肿。急性淋巴结炎多数继发于其他化脓性感染病源，由于化脓菌侵入淋巴管侵犯淋巴结所引起的局部淋巴结肿大，疼痛和压痛，初期尚可推动，到后期往往多个淋巴结粘连成硬块而不易推动，使表面皮肤红肿，压痛明显，严重时常有畏寒、发热、头痛等全身症状。如处理不及时可形成脓肿。

2.体表包块是指来源于皮肤及其附属组织等浅表组织的肿物。这些肿物多数是良性，部分潜在恶性，少数是恶性。如皮脂腺囊肿（俗称“粉瘤”）是皮脂腺排泄受阻而形成的潴留性囊肿，多见于头面部、背部等，囊内聚集着皮脂和角化物质如豆渣样，呈油质性，容易继发感染的脓肿，破溃后有奇臭脓汁，极易复发。腱鞘囊肿是由肌腱浅表滑囊经慢性劳损诱发所致，常见于手腕、足背或关节附近的肌腱。特点是单个、无痛，坚硬而生长缓慢，不影响功能，极少伴发感染。脂肪瘤是由正常脂肪细胞集聚而成的瘤状物，是典型的常见良性肿瘤。全身到处可见，大小不一，境界清楚，生长缓慢多无症状。痣是由皮肤色素障碍，代谢出现紊乱所致，可分布于全身各处，以头面部、颈部为多，有良、恶性之分。色素痣有许多种类型，如雀斑、色素斑、皮内痣，均无恶变倾向，属良性痣；而交界痣、混合痣、蓝痣、幼年型黑痣等有恶变倾向。黑色素瘤为高度恶性肿瘤，发展迅速，若受到外伤，包括剃须、梳头、妊娠、感染、接受放射线治疗时发展更快，可迅速出现卫星结节及转移。

（二）治疗原则

1.体表皮肤、软组织感染要卧床休息，加强营养，止痛镇静；应用抗生素抗感染治疗；早期可热敷、理疗；应抬高患肢；外用药膏；当脓肿形成及早切开引流。

2.体表发现有“包块”，最积极、有效的治疗是手术切除；切除物必须做病理检查；一些小的痣、疣、瘢痕等还可选用激光、冷冻、电灼、强腐蚀性化学药物局部烧灼等理化方法治疗。

（三）预防保健

1.锻炼身体，合理膳食，保证休息、生活规律。

2.养成良好的个人卫生习惯，多喝水，勤洗、换内衣，勤剪指/趾甲。

3.不能随意挤、掐小疖肿、包块，以免出血，感染或扩散，甚至癌变，尤其是面部危险三角区。

4.正确处理皮肤软组织外伤，积极有效地正确治疗甲癣、脚气病及糖尿病等慢性疾病，防止和减少感染。

5.要警惕面部的色素斑痣、一些长期不愈的溃疡、肉芽肿、瘤样增生等，慢性刺激如吸烟、剃须、摩擦、放射线照射和不当治疗等均可导致恶变，要及时就医并在医生指导下处置。

6.正确使用化妆品，特别是含砷的化合物，避免过度增白、防晒、染色等。

二、急性阑尾炎

（一）疾病概述

急性阑尾炎是外科常见病，居各种急腹症的首位。转移性右下腹痛及右下腹压痛、反跳痛为其常见临床表现，但是急性阑尾炎的病情症状体征变化多端。单纯性阑尾炎的胃肠道症状并不突出，在早期可能由于反射性胃痉挛而有恶心、呕吐，盆腔位阑尾炎或阑尾坏疽穿孔可因直肠周围炎而排便次数增多，并发腹膜炎、肠麻痹则出现腹胀和持续性呕吐。一般只有低热，无寒战，化脓性阑尾炎一般亦不超过 38℃。高热多见于阑尾坏疽、穿孔或已并发腹膜炎。伴有寒战、高热和黄疸，则提示可能并发脓毒血症经阑尾静脉侵入门静脉而成化脓性门静脉炎或多发性肝脓肿。急性阑尾炎一般分四种类型：急性单纯性阑尾炎，急性化脓性阑尾炎，坏疽及穿孔性阑尾炎和阑尾周围脓肿。该病早期诊治多可顺利恢复，但少数仍然造成严重的并发症和后遗症，甚至死亡。90%的急性阑尾炎病人白细胞计数增多，同时，中性多形核细胞数也增高。为排除类似急性阑尾炎症状的其他疾病，常规检查尿液仍属必要。

急性阑尾炎的发病因素可能是：阑尾为一细长的管道，仅一端与盲肠相通，一旦梗阻，可使管腔内分泌物积存，内压增高，阻碍阑尾壁血运，管腔内细菌侵入受损黏膜致感染；少数病人发生于上呼吸道感染后，感染可经血运传至阑尾。一部分感染起于邻近器官的化脓性感染侵入阑尾；因胃肠道功能障碍（腹泻、便秘等）引起内脏神经反射，导致阑尾肌肉和血管痉挛，可产生阑尾管腔狭窄、血供障碍、黏膜受损，细菌入侵而致急性炎症。急性阑尾炎发病与饮食习惯和遗传有关，多纤维素饮食的地区发病率低，可能与结肠排空加快、便秘减少有关。阑尾先天性畸形，过度扭曲、管腔细小、长度过长、血运不佳等都是易发生急性炎症的条件。

（二）治疗原则

急性阑尾炎的治疗方法主要分为手术治疗和非手术治疗两种。非手术治疗包括：卧床休息、禁食，给予水、电解质和热量的静脉输入；应用抗生素；对症处理等，但要严密观察，症状加重有手术指征时应及时手术治疗。手术治疗：原则上急性阑尾炎，除黏膜水肿型可以保守后痊愈外，都应采用阑尾切除手术治疗，去除病灶以达到迅速恢复，防止并发症的发生。对已出现并发症的阑尾炎也可以得到良好治疗效果，对无并发症的阑尾炎切除以后有可能反复发作的病灶，同样达到良好的病理治愈结果。

（三）预防保健

1. 饭后切忌急骤奔走。

2. 饮食切忌贪凉过度，不宜过量饮用冷饮，避免过食刺激性食物。

3. 积极参加体育锻炼，增强体质，提高免疫能力。

4. 如果有慢性阑尾炎病史，应注意避免复发。

5. 保持大便通畅，减少诱发因素。

6. 及时正确地治疗全身性感染、消化道疾病等，防止并发阑尾炎症。

三、结石性胆囊炎

（一）疾病概述

结石性胆囊炎系指胆囊内发生结石和炎症的疾病。其临床表现取决于结石的部位、大小、是否引起急性感染、梗阻以及梗阻的部位和程度。胆囊结石一般可有右上腹隐痛、反酸、嗳气、腹胀等消化不良的症状，在油腻饮食后明显，少数结石过大时可触及胆囊，如伴有感染时可有急性胆囊炎的症状。胆绞痛表现为，突发性右上腹持续性疼痛、阵发性加重、向肩背部放散，伴恶心、呕吐等。急性发作时除上述症状，还有右上腹压痛，Murphy 征阳性，可触及肿大的胆囊，如出现胆囊穿孔可有全腹压痛、反跳痛、肌紧张等急性腹膜炎的体征，腹部平片可见膈下游离气体。若同时出现寒战、高热、黄疸，应考虑急性梗阻性化脓性胆管炎，它可引起中毒性休克。总胆管完全梗阻时，大便可呈白陶土色。血常规白细胞明显升高，胆囊 B 超检查见胆囊增大，壁增厚，胆囊内结石。

胆道系统主要行使运送、储存、浓缩以及排泄胆汁的作用，倘若胆道系统本身解剖生理构造或者胆汁成分有所变异，则会在胆道系统任何部位形成固体结晶的胆结石，甚至造成胆道阻塞，更进一步刺激胆道系统衍生癌症病变。胆囊结石是一种常见病，尤其是在 20～25 岁年龄段发病率高，胆囊结石的形成与不良的习惯关系密切，常见的原因有：喜静少动、身体肥胖、饮食过量、不吃早餐等，多孕多产的妇女更容易患胆结石。胆囊结石还与肝功能及胆汁的新陈代谢有关，由于肝机能异常亦会使胆汁成分改变，慢性肝炎（尤其肝硬化）患者，易患胆囊结石。胆囊结石是胆囊癌发病诱因，胆囊长期受慢性炎症和胆结石内胆酸、胆碱的刺激，容易使胆囊黏膜发生癌变。

（二）治疗原则

低脂饮食或禁食，纠正水电解质和酸碱平衡失调；抗感染；解痉止痛；利胆；病情危重者可酌情应用激素。手术治疗的指征有，药物治疗无效、症状加重者；有寒战、高热、白细胞 $20\times10^9/L$ 以上，胆囊肿大，明显压痛者；胆囊坏疽穿孔或有腹膜炎者；体质差，症状重，可能发生穿孔者。手术方法有腹腔镜胆囊切除术、开腹胆囊切除术、胆囊造瘘术等。

（三）预防保健

1. 维持正常体重。
2. 保持运动的习惯。
3. 注意饮食安全卫生，定时定量，禁止暴饮暴食。
4. 避免长时间以坐姿从事工作。
5. 避免过于疲劳。
6. 不可穿着束紧胸腹的紧身衣物。
7. 若有便秘症状，应积极治疗。

四、痔

（一）疾病概述

痔是指直肠末端黏膜下和肛管及肛缘皮下的静脉丛淤血曲张，扩大形成柔软的血管瘤样病变。过去有所谓“十男九痔，十女十痔”，目前多数学者认为痔是“血管性肛管垫”，是正常解剖的一部分，普遍存在于所有年龄、男女性及各种族，不能认为是一种病，只有合并出血、脱垂、疼痛等症状时，才能称为病。据痔的部位而分为外痔、内痔、混合痔等。发作时有便血、痔块脱垂、疼痛、脱肛、瘙痒和坠胀等症状。痔的病因目前有下列几种学说：肛垫下移学说，肛管血管垫是位于肛管和直肠的一种组织垫，简称“肛垫”，是出生后就存在的解剖现象。当肛垫松弛、肥大、出血或脱垂时，即产生痔的症状；静脉曲张学说，从解剖上看，门静脉系统及其分支直肠静脉都无静脉瓣，血液易于淤积而使静脉扩张，加之直肠上、下静脉丛壁薄、位浅、抵抗力低，末端直肠黏膜下组织又松弛，都有利于静脉扩张，若加上各种静脉回流受阻的因素，如经常便秘、妊娠、前列腺肥大及盆腔内巨大肿瘤等，都可使直肠静脉回流发生障碍而扩张纡曲成痔。肛腺及肛周感染也可引起静脉周围炎，静脉失去弹性而扩张成痔；遗传、地理及食物因素，痔患者常有家族史，可能与食物、排便习惯及环境有关，如高纤维食物饮食，痔的发病率低。

（二）治疗原则

目前，对痔的治疗多主张无症状不须治疗，只须注意饮食，保持大便通畅，保持会阴部清洁，预防并发症的发生。只有并发出血、脱垂、血栓形成及嵌顿等才需要治疗。痔的治疗方法很多，由于非手术疗法对大部分痔有较好的效果，因此，近年来国内外已较少采用手术疗法。痔很少直接致死亡，但若治疗不当，产生严重的并发症，亦可致命，因此，对痔的治疗要慎重。当保守疗法失败或三、四期内痔周围支持的结缔组织被广泛破坏时才考虑手术。

(三)预防保健

1. 每天定时排便,不强忍排便意识,不过度用力排便。

2. 经常清洗肛门,保持干燥。

3. 适当的运动可以减小静脉压,消除便秘,增强肌肉的力量。提肛运动是最简便也是最有效的方法:全身放松,臀部及大腿用力加紧,配合吸气,将肛门向上收提,稍闭一下气,然后呼气,全身放松。

4. 不久坐,不久站。

5. 便后温水坐浴 30 分钟,清洁并促进血液循环。

6. 饮食以清淡为主,避免辛辣刺激性食物,不酗酒,多吃蔬菜水果。

7. 工作和生活中都要劳逸结合。

五、腹外疝

(一)疾病概述

人体内的任何组织或脏器离开了正常的、固有的部位,通过人体正常的或不正常的薄弱、缺损部位或孔隙,进入另一部位,即称之为疝。疝常发生在腹部,称腹部疝;腹部疝又可分为腹外疝和腹内疝,腹外疝有脐疝、腹股沟直/斜疝、切口疝、手术复发疝、白线疝、股疝等。腹外疝是最为常见的外科疾病,而腹内疝仅在某些特殊情况下才发生,并不常见。腹外疝多是由慢性咳嗽、喷嚏、腹部肥胖、用力排便、妊娠、小儿过度啼哭、老年腹壁退行性变、经常呕吐、便秘、脱肛、尿道狭窄、包茎、膀胱结石、腹部手术、外伤等引起的。临床表现,站立时突出,仰卧后消失,按压即可回入腹腔。但嵌顿疝、绞窄疝则有疼痛感且很难推回腹腔。疝可出现下腹部坠胀、腹胀气、腹痛、便秘、营养吸收功能差、易疲劳和体质下降等症状。可因疝的挤压而影响睾丸的正常发育,易导致性功能障碍。还由于疝囊内的肠管或网膜易受到挤压或碰撞引起炎性肿胀,致使疝回纳困难,导致疝嵌顿,出现肠梗阻、肠坏死等危险情况,因此应及早接受治疗。

(二)治疗原则

药物疗法:能缓解疝导致的腹胀、腹痛、便秘等症状,但无法控制疝囊脱出;疝带疗法:能阻止疝的凸出和发展、缓解腹胀、腹痛、便秘等症状;手术疗法:有疝修补术、疝补片修补术、疝腹腔镜修补术等。

(三)预防保健

1. 积极治疗和控制如泌尿生殖系统、呼吸系统、消化系统能引起腹腔内压力增高的疾病。

2. 小的腹白线疝多无大碍,如无症状,不必治疗。但应注意,腹白线上的小肿块并非都是疝。

3. 避免长久站立、行走或从事过重体力劳动。

六、附睾炎

(一)疾病概述

附睾炎是青壮年的常见疾病,当身体抵抗力低下时,大肠杆菌、葡萄球菌、链球菌等致病菌便会乘机经输精管逆行侵入附睾引发。本病多继发后尿道炎、前列腺炎、精囊炎。传统的男内裤将阴茎和阴囊包裹在一起,导致阴茎和阴囊长期在高温潮湿的环境中,成为病菌和其他微生物滋生的温床,易引发前列腺炎而导致附睾炎。急性附睾炎也有可能是受外力挤压导致,包皮过长、长期不清洗、性生活过于频繁，不洁性行为，手淫也可能导致此病。急性附睾炎症状为突然高热，白细胞升高，患侧阴囊胀痛，沉坠感，下腹部及腹股沟部有牵扯痛，站立或行走时加剧。患侧附睾肿大，有明显压痛。炎症范围较大时，附睾和睾丸均有肿胀，称为附睾睾丸炎。患侧的精索增粗，亦有压痛。慢性附睾炎较多见，部分病人因急性期未能彻底治愈而转为慢性，但多数病人并无明确的急性期，炎症多继发于慢性前列腺炎或损伤。患侧阴囊隐痛，胀坠感，疼痛常牵扯到下腹部及同侧腹股沟，可合并有继发性的鞘膜积液。附睾常有不同程度的增大变硬。有轻度压痛，同侧输精管可增粗。

（二）治疗原则

急性期应卧床休息，应用阴囊托可减轻症状，自制较大的带棉花垫的阴囊托使用起来会更舒适。疼痛重者可用止痛药，热水坐浴、局部热疗可缓解症状，并可促进炎症消退。但过早使用热疗可加重疼痛并有促进感染扩散的危险，所以早期宜用冰袋局部冷敷。性生活和体力劳动可加重感染，故应避免。抗生素选择应按细菌培养及药物敏感试验来决定。应重视前列腺炎的综合治疗。如局部疼痛剧烈，反复发作，影响生活和工作，可考虑做附睾切除。

（三）预防保健

1. 注意生活规律化，劳逸结合。
2. 忌烟酒及辛辣刺激饮食。
3. 保持大便通畅。
4. 避免长时间久坐。
5. 性生活不宜过频。
6. 精神调理，保持心情舒畅。
7. 温水坐浴 2 次/日，水温控制在 42～50℃，每次 20～30 分钟。
8. 保持肛门外阴部干爽、卫生。选择通风透气性好的全棉内裤。

七、精索静脉曲张

（一）疾病概述

精索静脉曲张是指精索里的静脉因回流受阻，血流淤积而造成精索蔓状丛（静脉血管丛）血管扩张，迂曲和变长，是青壮年常见的疾病。此症多发生于左侧，但双侧发病者并不少见。原发性精索静脉曲张多发生于 15～30 岁，该时期阴囊及其内容物血液供应丰富，性欲旺盛，过度地性刺激可反射性地引起盆腔及精索内静脉充血，从而导致精索静脉曲张的发生，部分病人结婚后精索静脉曲张可消失或减轻；继发性精索静脉曲张是由精索静脉在回流途中受压所引起，多发于 35 岁以上，常见的压迫病变有：肾肿瘤，输尿管肿瘤，腹膜后肿瘤，肾积水，肾周积脓，迷走血管、髂静脉梗阻等。病人站立时可见患侧阴囊明显下垂，皮肤表面有时有弯曲的静脉，阴囊内静脉盘曲成团状，检查可发现精索静脉迂曲扩张如蚯蚓状。扪诊时在睾丸以上精索内触及曲张又能压缩的软包块。在病人平卧后，包块很快消失。若平卧后不能消失，多为继发性。精索静脉曲张，可伴有睾丸萎缩和精子生成障碍，造成男性不育。有些精索静脉曲张病人会有阴囊睾丸的坠胀感、阴囊湿冷、胀痛、隐痛，向同侧的会阴、腹股沟和腰部放射，在劳累、长时间的行走、剧烈运动和性生活活动后症状会加重，而在平卧、休息后可以缓解。还有情绪不稳定、失眠多梦、精神萎靡、乏力等神经衰弱的表现。一些人甚至会出现性欲降低、性快感下降、性交痛、勃起功能障碍、早泄等性功能障碍。

（二）治疗原则

无症状或症状轻者，可仅使用阴囊托带或穿紧身内裤，症状可缓解或消失。结婚后症状亦随之消失。症状较重者可行精索内静脉高位结扎术，腹腔镜精索静脉曲张的高位静脉结扎术，显微外科精索静脉曲张切除术，或通过导管选择性或超选择性向精索内静脉注入栓塞药物或硬化剂等以达到闭塞曲张静脉的目的。

（三）预防保健

1. 注意休息，生活要有规律，保持心情舒畅，避免疲劳。

2. 控制性冲动，避免过于频繁的性活动。

3. 及时治疗泌尿生殖系统感染，如前列腺炎、尿道炎等。

4. 禁烟忌酒，忌刺激性食物。

5. 多饮水，多吃新鲜蔬菜、水果。

6. 注意会阴部清洁卫生，防止逆行感染。

八、尿石症

（一）疾病概述

泌尿系结石可见于肾、膀胱、输尿管和尿道的任何部位，但以肾与输尿管结石为常见。尿石的生成和环境因素、遗传因素、饮食结构、尿路梗阻及尿道狭窄等引起尿液蓄积、沉积变成非晶体的微结石以及泌尿系感染等有一定的关系；某些疾病，如甲状旁腺功能亢进会引起体内钙磷代谢紊乱而诱发磷酸钙结石，一些药物也可诱发尿石。临床表现因结石所在部位不同而有异。肾与输尿管结石的典型表现为肾绞痛与血尿，在结石引起绞痛发作以前，病人没有任何感觉，由于某种诱因，如剧烈运动、劳动、长途乘车等，突然出现一侧腰部剧烈的绞痛，疼痛多呈持续性或间歇性，并沿输尿管向下腹、髂窝、会阴及阴囊等处放射，伴有腹胀、恶心、呕吐、程度不同的血尿；膀胱结石主要表现是排尿困难或尿流中断、排尿疼痛等。

（二）治疗原则

非手术疗法主要包括去除结石诱因，饮食疗法，大量饮水，中草药治疗，针刺方法，药物排石，腔镜取石，体外震波碎石，经皮液电碎石，气压弹道碎石等，其中体外震波碎石正逐渐成为最主要的治疗方法。经常作跑、跳、翻腾及球类运动或对肾下盏内结石行倒立体位及拍击活动，也有利于结石的排出。非手术疗法一般适合于结石直径小于1cm、周边光滑、无明显尿流梗阻及感染者，对某些临床上不引起症状的肾内较大鹿角形结石，亦可暂行非手术处理。对尿培养有细菌感染者，选用对致病菌敏感药物积极抗感染，对体内存在代谢紊乱者，应积极治疗原发疾病以及调理尿的酸碱度等。结石引起尿流梗阻已影响肾功能或经非手术疗法无效，无体外冲击波碎石条件者，应考虑手术治疗。手术有肾切开取石术，肾部分切除术，肾切除术和套石术等，还有输尿管、膀胱、尿道切开取石术。

（三）预防保健

1. 注意膳食结构调整。

2. 及时积极治疗可引起泌尿系结石的某些原发病。

3. 预防和治疗泌尿系感染。

4. 用中药金钱草和海金沙泡水服，有利于排出体内细小的结石。

5. 多喝水以增加尿量，有利于体内多种盐类、矿物质的排除。

6. 多活动，如散步、慢跑等，还可以原地跳跃。

九、包皮过长与包茎

（一）疾病概述

正常男性在青春期发育后，龟头全部或大部分露出，如果不能露出龟头，包皮仍然包裹住全部或大部分龟头，但用手能上翻包皮或勃起后包皮上翻能露出龟头，称之为包皮过长。包茎是指包皮口过小，使包皮不能上翻显露出阴茎头。婴幼儿包皮过长往往是生理性的，到了青春期后阴茎头仍迟迟不能显露才能称为包茎或包皮过长。包茎、包皮过长易使包皮垢在皮下堆积，易致细菌感染，引起阴茎头包皮炎。炎症性粘连可影响包皮松动，形成继发性包茎，导致尿道外口狭窄。长期的阴茎包皮内的细菌、病毒、脱落的上皮细胞等污垢的刺激，会使阴茎癌的发病机会增加；限制阴茎生长，造成阴茎发育不全或阴茎短小，影响性功能和性生活，易造成男性不育；易引发尿路感染，细菌沿着尿路“入侵”到输尿管、输精管等，爆发整个生殖系统的上行感染；阻碍尿液代谢，诱发肾功能疾病及其他并发症；危害性伴侣健康。

（二）治疗原则

包皮过长、包茎影响人类健康，必须引起高度重视。根治的唯一方法是包皮环切术。

（三）预防保健

1. 注意阴茎局部卫生，经常清洗。

2. 青少年时期的包皮过长，可通过手法自我矫治。其方法是：每天在排尿时，用手轻柔而慢慢地将包皮向上翻动二三次，龟头暴露后持续一会儿，然后松开手。如此坚持数月，龟头因得到充分暴露而发育较快，随着身体发育生长，边缘突起，包皮就不会复原了。通常即使到了成年阶段，由于包皮具有扩张性，此时仍可用手法来纠正包皮过长的缺陷。真正需要手术治疗的只占包茎的少数人。如果矫治无效，仍应及时手术，包茎严重者则不适宜用此自我矫治法，否则会发生嵌顿，导致龟头水肿，发生意外。

十、乳腺纤维腺瘤

（一）疾病概述

乳腺纤维腺瘤是发生于乳腺小叶内纤维组织和腺上皮的混合性瘤，是乳房良性肿瘤中最常见的一种。乳腺纤维腺瘤可发生于青春期后的任何年龄的女性，但以18～25岁的青年女性多见。本病的发生与先天性因素有关，即乳腺小叶内纤维细胞对雌激素敏感性异常增高，是这些纤维细胞所含的雌激素受体的数量较多导致；另一点是雌激素的过度刺激所致，乳腺纤维瘤的形成与卵巢功能旺盛、机体和乳房局部组织对雌激素过度刺激的敏感性有关。临床上以无痛性乳房肿块为主要症状，很少伴有乳房疼痛及乳头溢液者。乳腺肿块多为患者无意间发现，一般不伴有疼痛感，亦不随月经周期而发生变化。少部分病例乳腺纤维腺瘤与乳腺增生病共同存在，此时则可有经前乳房胀痛。腺瘤常为单发，亦有多发者。腺瘤呈圆形或卵圆形，直径以1～3cm者较为多见，偶可见巨大者，表面光滑，质地坚韧，边界清楚，与皮肤和周围组织无粘连，活动度大，触之有滑动感，无触痛，其大小性状一般不随月经周期而变化。肿块通常生长缓慢，可以数年无变化，但在妊娠哺乳期可迅速增大，个别的可于此时发生肉瘤变。乳腺纤维腺瘤有发生恶变可能，有少数病例可发生纤维成分的肉瘤变。

（二）治疗原则

乳房纤维腺瘤虽属良性，但有恶变可能，故一旦发现，应予手术切除。切下的肿块必须常规地进行病理检查，排除恶性病变的可能。手术可以将腺瘤切除而使之治愈，但部分病例可于原手术部位复发或在乳房其他部位再生新的腺瘤。

（三）预防保健

1. 保持心情舒畅。
2. 适时定期到医院普外科（乳腺外科）进行乳房检查。
3. 饮食宜清淡，多食绿色蔬菜和水果，忌辛燥刺激。
4. 不要喝咖啡，戒除烟酒嗜好。
5. 多吃粗粮、杂粮，少吃精米、精面。
6. 常吃富有营养的干果种籽类食物。
7. 保持大便通畅。

第三节 骨科常见病

一、颈椎病

（一）疾病概述

颈椎病又称颈椎综合征，是颈椎骨关节炎、增生性颈椎炎、颈神经根综合征、颈椎间盘脱出症的总称，是一种以退行性病理改变为基础的疾患。主要由于颈椎长期劳损、骨质增生，或椎间盘脱出、韧带增厚，致使颈椎脊髓、神经根或椎动脉受压，出现一系列功能障碍的临床综合征。表现为颈椎间盘退变本身及其继发性的一系列病理改变，如椎节失稳、松动；髓核突出或脱出；骨刺形成；韧带肥厚和继发的椎管狭窄等，刺激或压迫了邻近的神经根、脊髓、椎动脉及颈部交感神经等组织，并引起各种各样症状和体征的综合征。颈椎位于头部、胸部与上肢之间、又是脊柱椎骨中体积最小，但灵活性最大、活动频率最高、负重较大的节段，由于承受各种负荷、劳损，甚至外伤，所以极易发生退变。其主要病理改变是：早期为颈椎间盘变性，髓核的含水量减少和纤维环的纤维肿胀、变粗，继而发生玻璃样变性，甚至破裂。颈椎间盘变性后，耐压性能及耐牵拉性能减低。当受到头颅的重力和头胸间肌肉牵拉力的作用时，变性的椎间盘可以发生局限性或广泛性向四周隆突，使椎间盘间隙变窄、关节突重叠、错位，以及椎间孔的纵径变小。由于椎间盘的耐牵拉力变弱，当颈椎活动时，相邻椎骨之间的稳定性减小而出现椎骨间不稳，椎体间的活动度加大和使椎体有轻度滑脱，继而出现后方小关节、钩椎关节和椎板的骨质增生，黄韧带和项韧带变性，软骨化和骨化等改变。颈椎病的主要症状是头、颈、肩、背、手臂酸痛，颈脖子僵硬，活动受限。颈肩酸痛可放射至头枕部和上肢，有的伴有头晕、视物旋转，重者伴有恶心呕吐，卧床不起，少数可有眩晕，猝倒。有的一侧面部发热，有时出汗异常。肩背部沉重感，上肢无力，手指发麻，肢体皮肤感觉减退，手握物无力，有时不自觉的握物落地。另一些病人下肢无力，行走不稳，双脚麻木，行走时如踏棉花的感觉。当颈椎病累及交感神经时可出现头晕、头痛、视力模糊、双眼发胀、发干、双眼张不开、耳鸣、耳堵、平衡失调、心动过速、心慌，胸部紧束感，有的甚至出现胃肠胀气等症状。有少数人出现大、小便失控，性功能障碍，甚至四肢瘫痪。也有吞咽困难，发音困难等症状。久治不愈，会引起心理伤害，产生失眠、烦躁、发怒、焦虑、忧郁等症状。根据受损组织和结构的不同，颈椎病分为颈肌型、神经根型、椎动脉型、交感神经型、脊髓型及混合型。

（二）治疗原则

目前，对于颈椎病的治疗，多主张非手术治疗，只有少数病例需手术治疗。非手术疗法是中西医结合综合疗法，可根据不同情况选用其中一种或二至三种方法，同时施行。如手法按摩推拿疗法、自我运动治疗、颈椎牵引疗法、理疗、温热敷、代替疗法（利用纯天然锯峰齿鲛软骨粉恢复人体关节软骨再生）、药物治疗等。西药在本病的治疗中可起到辅助的对症治疗作用，可选用止痛剂、镇静剂、维生素 B_1、维生素 B_{12}，血管扩张剂及中草药等，对症状的缓解有一定的效果。中药对本病的治疗可起到对因治疗作用，但是口服中药，副作用也比较大，而外用中药敷剂如消痛贴，通过表皮渗透骨质，效果好而且没有副作用。手术治疗：如诊断明确，经非手术治疗无效或有脊髓压迫症者应进行手术。可行后路椎板切除减压术、前路椎间盘切除及椎体间植骨融合术等。

（三）预防保健

1. 避免高枕睡眠的不良习惯，高枕使头部前屈，增大下位颈椎的应力，有加速颈椎退变的可能；枕头中央应略凹进，高度适当，颈部应枕在枕头上，不能悬空，使头部保持略后仰。

2. 避免做颈部过伸过屈活动。

3. 长期固定一个姿势，容易造成颈部软组织劳损，渐发展为颈椎病。长期伏案工作者，应定时改变头部体位，按时做颈肩部肌肉的锻炼。

4. 在工作休息之余，做头及双上肢的前屈、后伸及旋转运动，既可缓解疲劳，又能使肌肉发达，韧度增强，从而有利于颈段脊柱的稳定性，增强颈肩顺应颈部突然变化的能力。

5. 不要躺着看书，也不要长时间将双手放在头上方。

6. 注意颈肩部保暖，避免头颈负重物，避免过度疲劳，坐车时不要打瞌睡。

7. 劳动或走路时要防止颈部扭、挫伤。及早彻底治疗颈肩背软组织劳损，防止其发展为颈椎病。

8. 注意端正头、颈、肩、背的姿势，不要偏头耸肩，谈话、看书时要正面注视，要保持脊柱的正直。

二、腰椎间盘突出

（一）疾病概述

腰椎间盘突出，又名腰椎间盘突出症，是主要因腰椎间盘劳损变性、纤维环破裂或髓核脱出等，刺激或压迫脊神经、脊髓等引起的一系列症状群。导致腰椎间盘突出症的诱发因素可能有：脊柱的结构因素，如脊柱畸形、年轻人中的长期久坐者；生理因素，如人在 20 岁以后，椎间盘即开始退变，髓核的含水量逐渐减少，椎间盘的弹性和抗负荷能力也随之减退；种族和遗传因素；职业因素，如长期坐办公室伏案工作者、司机、长期站立者等；外伤因素；吸烟因素；疾病，如糖尿病；妊娠等。本病患者主要是下腰痛和坐骨神经痛，发病前常有腰部扭伤史、腰部劳累史或腰部受寒史。此腰腿痛因行走站立久坐等活动后加重，卧床休息后可暂时缓解。一侧或双侧下肢痛、沿坐骨神经分布的放射痛，即疼痛沿臀部放射到大腿后面或外侧及小腿外后侧至足背或足底。个别病人疼痛可始于小腿或外踝，半数病人可因咳嗽打喷嚏或腹部用力而下肢疼痛加重。高位的腰椎间盘突出症患者，其症状多表现于下腹部腹股沟区或大腿前内侧疼痛；

中央型椎间盘巨大突出患者可发生大小便异常或失禁；马鞍区麻木严重者可出现足下垂；有一部分腰椎间盘突出的患者因其腰部交感神经受刺激而表现出下肢发凉，有的还可出现单侧或双侧下肢水肿。还可导致下肢麻木、感觉减退或疼痛过敏、肌肉萎缩、患腿变细、行走困难等，严重时大小便功能障碍、下肢瘫痪、长期卧床不起，使病人生活质量下降、工作和劳动能力丧失。X 线检查、CT 扫描和磁共振等特殊检查可以明确诊断及突出部位。

（二）治疗原则

腰椎间盘突出症的治疗大体分为三大类：非手术治疗有卧床休息、药物治疗、牵引疗法、物理治疗、推拿治疗、针灸治疗、代替疗法（利用纯天然锯峰齿鲛软骨粉恢复人体腰椎的软骨纤维环再生）、封闭疗法、小针刀疗法、复位法等；手术治疗有常规开放性手术（包括半椎板切除、全椎板切除、经腹椎间盘手术等）、椎间盘镜微创手术、经皮穿刺切吸术、人工腰椎间盘置换等；介入治疗有胶原酶化学溶解疗法、臭氧注射疗法、超低温消融治疗、射频热凝靶点穿刺技术、无创疗法（CT 导引下介入药物修补术）、微创疗法（CT、C 臂联合导引温控热疗修补术）等。治疗方法选择的原则：尽量选择非损伤的保守治疗方法，包括有损伤的微创介入等均排在保守治疗方法之后，在保守治疗无效的情况下可以考虑其他治疗。

（三）预防保健

1. 过度肥胖也是引起腰腿痛的重要原因之一，所以，应限制饮食，保持体重，避免过胖。

2. 吸烟也是慢性腰痛的发病原因之一，应戒烟。

3. 定时健康检查，学习预防腰椎间盘突出症知识。

4. 劳动部门应规定从事劳动的最大负荷量，避免脊柱过载促使和加速退变。

5. 正确的劳动姿势和劳逸结合。

6. 加强肌肉锻炼以增强背部肌肉，使脊柱力量平衡可防止腰背部软组织损伤，减少腰椎间盘突出症的发生。

7. 纠正不良体位、姿势，如睡眠姿势、站立体位、坐位、劳动姿势等。

第四节　妇科常见病

一、月经失调

（一）疾病概述

月经失调也称月经不调，表现为月经周期或出血量的异常，或是月经前、经期时的腹痛及全身症状。月经周期或出血量的紊乱，如月经过多过少或经期持续时间过长过短。一次月经出血量超过 80mL 或月经期持续时间超过 7 天为月经过多；一次月经出血量少于 30mL 或月经期不足 2 天为月经过少；月经频发即月经间隔少于 25 天；月经周期延长即月经间隔长于 35 天；不规则出血；功能性子宫出血；绝经后阴道出血；痛经；经前期综合征；多囊卵巢综合征；绝经综合征和闭经等。从未来过月经为原发性闭经，月经周期已建立后又停止 3 个周期以上，为继发性闭经。月经失调的病因可能是器质性病变或是功能失常。许多全身性疾病如血液病、颅内疾患、高血压病、肝病、内分泌病（如甲状腺、肾上腺皮质功能异常、糖尿病、席汉氏病等）、宫外孕、葡萄胎、生殖道感染、生殖系统肿瘤（如卵巢肿瘤、子宫肌瘤等）、生殖器官发育异常等均可引起月经失调。神经内分泌功能失调引起的月经不调，主要是下丘脑—垂体—卵巢轴的功能不稳定或是有缺陷，月经失调往往是卵巢内分泌紊乱的一种表现。生殖器官发育异常、营养不良、流产、治病使用某些药物、采取宫内节育器避孕者也可能发生月经不调。某些职业如长跑运动员容易出现闭经。此外，某些妊娠期异常出血也往往被误认为是月经不调。青年月经不调可引起皮肤出现色斑，松弛，皱纹，晦暗无光，毛孔粗大，粗糙，痤疮不断。还可出现乳房干瘪松弛，阴道分泌液减少，性机能减退，失眠，烦躁，潮热，盗汗等症状。

（二）治疗原则

确诊为神经内分泌功能失调所致的月经失调，在治疗上应根据病情的轻重及患者的具体情况采用不同的治疗方案。如出血与贫血是由于经期长及经量多造成的，除一般止血措施外可酌情选用激素或刮宫止血。周期紊乱可采用雌激素孕激素单一或联合的周期治疗，也可用中药治疗。下丘脑—垂体—卵巢轴中的一个或多个环节功能失调引起无排卵，是月经失调的病理生理基础之一，有些患者虽然排卵但黄体功能不足，要根据患者情况选择不同的促排卵药物改善卵巢的功能或代替垂体及下丘脑的部分功能。因器质病变或药物等引起的月经失调主要是对病因的去除和治疗。

（三）预防保健

1. 改善体质，增强身体的抵抗力。

2. 日常有规律的生活、充足的睡眠、均衡的营养。

3. 勿焦虑紧张，保持愉悦的心情。

4. 善于应对各种压力。

5. 月经期要防寒避湿。经期受寒冷刺激，会使盆腔内血管过分收缩，引起月经过少甚至闭经。

6. 经期要避免过度劳累；

7. 不可过度节食，因过度节食可造成体内大量脂肪和蛋白质被耗用，致使雌激素合成障碍、缺乏，影响月经来潮，甚至经量稀少或闭经。

8. 改变不良生活习惯，戒烟忌酒。

9. 注意避免家用电器和电子设备产生的电磁波对女性的内分泌和生殖机能产生影响，导致内分泌紊乱，月经失调。

10. 防治便秘。

二、痛经

（一）疾病概述

痛经是妇科常见病和多发病，尤其是未婚女青年及月经初期少女更为普遍。其病因多，病理机制复杂，反复性大。痛经表现为在月经期及其前后，周期性发生下腹部胀痛、冷痛、灼痛、刺痛、隐痛、坠痛、绞痛、痉挛性疼痛、撕裂性疼痛，疼痛延至腰背部、骶部，甚至涉及大腿及足部，常伴有全身症状，如乳房胀痛、肛门坠胀、胸闷烦躁、悲伤易怒、心惊失眠、头痛头晕、恶心呕吐、胃痛腹泻、倦怠乏力、面色苍白、四肢冰凉、冷汗淋漓、虚脱昏厥等症状。其发病率之高、范围之广、周期之近、痛苦之大，严重影响了广大妇女的工作和学习，降低了生活的质量。原发性痛经多指生殖器官无明显病变者，故又称功能性痛经，多见于青春期少女、未婚及已婚未育者，此种痛经在正常分娩后疼痛多可缓解或消失。继发性痛经则多因生殖器官有器质性病变所致。

（二）治疗原则

首先要加强经期卫生，避免剧烈运动、过度劳累和防止受寒。治疗药物有：抑制排卵药为治疗原发性痛经的首选药，服用后 90%以上患者的症状可获得缓解；抑制前列腺素合成类药物，使子宫张力和收缩性下降，达到治疗痛经的目的；还有 β-受体兴奋剂、钙通道阻滞剂、维生素 B_6、镁-氨基酸螯合物、棉酚及中成药等。还可应用按摩、针灸等疗法治疗。以上各种方法和药物一定要在医生指导下选用。

（三）预防保健

1. 饮食均衡，避免过甜或过咸的食物，多吃蔬菜、水果、鸡肉、鱼肉，少量多餐。

2. 注意并讲究经期卫生，消除对月经的紧张、恐惧心理，解除思想顾虑，心情要愉快。

3. 应避免咖啡、茶、可乐、巧克力，因其中所含的咖啡因，可造成月经期间的不适。

4. 月经期间容易出现水肿者应禁酒。

5. 勿使用利尿剂。

6. 保持身体暖和将加速血液循环，松弛肌肉；多喝热的药草茶或热柠檬汁；也可在腹部放置热敷垫或热水瓶。

7. 泡矿物澡。

8. 加强体育锻炼，尤其是体质虚弱者，可以练习瑜伽。

9. 补充钙、钾及镁矿物质，能帮助缓解可以经痛。

10. 积极治疗慢性疾病。

第五节　五官科和口腔科常见病

一、眼疲劳

（一）疾病概述

视疲劳（asthenopia）一词是由希腊语衍生而来的，原文的意思是指“weak eye”（眼无力）。一般是指用眼工作时产生的主观症状的综合症。视疲劳是目前眼科常见的一种疾病，患者的症状多种多样，常见的有近距离工作不能持久，出现眼及眼眶周围疼痛、视物模糊、眼睛干涩、流泪等，严重者头痛、恶心、眩晕。视疲劳不是独立的疾病，而是由于各种原因引起的一组疲劳综合征。其发生原因也是多种多样的，常见的有：眼睛本身的原因，如近视、远视、散光等屈光不正；调节因素，眼肌因素、结膜炎、角膜炎、所戴眼镜不合适等；全身因素，如神经衰弱、身体过劳、癔症或更年期的妇女；环境因素，如光照不足或过强，光源分布不均匀或闪烁不定，注视的目标过小、过细或不稳定等。人在正常情况下，眼眶内的泪水会形成一层膜，覆盖在角膜和结膜的表面，称为泪膜。人每次眨眼之后，都能形成一层泪膜，可以保持眼睛湿润和舒服，因此不易产生眼干、疲劳等症状。但如果长期盯着一个目标（如用电脑、看书），持续时间太长，眨眼反射比较少，不能及时形成泪膜，就会导致眼表面干燥，引起视疲劳。

（二）治疗原则

有视疲劳症状时应到医院检查，以排除眼病和其他疾病引起的视疲劳；设法消除引起视疲劳的各种因素；可适当用一些解除眼疲劳的眼药水如“泪眼配方”的滴眼液，视屏伴侣滴眼液，能缓解眼睛疲劳等不适症状，让眼睛持久水润，还能补充眼睛所缺乏的营养和水分。或遵医嘱其他药物治疗。热敷冷冰交替治疗，先用热毛巾捂在闭着的眼睛上 30 秒，然后浸一条长毛巾到冰水里，捂在眼睛上，重复几次。灯光治疗，眼睛紧闭，放松，坐在距光源约 15cm 远的地方，灯泡最好用 150W。轻轻地摆头，从一侧到另一侧。使眼睛沐浴在温热的灯光中。运动是解除视疲劳的最好办法。还可以练瑜伽治疗。

(三)预防保健

1.充足睡眠，劳逸结合，平衡饮食，多吃谷类、豆类、水果、蔬菜及动物肝脏等食品，生活要有规律。

2.有眼病和其他全身性疾病时应及时诊治。

3.注意眼的调节和保护；在家和办公室注意调整好光线；调整电脑屏幕的亮度；连续在电脑前工作 6～8 小时，应每 2～3 小时休息一次，远眺或只是让眼睛离开电脑 10～15 分钟。

4.加强体育锻炼，做眼保健操，保持良好的身心健康。

5.缓解眼睛疲劳的最佳方式是让眼睛好好休息，可以一边打电话、聊天，一边闭着眼睛休息。

6.练瑜伽也是恢复视力的好方法。

7.用茶水敷眼部。

8.用手热敷眼部，摩擦双手，直至它们发热为止。然后，闭上双眼，用手掌盖住眼圈，勿压迫双眼，盖住即可。深缓地呼吸，并想象黑暗。每天这样做 20 分钟，有助于减轻眼部疲劳。

9.经常眨眼，每天特意地眨眼 300 下，有助于清洁眼睛，并给眼睛小小的按摩。

二、结膜炎

(一)疾病概述

结膜炎是结膜组织在外界和机体自身因素的作用而发生的炎性反应的统称，按大兵团可分为外源性和内源性。外源性是由于结膜外露，易受外界各种微生物、风尘、理化毒物等的刺激而产生炎症；源性是致病菌通过血行或淋巴使结膜感染，或对全身他处感染物发生过敏反应。炎症也可由邻近组织直接蔓延而来。结膜炎根据其病因分为细菌性、病毒性、衣原体性、霉菌性、变态反应性等。其共同的临床表现为突发结膜充血，烧灼感、痒、分泌物多，一般视力不受影响。检查发现眼睑红肿，睑结膜充血、乳头滤泡增生，球结膜周边性充血，有时水肿及结膜下出血，结膜囊内有分泌物，要确定病原需作分泌物涂片进行细菌和细胞学检查。由细菌或病毒感染所引起的结膜炎是传染性眼病，夏秋是本病的流行季节，天气湿热，利于细菌繁殖，很多人会患急性结膜炎。它起病急骤，来势凶猛，无论男女老少，一旦被感染上，几个小时内就可发病，可在一定范围内爆发流行，影响人们的健康。本病发作时，有畏光、流泪、刺痛和有稀薄的分泌物，同时眼睑肿胀，眼结膜因扩张的血管和出血使之成为红色，俗称“红眼病”。

(二)治疗原则

急性病毒性结膜炎，可点用类固醇(可的松)眼药水，以减轻病情。细菌性结膜炎，则须抗生素眼药水、药膏。过敏性结膜炎使用抗炎滴眼剂。治疗慢性结膜炎，必须先找出原因，如环境刺激原引起的、长期使用眼药水或眼药膏所引起的、慢性眼睑炎引起的等，有针对性的治疗。分泌物多者，用生理盐水、硼酸水或抗生素溶液冲洗结膜囊每日数次，并滴或涂磺胺类、抗生素溶液或眼膏。炎症严重或分泌物多，局部治疗疗效不佳者，可全身用磺胺药或抗生素。泡性结膜炎、春季卡他性结膜炎，可加用类固醇、冷冻疗法等治疗。

(三)预防保健

1.避免过敏原(花粉、气味、食物等)过敏。

2.如果过敏性结膜炎每年复发,连续多年,严重者侵犯角膜发炎,影响学习及视力,有条件者可转其他地方居住上学。

3.忌食葱、韭菜、大蒜、辣椒、羊肉、狗肉等辛辣、热性刺激食物和酒酿、荠菜、雪里蕻、象皮鱼、鲨鱼、带鱼、黄鱼、鳗鱼、虾、蟹等发物。

4.不要用公共毛巾及面盆。病人的毛巾、手帕、面盆要单独使用,用后煮沸消毒,以免再传染。

5.多食马兰头、枸杞、茭白、冬瓜、苦瓜、绿豆、菊花、香蕉、西瓜等。

6."红眼病"流行期不去公共游泳池游泳;平时在公共游泳池游泳后应预防性滴用抗生素眼药水。

三、耳聋

(一)疾病概述

一般认为语言频率(0.5,1,2Hz)平均听阈在26dB以上,即有听力障碍,听力损失在70dB以内者称重度听力障碍,在70dB以上者为聋,临床上习惯统称为聋。从耳部病变损害的部位来讲,耳聋可分为传音性耳聋及感音神经性耳聋。由于外耳及中耳的病变从而阻碍声波的传导,即为传音性耳聋。接受声波的内耳或由内耳经听神经路径发生问题,影响声音的感受,为感音神经性耳聋。如外耳、中耳、内耳三部分均有病变所致成的耳聋,称为混合性耳聋。按病变的时间分为先天性耳聋和后天性耳聋。WHO1980年耳聋分级标准,将平均语言频率纯音听阈分为5级。轻度聋:近距离听一般谈话无困难,听力计检查纯音和语言听阈在26~40dB。中度聋:近距离听话感到困难,听阈41~55dB。中、重度聋:近距离听大声语言困难,听阈56~70dB。重度聋:在耳边大声呼喊方能听到,听阈71~91dB。全聋:听不到耳边大声呼喊的声音,纯音测听听阈超过91dB。按病变的时间分为先天性耳聋和后天性耳聋。造成耳聋的原因很多,遗传、产伤、感染、药物应用不当、免疫性疾病、生理机能退化、某些化学物质中毒等都能导致耳聋。如传导性聋是因外耳中耳有病变,使声音传导过程发生障碍,而引起耳聋。常见致聋原因有外耳道耵聍、异物、炎症、先天性耳道闭锁、急慢性化脓性中耳炎、急慢性非化脓性中耳炎、先天性畸形、肿瘤、大疱性鼓膜炎,耳硬化症早期等。感音神经性聋指耳蜗螺旋器病变不能将音波变为神经兴奋或神经及其中枢途径发生障碍不能将神经兴奋传入;或大脑皮质中枢病变不能分辨语言,统称感音神经性聋。如梅尼埃病、耳药物中毒、迷路为噪声损伤、听神经瘤等。由于内耳耳蜗螺旋器发生病变引起的听力障碍称感音性耳聋,神经传导径路发生病变引起的耳聋称神经性耳聋。各种急慢性传染病的耳并发病、药物或化学物质中毒、迷路炎、膜迷路积水、颞骨骨折、听神经瘤、颅脑外伤、脑血管意外、脑血管硬化或痉挛等引起的耳聋及老年性耳聋均可概括在感音神经性耳聋之中。混合性聋:传音和感音机构同时有病变存在,如长期慢性化脓性中耳炎、耳硬化症晚期、爆震性聋等。

(二)治疗原则

耳聋是一个较为难以治愈的耳科疾病,虽然历代医学家对耳聋的认识较多,并积累了不少的经验,但由于耳聋的发病原因较为复杂,突发性耳聋可以在无任何诱因的情况下,突然发病或全聋,给患者带来极大的痛苦,甚至对生活失去信心。渐进性神经性耳聋,则因疗效欠满意,给患者的工作、学习和生活带来极大的不便。所以对耳聋要加强预防，对耳聋病人要早发现、早确诊、早治疗。发现听力障碍要及时去医院耳科就诊，确诊后要由耳科专科医生根据耳聋的病因、分类进行治疗、最大限度地恢复听力。治疗方法有综合治疗，西药治疗、中药治疗、针灸治疗或做体外反搏治疗等。

(三)预防保健

1. 在日常生产和生活环境中，避免接触噪声或过大的声音，避免不健康地使用 MP3 耳塞式耳机收听音乐。

2. 预防感冒。

3. 注意勿过度劳累，做到起居有时，饮食定量。

4. 情绪稳定，心情愉快，忌暴怒狂喜。

5. 慎用各种耳毒性药物，尤其以新霉素、链霉素、庆大霉素、卡那霉素为代表的药物。

6. 提高自我爱耳意识，学习保护自己的听力的有关知识。

7. 积极治疗各类心理性和精神性疾病、急性传染病。

8. 积极治疗各种血管性疾病，如高血压、血管硬化、颈椎病等。

9. 积极参加各种体育运动、调节饮食、注意休息，提高自身免疫力。

四、鼻炎

(一)疾病概述

鼻炎指的是鼻腔黏膜和黏膜下组织的炎症，表现为充血或者水肿，患者经常会出现鼻塞、流清涕、鼻痒、喉部不适、咳嗽等症状。鼻腔分泌的稀薄液体样物质称为鼻涕或者鼻腔分泌物，其作用是帮助清除灰尘，细菌以保持肺部的健康。通常情况下，混合细菌和灰尘的鼻涕后吸至咽喉并最终进入胃内，因其分泌量很少，一般不会引起人们的注意。当鼻内出现炎症时，鼻腔内可以分泌大量的鼻涕，并可以因感染而变成黄色，流经咽喉时可以引起咳嗽，鼻涕量十分多时还可以经前鼻孔流出。在健康状态下，鼻腔中可检测出几种致病菌，如表皮葡萄球菌、金黄色葡萄球菌、伪白喉杆菌等，鼻腔排毒功能保证上述细菌不超过人体可承受的数量。若遇诱发因素如受凉、淋雨、过度疲劳等，鼻腔排毒功能降低，上述细菌得以长时间停留于鼻腔内并大量繁殖，进而引发鼻炎。有变态反应家族史者易患此病，其鼻黏膜易感性高，易感性的产生源于抗原物质通过呼吸吸入鼻腔。此类变应原多为悬浮于空气中的花粉、真菌、屋尘螨、动物皮屑、羽毛、室内尘土等是引起常年性鼻炎的常见变应原物质。其还可食入性变应原，即由消化道进入人体而引起鼻部症状的变应原物质，如牛奶、蛋类、鱼虾、肉类、水果，甚至某种蔬菜，都可成为变应原。鼻炎临床症状主要有鼻塞、流涕、打喷嚏、头痛、头昏等。鼻塞为间歇性，白天减轻，而夜间加重。鼻塞的另一特点为交替性，如侧卧时，居下侧之鼻腔阻塞，上侧鼻腔通气良好。由于鼻塞、间或嗅觉减退、头痛、头昏说话呈闭塞性鼻音等症状。从鼻腔黏膜的病理学改变来说，有慢性单纯性鼻炎、慢性肥厚性鼻炎、干酪性鼻炎、萎缩性鼻炎等；从发病的急缓及病程的长短来说，可分为急性鼻炎和慢性鼻炎。一些鼻炎有特定的致病原因，因而便有特定的名称，如变态反应性鼻炎(即过敏性鼻炎)、药物性鼻炎、季节性鼻炎又称为“花粉症”等；而急性鼻炎俗称“伤风”或“感冒”，可有全身症状，病情一般经过 7～14 天便逐渐好转。抵抗力强者可不治自愈。

随着城市生活日趋现代化，汽车尾气、化妆品、装饰材料和食品添加剂等大大增多，都是引发鼻炎(包括过敏性鼻炎、慢性鼻炎、慢性鼻窦炎等)的主要原因。患鼻炎的人数越来越多,年龄趋向低龄化。鼻炎如果不及治疗,会引发睡眠呼吸暂停综合症、肺气肿、肺心病、哮喘、脑梗塞、突发心脏病等,个别患者甚至猝死;约九成的鼻咽癌是因鼻炎久治不愈恶化所致。

(二)治疗原则

鼻炎具体采用何种方法需要耳鼻喉科医生根据实际情况来决定。药物治疗可以对过敏性鼻炎起到较好的治疗效果,但对于严重的过敏性鼻炎,可以采用其他相关的治疗方法。滴鼻药物一般主要用来缓解鼻炎的症状,鼻油可以缓解干燥性鼻炎的干燥,呋麻合剂则可以缓解鼻腔阻塞,磺麻滴鼻液可治疗急慢性鼻炎和鼻窦炎,激素类滴鼻液则有助于减轻过敏性鼻炎的打喷嚏流清水涕等症状。明显的鼻塞的症状可以使用激光,微波或者等离子射频治疗而达到满意的效果,并通过减低鼻腔内神经的敏感性对打喷嚏和流清涕有一定的好处。还有脱敏疗法,生理盐水洗鼻法。手术主要用于药物无法治疗后效果不明显的鼻炎,如鼻内镜下鼻甲黏膜下成形术使鼻气道恢复通畅,还有翼管神经切断或岩浅大神经切断,下鼻甲黏膜的射频消融治疗等手术,以及中医药治疗、穴位治疗、按摩治疗等。

(三)预防保健

1. 注意工作、生活环境的空气清净,避免接触灰尘及化学气体,特别是有害气体。

2. 加强营养,增强正气,保持大便通畅。

3. 加强锻炼,提高身体素质。

4. 改掉挖鼻的不良习惯。

5. 及时矫正一切鼻腔的畸形,如鼻中隔偏曲等。

6. 根治病灶,彻底治疗扁桃体炎、鼻窦炎等慢性疾病。

7. 慎用鼻黏膜收缩剂,如滴鼻净、麻黄素、必通、呋麻滴鼻液等,尤其不要长期不间断使用。

8. 减少冷空气对鼻黏膜的刺激,必要时应戴口罩。洗澡后应尽量擦干头发再睡眠,避免感冒。

9. 注意保暖,气候转变极易感冒引发鼻炎。季节转换及时适当添衣。

10. 盐水洗鼻,可以有效预防鼻炎。

11. 搞好家庭、宿舍学习和办公场所环境卫生,清除螨虫、蟑螂、织物纤维、花粉、气味、皮毛、寄生虫等。

12. 新家具和新装修房屋,通风一段时间后入住,以防甲醛和苯引起过敏。

五、咽炎

(一)疾病概述

咽炎是咽部黏膜,黏膜下组织的炎症,分为急性咽炎、慢性咽炎两大类。急性咽炎是咽黏膜,并波及黏膜下及淋巴组织的急性炎症,常继发于急性鼻炎或急性扁桃体之后或为上呼吸道感染之一部分。亦常为全身疾病的局部表现,或为急性传染病之前驱症状。慢性咽炎:主要为咽黏膜慢性炎症,弥漫性炎症常为上呼吸道慢性卡他性炎症的一部分,局限性炎症则多伴有咽淋巴样组织的炎症。本病常因受凉,过度疲劳,烟酒过度等致全身及局部抵抗力下降,病原微生物乘虚而入而引发本病。营养不良,患慢性心、肾、关节疾病,生活及工作环境不佳,经常接触高温、粉尘、有害刺激气体等皆易罹本病。病原微生物主要为溶血性链球菌,肺炎双球菌、流行性感冒杆菌及病毒。急性咽炎起病急,初起时咽部干燥、灼热;继而疼痛,吞咽唾液时咽痛往往比进食时更为明显；可伴发热、头痛、食欲不振和四肢酸痛；侵及喉部，可伴声嘶和咳嗽。根据病原的不同白细胞可增多，正常或减少。慢性咽喉炎的主要症状是咽部不适，干、痒、胀，分泌物多而灼痛，易干恶，有异物感，咯之不出，吞之不下，在说话稍多、食用刺激性食物后、疲劳或天气变化时上述症状加重。急性咽炎可导致急性鼻炎、鼻窦炎，急性中耳炎、急性喉炎、气管炎、支气管炎及肺炎、急性肾炎、脓毒血症、风湿病等。

(二)治疗原则

卧床休息，多喝水，吃稀软食物，禁烟酒，不吃辛辣和过于油腻食物，保持大便通畅。如果因咽痛影响进食者，应给予静脉输液，补充营养。咽痛剧烈或体温较高者，可口服或肌肉注射解热镇痛剂等。局部可用漱口液或温淡盐水漱口，溶菌酶片、杜灭芬、洗必泰、薄荷片、含碘片含化，或抗生素加激素雾化吸入。病毒感染者，可选用抗病毒药；细菌感染者，可口服或注射抗生素及磺胺类药物。中医中药治疗，局部可用冰硼散或锡类散吹入咽中。还可针刺治疗。

(三)预防保健

1. 避免过食辛辣、炙烤食品，多食蔬菜水果。

2. 戒烟，少饮酒。

3. 积极治疗感冒，防治邻近器官疾病，如鼻炎、扁桃体炎等。

4. 改善环境，保持室内空气流通，减少空气污染。

5. 加强个人卫生防护，多饮水，保持口腔的清洁。

6. 起居有规律，不能经常熬夜，每天保持足够的睡眠。

7. 冬天或者是冷暖交替的季节，要注意保暖，注意自我保护。

8. 适当控制用声，用声不当、用声过度、长期持续演讲和演唱对咽喉保护不利。

六、智齿冠周炎

(一)疾病概述

智齿冠周炎是指智齿(即第三磨牙)萌出不全或阻生时，牙冠周围软组织发生的炎症。由于人类食物日趋精细，致使颌骨逐渐退化缩小，造成牙列与颌骨的长度不协调。智齿是牙列中最后萌出的牙，多于18～25岁萌出，因萌出位置不足，可导致智齿萌出不全而异位或阻生，牙冠部分外露于牙龈之外，部分被牙龈覆盖。牙龈与牙体之间形成一个狭窄较深的盲袋，容易积存食物碎屑和细菌，一般刷牙漱口难以清洗干净；加之冠部牙龈易因咀嚼食物而损伤，形成溃疡。当感冒、疲劳或其他原因致机体抵抗下降、细菌毒力增强、局部创伤(如对颌牙咬伤)等因素，便可引起牙冠周围组织炎症。急性智齿冠周炎的主要症状为牙冠周围软组织肿胀疼痛。如炎症影响咀嚼肌，可引起不同程度的张口受限，如波及咽侧则出现吞咽疼痛，导致病员咀嚼、进食及吞咽困难。病情重者尚可有周身不适、头痛、体温上升、食欲减退等全身症状。常有颌下淋巴结肿大和压痛。如未及时合理治疗，可发展为冠周脓肿、颌面部蜂窝组织炎甚至骨髓炎。急性化脓性冠周炎期常有程度不同的白细胞总数增高、中性白细胞比例上升。X线牙片检查能发现阻生智齿的存在及其阴生的形态、位置。急性冠周炎如未能彻底治疗，则可转为慢性，以后反复发作，甚至遗留瘘管。

(二)治疗原则

智齿冠周炎的治疗主要是增强病员机体抵抗力，控制感染，促使炎症消散。根据病情选用抗菌药物或内服清热、解毒的中草药进行全身治疗。局部治疗，每日冲洗盲袋，然后点入3%

碘甘油。另给复方硼砂液或呋喃西林液等含漱，一日多次。早期还可局部理疗、外敷中草药以助炎症吸收。针刺疗法可有镇痛、改善张口等作用。如脓腔形成，可切开引流。急性炎症消退后，应对病源牙作进一步处理，以防复发。如牙位正、能正常萌出，并有对颌牙行使咀嚼功能者，可作冠周龈瓣楔形切除术，否则应予拔除。

（三）预防保健

1.正确刷牙的要点是：刷毛与牙面约呈45°，顺着牙缝竖刷。上牙往下，下牙往上，咬合面前后来回刷，而不是拉锯式的横刷，每次刷牙3分钟，早晚各刷一次，并持之以恒。

2.少吃甜食，尤其不要在睡前吃，睡前饮食后要刷牙。此外，日常饮食不要偏食，膳食成分应包括五谷杂粮、豆类及豆制品、奶及奶制品、鱼肉蛋禽和蔬菜瓜果。

3.定期检查。

4.每年洁牙保健1～2次可有效预防牙龈炎及牙周炎。

5.该不该预防性拔掉智齿？通常，牙医建议拔掉智齿会基于下列几点理由：蛀牙、侵犯邻牙、空间不足、清洁不易、没有对咬牙、阻生齿。牙齿要尽量保留，能不拔则不拔，如果智齿位置比较正，智齿冠周软组织没有发炎和疼痛史，智齿没有龋坏，有对咬牙的智齿，可以考虑保留。

七、口腔单纯性疱疹

（一）疾病概述

口腔单纯疱疹，又称疱疹性口炎。是单纯疱疹病毒感染引起的口腔黏膜感染性疾病。引起感染的致病微生物是Ⅰ型单纯疱疹病毒。人是该病毒的天然宿主，当疱疹病毒接触宿主易感细胞，病毒微粒进入细胞及胞核，其核心的核酸在细胞核内合成蛋白质与氨基酸，并利用宿主细胞氨酸和酶，重新复制病毒微粒，然后通过胞浆、细胞膜向周围扩散，引起急性发作的称原发性单纯疱疹，若机体在接触该病毒后形成抗体，但量不足，当遇到机体抵抗力下降，如感冒、过度疲劳、消化功能失调或局部机械刺激等因素时，潜伏在细胞内的病毒则活跃、繁殖，引起复发，称复发性单纯疱疹。单纯疱疹病毒感染的患者和病毒携带者是本病的传染源，主要通过飞沫、唾液及疱疹液接触传染。易发部位在唇红部黏膜及邻近皮肤上，有成簇水疱，灼痛，肿胀，发痒，破溃后结痂，痂皮脱落后不留瘢痕，但可留有暂时性色素沉着。疱若继发感染则形成脓疱，疼痛加剧。有自限性及复发性。发病时可取疱液作病毒接种，或取疱基底涂片，或血液抗单纯疱疹病毒抗体效价升高则证实诊断。

（二）治疗原则

适当休息，对症处理。给予高能量、易消化、富于营养的流食或软食。口服多种维生素类药物。必要时可由静脉输入5%～10%葡萄糖液。抗病毒药物治疗可选用。为提高免疫力可用免疫调节剂干扰素、还可用免疫球蛋白。可用抗菌素控制严重感染，但禁用肾上腺皮质激素类药物。局部用药：对口内疱疹，用0.1%～0.2%的洗必泰溶液，复方硼酸溶液等漱口。口唇部选用金霉素甘油糊剂、四环素甘油糊剂、阿昔洛韦软膏局部涂抹；养阴生肌散、西瓜霜粉剂局部使用；温生理盐水或0.01%的硫酸锌溶液湿敷。还可用氦氖激光局部照射治疗。

（三）预防保健

1.单纯疱疹可经口、呼吸道、皮肤、黏膜、角膜等处传染，故应尽量避免接触该类单纯疱疹患者。

2.保持愉快的心情。

3. 避免一次进食太多的刺激性食物、热性的食物和干炒的食物，如辣椒、羊肉、瓜子、花生等。

4. 多饮水，多吃水果，特别是在干燥的冬天。

5. 常用无色润唇膏，保持口唇湿润，对口唇疱疹也有一定的预防和促进愈合的作用。

第六节　皮肤科常见病

一、荨麻疹

(一)疾病概述

荨麻疹亦称风疹块，是一种常见的发生于皮肤、黏膜的瘙痒性风团。病因复杂，主要是先天性过敏体质在某种物质作用下引起的过敏反应。常见的原因有：食物(如鱼、虾、蛋、奶等)、药物(如青霉素、磺胺类、阿司匹林等)、病毒细菌感染、物理因素(如冷、热、日光)、蚊虫叮咬等，也与精神因素、内脏和全身性疾病有关。临床表现为躯干、四肢突然出现大小不等的红色、苍白色风团，起落迅速，消退后不留痕迹，可反复发作，伴剧烈瘙痒。如果累及呼吸、消化及循环系统，也出现相应的症状，如气短、胸闷、呼吸困难、恶心、呕吐、腹痛、腹泻及烦躁、心慌等。严重者可出现过敏性休克。

(二)治疗原则

消除病因。全身治疗：应用抗组织胺类药物，如赛庚啶、息斯敏、敏迪；激素类药物，如强的松、地塞米松口服，得宝松、强力解毒敏肌注等。局部外用治疗：如肤轻松软膏、皮炎平、乐肤液、炉甘石洗剂等。

(三)预防保健

1. 积极寻找并去除病因，避免各种诱发因素。

2. 经常发作而又未找到病因，可去医院诊治，包括寻找过敏原，即抗原，并进行脱敏治疗。

3. 及时治疗，勤剪指甲，防止搔破皮肤引起皮肤感染。

4. 多食蔬菜、水果等，补充足量的维生素。

5. 乐观面对，树立战胜疾病的信心。

二、药物性皮炎

(一)疾病概述

药物性皮炎也称药物疹，是药物反应的表现之一，是药物通过各种途径进入人体而引起的皮肤黏膜的炎症反应，重者可引起系统性损伤。常见的致敏药物有：解热镇痛药，如吡唑酮类、水杨酸类较常见；抗生素，以青霉素、链霉素多见；其他如磺胺类、镇静催眠药、抗癫痫药、特种血清制剂和疫苗等，均可引起药物性皮炎。发疹前有药物应用史，一般于首次用药后 4～20 天发生，再次用药发病时间缩短，多在数小时或 1～2 天内迅速出现皮疹。皮疹大部分突然发生，除固定型药疹外，多为全身性、对称性。轻者无显著不适，重者可有严重的全身症状，如畏寒、发热、昏迷等。皮疹分型及其特点：固定型药疹是在某一固定部位反复发生同样皮疹，水肿性红斑。好发于皮肤黏膜交界处。麻疹样药疹和猩红热样药疹是一种血管反应，皮疹常泛发全身且多在躯干部，面部较少，其形态类似麻疹或猩红热，严重者可发展为剥脱性皮炎，初起为麻疹或猩红热样皮疹，很快全身皮肤发生弥漫性潮红、肿胀、脱屑，手足呈手套或袜套状剥脱，病程较长；荨麻疹型药疹是较常见的药物反应，皮疹类似荨麻疹，严重者可融合成片；疱性皮疹可表现为多形性红斑状损害合并水疱，主要发生于体腔开口处，如口、眼、外阴及肛门黏膜处；大疱性表皮松解型是在红斑的基础上出现大小不等的松弛性水疱，皮肤损伤的外表皮稍一摩擦即可脱落，留下鲜红的糜烂面；还有湿疹型、红斑狼疮样反应、血管炎型等。还可引起过敏性紫癜和血小板减少性紫癜。

(二)治疗原则

全身治疗：应用抗过敏药或解毒药。药物的选择要结合病情而决定，尤其对严重的要尽快适量应用皮质类固醇药物，待体温降至正常，皮疹的水疱及糜烂渐干燥，可逐渐减量。控制感染，注意心、肝、肾及造血系统的功能。对于轻型药疹可给予抗组织胺类药物，如脑嗌嗪、赛庚啶、息斯敏等；皮质类固醇药物，如地塞米松、强的松、得宝松和维生素 C、钙剂等。局部用药：对于轻型药疹可局部止痒，吸附糜烂面，保持清洁，促其迅速愈合即可。对于重症药疹，最好采用干燥暴露疗法(红外线灯罩下进行)或局部雷呋奴尔湿敷，空气消毒，使用无菌床单及被褥。加强护理：对合并黏膜损害者，要积极保护黏膜，尤其是眼结膜，防止角膜混浊及黏膜的粘连；口腔注意清洁，经常漱口。

(三)预防保健

1. 在治疗疾病时，首先了解药物过敏史或容易引起药疹的药物，不要滥用。

2. 引起过敏的药物要明显地写在病历上，以引起复诊医生的注意，并避免用与该药或含该药的一些成分和化学结构式相关而可引起交叉反应的药物。

3. 青霉素、破伤风抗毒素、普鲁卡因等，应用前必须做皮试，而且准备好一切急救所必备的药品及措施。

4. 预防和控制继发感染，避免搔抓。

5. 支持疗法，加强营养。

三、神经性皮炎

(一)疾病概述

神经性皮炎主要是由神经功能障碍引起的以阵发性皮肤剧烈瘙痒和皮肤苔藓化为主的慢性皮肤炎症。病因不明，可能与大脑皮层兴奋和抑制功能失调有关。过度疲劳、精神紧张及搔抓、日晒、多汗、饮酒或机械刺激可促发此病。临床表现可分为局限性和泛发性神经性皮炎。初起皮肤瘙痒，搔抓或摩擦后出现成片的粟粒至绿豆大小的丘疹，顶部扁平，呈多角形，可形成典型的苔藓样变斑片，呈淡红、黄褐色或正常肤色，覆有鳞屑。自觉阵发性剧烈瘙痒，夜间为甚。病程缓慢，多年不愈，易于复发。若皮疹局限于颈后、肘窝及骶尾部，称为局限性神经性皮炎。如泛发全身，分布广泛，则称为泛发性神经性皮炎。

(二)治疗原则

全身治疗：瘙痒剧烈给予安定或赛庚啶、维生素 B_1，谷维素等。

外用治疗：去炎松尿素软膏、恩肤霜、派瑞松霜、皮炎平霜等外用；苔藓样变及皮肤损伤较重者，应用肤疾宁膏；物理疗法：同位素 ^{32}磷或 ^{90}锶敷贴，液氮冷冻、磁疗、蜡疗及矿泉浴等均能收到较好的效果。

（三）预防保健

1. 消除紧张情绪，学习、工作任务重时，要注意劳逸结合。

2. 加强体育锻炼，生活工作要有规律。

3. 症状较重、影响休息时，需用镇静剂与止痒剂，减少精神负担。

4. 避免各种机械性、物理性刺激及搔抓，可使病情减轻或防止发作。

5. 发病后及时请专科医师诊治。

6. 避免刺激性饮食，如鱼、虾、酒、咖啡等。

7. 避免热水烫及日光照射。

四、湿疹

（一）疾病概述

湿疹是一种具有多形性皮疹及渗出倾向，伴剧烈瘙痒，易反复发作的皮肤炎症。此病的内因有过敏体质、慢性感染、内分泌紊乱、精神、神经因素等；外因如搔抓、化妆品、肥皂等刺激，吸入花粉、尘埃、某些化学成分等或因吃鱼、虾、蛋类食物等引起。临床表现分为急性期、亚急性期和慢性期三期。急性湿疹起病急，在红斑、水肿的基础上，出现米粒大小的丘疹或小水疱。水疱破裂可出现糜烂、渗出、结痂。皮疹融合成片，中心较重，渐向外扩展，界限不清。可发生于任何部位，多对称分布，自觉瘙痒。亚急性湿疹为急性炎症减轻后，皮疹以小丘疹和结痂为主，有少量的疱疹及糜烂，伴轻度浸润，表面有少许鳞屑。慢性湿疹由急性、亚急性湿疹演变而来，皮肤损伤主要为皮肤粗糙、抓痕、血痂、浸润肥厚、苔藓样变，伴色素沉着。

（二）治疗原则

去除病因。全身治疗：抗组织胺类药物，如赛庚啶片、克敏能片、息斯敏片等口服；皮肤损伤较重或广泛时可选用强的松、地塞米松口服或得宝松注射液、强力解毒敏肌注。局部治疗：以消炎止痒、预防感染为主。急性期有红斑、水肿、小水疱，无糜烂、渗出时选用炉甘石洗剂或乐肤液；有渗出时选用0.1％雷呋奴尔溶液或3％硼酸溶液（醋酸铅）湿敷。亚急性期皮肤损伤红肿减轻，渗出减少，可选用皮炎平霜、肤轻松霜等外用。慢性期皮肤有浸润，肥厚时选用去炎松尿素软膏、肤疾宁膏等。

（三）预防保健

1. 去除病因，避免再接触引起过敏的物质。

2. 避免搔抓及肥皂和热水烫洗皮肤。

3. 及时诊断治疗，防止转为慢性。

4. 必要时可去医院做过敏原测试及做脱敏试验治疗。

5. 加强体育锻炼。

6. 注意饮食，调理胃肠，应吃清淡、易消化食物，如青菜和水果，勿食鱼、虾、辣椒及饮酒等，保持大便通畅。

7. 消除神经、精神因素，积极治疗其他有关内脏疾患，均有助于湿疹的好转和痊愈。

8. 消除感染灶，肠道寄生虫、慢性病灶均可导致湿疹，应予治疗。

五、痤疮

（一）疾病概述

痤疮又称粉刺，是一种毛囊皮脂腺的慢性炎症性皮肤病。多发于青年，主要发生于面部和胸背部等处。表现为黑头粉刺、丘疹、脓疱、结节、囊肿等。主要与雄性激素增多和微生物(如痤疮棒状杆菌)的作用有关,免疫、微量元素、遗传、胃肠功能、精神状况等,也起一定的作用。根据皮肤损伤,痤疮在临床上的主要表现分为以下几种类型:寻常性痤疮,多见于青年。好发于颜面、肩部、胸前、背等处。早期损害为毛囊性圆锥形丘疹,顶端为黄白色,部分毛囊口为黑色,称为黑头粉刺。炎症较重者可变成水脓疱,周围有红晕。部分形成皮下大小不等的淡红或暗红色坚硬结节,高出于皮面,可有黄豆或杏核大小囊肿,继之有波动感,破后流出黏稠脓液。多呈慢性经过,多数青春期过后,皮疹自然消退,但有时留下萎缩性或增生性瘢痕;聚合性痤疮,较严重,除累及面部、前胸和后背处,还累及腹部、四肢近侧端。损害以脓疱、囊肿、脓肿为主,常互相融合,溃破后流出恶臭脓性浆液,常形成瘘管,愈后常留下增生性瘢痕,瘢痕疙瘩集簇发生;脓疱性痤疮,以脓疱表现为主,脓疱为谷粒至绿豆大小,为毛囊性脓疱和丘疹,顶端形成脓疱,破后脓液较黏稠,愈后遗留浅的瘢痕;萎缩性痤疮,丘疹或脓疱性损害破坏腺体,引起凹坑状萎缩性瘢痕。溃破的脓疱或自然吸收的丘疹及脓疱都可引起纤维性病变及萎缩。

(二)治疗原则

全身治疗:以感染为主的应首选抗生素,以四环素类最好。四环素可抑制痤疮丙酸杆菌和对白细胞趋化性的抑制作用,能使皮脂中游离脂肪的浓度明显下降;性激素不能做常规应用,严重的患者可以用乙烯雌酚内服,对病情严重的以及月经前加重的女患者,可在经前肌肉注射黄体酮;抗雄性激素治疗能降低皮肤表面游离脂肪的含量和减少皮肤表面细菌数,从而阻止或减轻毛囊及其周围不同程度的炎性反应而达到治疗作用,如安体舒通、酮康唑、西咪替丁。外用治疗的目的是消炎、杀菌、去脂,清除皮面过多的油腻,去除毛孔堵塞物,使皮脂外流通畅,保持皮肤清洁,控制感染。亦可用物理疗法的面膜及皮内注射药物。

(三)预防保健

1.注意调节消化道功能,少吃动物性脂肪、甜食和刺激性食物。

2.不要用手抠或挤压粉刺,不要使用油脂类化妆品和皮质类固醇激素。

3.禁用溴、碘类药物。

4.痤疮是青春期内分泌的变化,主要是因性激素的变化而产生的一种常见现象,治疗可以减轻皮肤损伤,很难完全消退,而随内分泌变化可周期性加重或减轻。

5.保持皮肤清洁,可每日用热水及含硫磺或其他去脂消炎的香皂洗涤患处1～3次。

六、疥疮

(一)疾病概述

疥疮是由人型疥螨引起的,常在家庭与集体生活中流行的接触传染性皮肤病。多发于皮肤薄嫩处,如指间、腕屈侧、女性乳房下部、腹部等。由于可在性生活中进行传播,目前已被列入性传播疾病,被污染了的卧具及衣物也能传播。疥疮为针头与粟粒大小的丘疹或丘疱疹,剧烈瘙痒是疥疮的主要自觉症状,夜间尤甚,影响睡眠,常能见到因搔抓而引起的继发性皮肤损伤,如抓痕、血痂等,病程久者还可以发生湿疹样改变。疥虫的隧道是此病的特征损害,肉眼仔细观察才能看到。男性的阴囊、阴茎的瘙痒性小丘疹或结节是特征性的损害,具有诊断价值。

(二)治疗原则

局部硫磺软膏、优力肤霜、疥灵霜等都可使用。对症治疗,如痒,可用皮质类固醇激素外用止痒。对于疥疮炎性结节用杀疥螨药无效时,一般用皮质类固醇激素混悬液结节内注射有良好效果。操作不方便的，可采用肤疾宁或皮炎灵胶布敷贴治疗，也有较好的疗效。

（三）预防保健

1. 注意个人卫生及环境卫生。

2. 隔离病人。

3. 对病人所用的物品煮沸消毒，被褥、床单常日晒。

4. 对病人及与之密切接触者，要接受系统的治疗，以防病人复发。

思考题：

1. 试述贫血的发病因素和预防措施。

2. 颈椎病的预防保健方法有哪些？

3. 试述病毒性心肌炎的发病原因、临床表现及预防保健要点。

4. 何谓急性胃肠炎？治疗原则是什么？

5. 常见口腔疾病的预防保健措施有哪些？

6. 试述痤疮的病因及临床分型。

7. 急性泌尿结石的常见临床表现有哪些？

8. 痛经的预防保健重点有哪些？

9. 什么是突发性耳聋？如何保护听力？

10. 视疲劳的诱因有哪些？

第十三章　紧急救护

提要：突然发生的疾病和意外伤害如不能及时进行适当的紧急救治，将会产生严重后果，甚至危及生命。而在现场，医务人员并不都是危重病人和意外伤害的第一目击者。作为当代大学生，掌握必要的紧急救护知识意义重大。本章主要讲述急救的基本知识、必要的医学常识、急救技术以及一些大学生常见的急症和外伤的紧急救护，要求学生学会各种大学生常见的意外伤害的紧急救护，掌握心肺复苏及止血、包扎、固定、搬运、通气等急救技术，以便在紧急时刻挽救自己和他人的生命。

第一节　急救概述

什么是急救？急救即紧急救护，是指当有任何意外或急病发生时，施救者在医护人员到达前，在现场对危重伤病员采用的一种紧急医疗措施，是按医疗护理的原则，利用现场适用物资器材临时及适当地为危重伤病员进行的初步救治及护理。其目的在于挽救伤病员生命，防止伤情、病情趋于恶化，尽量减少其痛苦和并发症，给医院救治奠定良好的基础。

现代社会中，各种天灾、人祸、突发事件、意外事故、恐怖活动和刑事犯罪、疾病、战争等危及生命的情况随时都可能发生。时间就是生命，在急救中一分一秒的得失关乎一个人的生死存亡。在抢救现场，第一目击者常常是需要抢救的人们身边的亲属、同事、同学、现场群众、路遇者、国家公职人员等。而这些第一目击者的医学常识水平、对基本医疗救护知识和技术掌握的情况，决定他能否准确判断伤情和病情，正确实施有效的初步急救，从而为医务人员的到来和安全地将伤病员送达医院争取时间，创造进一步抢救的条件。急救常识和基本技术在全社会的普及率，是一个现代社会文明进步、科技发达的重要标志之一。2001年，国家教育部、公安部、卫生部、红十字总会等15部委联合发文《关于广泛深入开展救护工作的意见》，要求千百万人掌握救护知识。大学生是具有较高知识结构层次的群体，掌握医疗救护常识，以便在必要时保护自己和他人的生命，具有重大意义。

第二节　现场伤病情的评估判断

一、生命体征观察

体温、脉搏、呼吸、血压和意识状态统称为五大生命体征，是评价生命活动质量的重要征象。瞳孔的变化对判断伤病情有重要意义。

(一)体温(Temperature，T)

常用的体温测量方法有三种，其正常值分别为：

腋测法：36～37℃

肛测法:36.5～37.7℃

口测法:36.3～37.2℃

(二)呼吸(Respiration,R)

正常成人在静止休息状态下呼吸为16～18次/分钟;新生儿约为44次/分钟,随年龄增大而逐渐变慢。

(三)脉搏(Pulse,P)

正常成人脉率为60～100次/分钟;婴幼儿可达130次/分钟,而老年人可至55～60次/分钟。

(四)血压(Blood Pressure,BP)

成人正常血压范围为90～139/60～89mmHg

体温、呼吸、脉搏、血压的具体测量方法、临床意义和注意事项,我们在本书第十六章"大学生常见病家庭护理"和实习课学习。

(五)意识状态

思维和意识是生命活动的重要标志。意识状态是人们对自身或周围环境的一种感知状态,是能通过语言和行为来表达的。大脑皮层是意识活动的基础,脑干网状结构是意识活动的"开关"系统。正常人意识清晰,反应敏锐准确,思维活动正常,语言流畅准确,表达能力机敏。凡是能影响大脑和脑干功能活动的疾病和损害皆会引起不同程度的意识改变,这种状态称为意识障碍。意识障碍程度不同可有以下表现。

1.嗜睡:无明显的意识障碍,表现为过多而深沉的睡眠,甚至吃饭时、走路时都能入睡,但可随时叫醒,能正确回答问题,配合查体、医疗等,但刺激去除后很快又再入睡。

2.意识模糊:意识清晰度下降,对时间、地点、人物的定向力障碍,对各种刺激包括疼痛都不敏感,动作迟钝,保持简单的精神活动。

3.昏睡:接近于不省人事,丧失了回答问题和对疼痛防御反应的能力,呼唤或强刺激可被唤醒,但很快又入睡。醒时答话含糊或答非所问。

4.昏迷:意识活动严重障碍,对外界各种刺激都无反应,所谓"推之不动,刺之不痛,问之不答"。根据程度又可分为:

浅度昏迷,意识大部分丧失,无自主运动,对声、光刺激无反应,对疼痛刺激尚可出现痛苦的表情或肢体退缩等反应。瞳孔、角膜、吞咽等反射和眼球运动可存在。

中度昏迷,对周围事物和各种刺激均无反应,但强烈刺激可能有防御反射出现。瞳孔和角膜反射可能有,但很迟钝。

深度昏迷,全身肌肉松弛,对各种刺激均无反应。对深、浅刺激的反射均消失。

5.谵妄:谵妄是以兴奋性增高为主的高级神经中枢急性活动失调状态,表现为意识模糊、定向力丧失、感觉错乱(幻觉、错觉)、躁动不安、语言杂乱等。

6.瞳孔:瞳孔是虹膜中央的孔洞,正常直径3～4mm。正常双眼瞳孔是等大等圆的,遇到强光能迅速缩小,移开光源后瞳孔迅速复原。用手电筒突然照射一下瞳孔即可观察到瞳孔的反应。瞳孔缩小可见于药物中毒、药物反应、脑外伤、脑出血等。瞳孔扩大可见于脑外伤、药物反应等。双侧瞳孔散大并伴有对光反射消失为濒死状态的表现。瞳孔一大一小常为颅内压增高,如脑水肿、脑疝等。瞳孔对光反应迟钝或消失见于昏迷病人。

二、现场综合评估

救护者(第一目击者)在抢救现场要保持镇静。迅速对现场情况和伤病员伤病情做出评估。

(一)现场评估

1.安全性评估。首先应该判断伤病员受伤害和致病的原因,“看上看下看左看右”判断环境安全,有无对救护者本人、伤病员或其他人造成进一步伤害的因素,救护者进入现场进行救护的安全性等。救护者要去除各种危险因素或使伤病员脱离危险区域,做好个人安全防护后再进行救护。在不能消除危险因素的情况下,救护者应确保自己与伤病员的距离,安全救护。

2.现场和伤病员基本情况的初步评估。比如伤病员的伤病情、人数,有无仍有生命危险的伤病员,本人救护能力,现场所在位置等。

3.做好个人安全防护。救护者尽可能利用身边能利用的一切物品做好个人防护,接触伤病员的血液、体液、分泌物、排泄物时尽可能带上医用手套。如无医用手套,可用敷料、干净布片、餐巾纸、塑料袋为隔离层,特别是自己已有皮肤破损时更要注意。

4.救护者(第一目击者)要有法律意识,对刑事犯罪、突发意外事故的伤员的抢救,要注意保护现场和保存留取必要的人证物证。

5.进入救护现场,救护者首先要向被救护者和/或周围群众表明自己的身份,如说:“我是西北工业大学学生,红十字志愿者!”

(二)判断伤病情

首先应检查可能影响或危及生命的伤病情,要遵循“先救命、后治伤”的原则,边检查边做急救处理。然后可以与伤病员交谈的方式判断其意识状态,观察呼吸、出血、瞳孔、肤色、分泌物,触摸脉搏、体温、疼痛反应、伤情、皮肤肿物等,按照头部、颈部、胸部、腹部、盆腔、脊柱和四肢顺序进行检查。

第三节　现场紧急处置

一、紧急呼救

经现场综合评估后应紧急呼救。救护者何时打电话呼救要根据抢救现场具体情况。如果现场只有救护者一人,伤病员心跳呼吸已停止或正在严重大出血,应立即投入抢救,利用抢救间隙用手机打呼救电话。如果现场不止一人则应尽快打呼救电话。一般打“120”,用最精练、准确的语言说明:伤病员的伤病情、症状、危险程度、现场所在位置、地名、附近显著标志物。如是灾害事故、突发事件应报告事件性质、严重程度、周围情况和伤病员人数。报告人的姓名、电话并报告你正在采取的急救措施,征询“120”在专业医疗救护人员到达前还应该做什么?呼救者不应首先挂断电话。

二、现场急救优先次序

1.实施快速营救,如从水中、火场里、倒塌建筑内把受伤者抢救出来,把中毒者移至安全通风处等。

2. 判断神志。

3. 呼救/报警；呼救/报警时要向周围群众表明自己的身份，请求协助。

4. 摆放体位。

5. 开放气道，维持呼吸道畅通，判断呼吸；呼吸停止时，立即人工呼吸。

6. 检查脉搏，心跳停止时，立即胸外心脏按压。

7. 严重出血者予以止血，必要时上止血带。

8. 对中毒或吸入有害化学剂者应给予相应的急救措施。

三、现场急救的进一步措施

为保证伤病员的安全，施救者（第一目击者）采取了上述紧急措施以后，在专业救护人员未到达前，应注意以下事项：

1. 如无必要，不得移动伤病员。应使其处在最适合于其身体状况或受伤情况的位置。不要让他起身或走动。

2. 要避免对伤病员进行不必要的、自己没有把握的医疗处理及干扰。

3. 设法用毛毯或被子盖住伤病员，避免受冻。如果天气寒冷或潮湿，要在伤病员身下垫些衣物或毛毯，并多盖一些毛毯或被子。

4. 在可能立即致死因素被排除或得到控制后，可以询问伤病员或询问伤病时周围看到的人，了解受伤或发病的病因；寻找病员的医疗卡片、病历、通讯录等，尽早通知伤病者的家属。

5. 根据事故或突发病的种类及当时情况的需要，按照本章第二节有关判断伤病情的原则、要求和顺序检查伤病情。松开紧身衣服。但如果脊骨受伤，则不得牵拉伤病员的腰带。如有必要，可拆开或脱下衣物。衣物可剪开或从衣缝撕开，但必须小心，防止加重伤情。如果没有用以保护的合适的遮盖物，不要过度暴露伤病员身体。注意伤病员的皮肤、黏膜、嘴唇颜色的变化。检查脉搏，如果腕部摸不到，就检查颈部大动脉。查看伤病员是否苏醒、昏睡或无知觉。如果伤病员无知觉，要寻找头部受伤的痕迹。对于有知觉的人，寻找其面部或身体一侧的麻痹情况。查看伤病员的眼睛并检查其瞳孔大小。检查伤病员的躯干和四肢的受伤部位是否有骨折。如果怀疑是中毒，检查伤病员口唇是否有污迹及发黑，并检查周围的中毒源，如药丸、药瓶、家用化学剂或农药等。

6. 在专业救护人员到达并接手救治或者伤病员的家属到达并可以照顾伤病员以前，施救者（第一目击者）要尽一切努力做好救护，避免伤病员进一步受伤害。

第四节 心肺复苏术

一、概述

心跳呼吸停止是临床最紧急的危险情况，心肺复苏术（Cardio Pulmonary Cerebral Resuscitation，CPR）就是对此所采取的最初急救措施。抢救成功的关键是恢复患者的智能和工作能力，即脑复苏。正常脑组织占全身体重的2%，静止时受血量是心输出量的16%，而耗氧量却占全身组织耗氧量的20%～25%，对缺血、缺氧耐受性很差。心跳呼吸突然停止，4～6分钟大脑即发生严重损害，甚至不能恢复。因此，为避免脑细胞死亡，以便心跳呼吸恢复后意识也能恢复，就必须在心跳呼吸停止后立即进行有效的心肺复苏。复苏开始得越早，存活率越高。实践证明，4 分钟内复苏可能有一半人被救活；4～6 分钟开始进行复苏，10％的人可以救活；超过 6 分钟存活率仅为 4％。心跳、呼吸停止超过 8 分钟，则出现脑死亡。心跳呼吸骤停的原因很多，但大多数猝死是可以挽救的。只要抢救及时、正确、有效，许多病人是可望救活的。据统计，猝死约 70％的人死于医院外，其中 40％的人死于发病后 15 分钟内，30％的人死于发病后 15 分钟～2 小时。究其原因，主要是病人本身耽误了时间（如不了解医学常识）；周围的人（包括家属）不懂急救常识和方法；在呼叫救护车和医生、等待救护人员到达的过程中耽误了时间；病人或周围的人做了错误的急救处理等。如果广大群众都能掌握一定的医学常识、急救知识和正确的心肺复苏术，则一旦有人心跳突然停止，就能立即得到正确的急救复苏。

徒手心肺复苏术是在“医院外”不借助医疗器械、徒手对呼吸、心跳骤停的紧急救护，是 20 世纪医学领域及社会大层面普及的最为成功的急救知识与技能。今天，CPR 已经走出医院围墙，走向社会，走进家庭，实现了普及，从而挽救了不少濒死的生命。医学领域里没有任何一项技术的普及达到如此广泛的程度，CPR 几乎在全球任何地方都能见到。

二、循环和呼吸

1. 循环系统是由心脏和各类血管组成的，并以心脏为动力的血液环路输送管道系统。由于心脏有节律地、连续地排血，使血管系统中的血液及时地、按需流经各组织和器官。血液由左心室射出经主动脉及其各级分支流到全身的毛细血管，在此与组织液进行物质交换，供给组织细胞氧和营养物质，运走二氧化碳和代谢产物，动脉血变为静脉血；再经各级静脉汇合成上、下腔静脉流回右心房，这一循环为体循环。血液由右心室射出经肺动脉流到肺毛细血管，在此与肺泡进行气体交换，吸收氧并排出二氧化碳，静脉血变为动脉血；然后经肺静脉流回左心房，这一循环为肺循环。心脏的窦房结细胞、房室结细胞、房室束、传导纤维细胞及瓣膜部心肌细胞均有自动节律性，即按一定节律“自发”发出冲动，使心脏节律性收缩。其中窦房结细胞的兴奋点最高，以它为最高“指挥”。心脏停搏早期，实际上是心肌缺少了最高“指挥”，不同部位的细胞各自为政发出冲动，造成心肌收缩混乱，出现所谓心肌纤维性颤动，这时心前区捶击法具有起搏和除颤的作用。近年来由于自动体外除颤仪（Automated External Defibrillator，AED）的广泛普及，电除颤已运用到了抢救现场。通过胸前捶击和电击让心肌恢复统一节律性收缩，即达到起搏和除颤的目的。心肌收缩还受心跳中枢，植物神经系统，体液中 K^+，Na^+，Ca^{2+}，Mg^{2+} 等电解质，去甲肾上腺素、肾上腺素等激素，血液二氧化碳分压、氧分压及 pH 值的影响。如血液中二氧化碳分压增高，pH 值降低时对心血管中枢神经系统有强烈的兴奋作用。

2. 呼吸是指机体与外界环境之间气体交换的过程。人的呼吸过程包括三个互相联系的环节：外呼吸，包括肺通气和肺换气；气体在血液中的运输，包括物理溶解和化学结合两种形式；内呼吸，指组织细胞与血液间的气体交换。正常成人安静时呼吸次数为 16～20 次/分钟，每次吸入和呼出的气体量大约为 500mL，称为潮气量。当人用力吸气，一直到不能再吸的时候为止；然后再用力呼气，一直呼到不能再呼的时候为止，这时呼出的气体量称为肺活量。正常成人男子肺活量约为 3 500～4 000mL，女子约为 2 500～3 500mL。呼吸系统是由鼻腔和喉咙中的通气管、两个肺，以及一条连接喉咙与肺部的气管组成的。气管的底端分成了两条支气管，每条支气管都与其中的一个肺相连。支气管又分为更小的气管，先是细支气管，后是终末细支气管。终末细支气管的末端有细小的充满空气的小包,叫做肺泡。胸部的依次起伏就是一次呼吸,即一次吸气一次呼气。每分钟呼吸的次数称为呼吸频率。呼吸运动受中枢神经系统支配(呼吸中枢),大脑皮层也有调节作用。血液中二氧化碳分压、氧分压及血压等也影响呼吸运动,如二氧化碳分压增高、氧分压降低、血压下降等都可兴奋呼吸中枢。口对口人工呼吸是正压将空气吹入病人肺内,然后借胸廓和肺的弹力使肺回缩而呼气。

三、徒手心肺复苏术的步骤及简单原理

(一)基础生命支持的 ABC

完整的心肺复苏包括基础生命支持—进一步生命支持—高级生命支持三个阶段,后两个阶段只能在医院由专业医务人员完成,而"基础生命支持"主要是指院前救治,可由掌握心肺复苏初级救护技术的第一目击者(非医务人员)来操作,能够在专业救护人员赶到之前为抢救生命争取时间。基础生命支持主要包括 A,B,C 三个步骤。

1. A(Airway):开放气道。发现病人意识丧失后应立即畅通呼吸道,因为病人这时全身肌肉松弛,口腔内的舌肌也松弛导致舌后坠,阻塞了呼吸通路。采取头后仰,抬举下颌或下颏,可使舌根部向上提起,从而使呼吸道通畅。

2. B(Breathing):人工呼吸,采用口对口或口对鼻呼吸。正常人吸入的空气中氧含量为20.9%,二氧化碳含量为0.04%,呼出气的氧含量为16.3%,二氧化碳含量为4.5%。我们给病人吹气时,吹入病人肺内的氧气量可达18%,可基本满足病人氧的需求。这时,血液中二氧化碳分压增高、氧分压降低、可兴奋呼吸中枢。每次吹气量即潮气量 500 mL,不要过量吹气。

3. C(Circulation):人工循环。胸外按压施加的压力,将心脏向后压于坚硬的脊柱上。按压松弛时,心脏恢复原状,静脉血被动吸回心脏。所以心脏按压的位置要正确,要使心脏刚好在胸骨与脊柱间接受挤压。操作时患者应仰卧于硬板床或地上,如为弹簧床则应在患者背部垫一张硬板。

(二)现场徒手心肺复苏程序的具体步骤

1.判断环境是否危险。

2.判断患者神志。

3.呼救/报警。

4.放置体位。

5.开放气道。

6.判断呼吸。

7.人工呼吸。

8.判断心跳是否停止。

9.人工循环。

10.现场有 AED 设备条件情况下,可按要求运用。

四、现场徒手 CPR

(一)现场徒手 CPR 的具体操作方法和要点

1. 判断环境是否安全。要先确保救人的环境是安全的,确保自己和患者的安全。

2. 判断昏倒的人有无意识。因为救护者当时无法判断病人是否有头颈部的损伤,为了避

免对头颈部再次造成损伤，一般通过轻摇或轻拍患者的肩部并高声喊叫，来判断患者的反应、意识。时间不能超过5秒。

3. 呼救/报警。如无反应，立即呼救，大叫“来人啊！救命啊！”招呼周围的人来协助抢救。来人可以协助做CPR，同时打电话向“120”呼救。必要时应同时打“110”报警。

4. 摆放体位。迅速将病人放置于仰卧位，并放在地上或硬板床上。如果是软床，胸背下需垫硬板。摆放体位时要注意保护颈部，因为心跳、呼吸停止后，全身肌肉松弛，处于软瘫状态，若转动体位时不注意，就可造成颈椎骨折或椎体滑脱压迫脊髓，即使复苏成功，患者却可能高位截瘫。同理，不能先转上半身，再转下半身。应一手托住颈部，另一手扶着肩部，保持头颈部与身体同一轴线翻转，使病人平稳的转动至仰卧位。施救者应跪于患者肩旁，施救者与患者肩部垂直。

5. 开放气道。一手置于病人前额部使头后仰，另一手的食指与中指置于病人下颌骨近下颏或下颌角处，抬起下颏(颌)，使病人下颌和耳垂的连线和水平面是接近垂直，达到完全开放气道。打开病人口腔，检查呼吸道中有无异物。如有明显呼吸道分泌物，应当清理患者呼吸道，取下活动义齿。

6. 判断病人有无呼吸。在维持开放气道的位置，用耳贴近病人的口鼻，眼睛看病人胸部有无起伏，耳听病人有无呼吸声，面部感觉病人呼吸道有无气体排出，即“一看二听三感觉”，观察时间不能超过5秒。有些病人仅因气道阻塞而呼吸停止的，开放气道后就可恢复呼吸。

7. 口对口人工呼吸。在判定病人无呼吸后即应做口对口人工呼吸两次。在保持呼吸道通畅和病人张口的位置下进行，用按前额的手的拇指与食指捏闭病人的鼻孔，用嘴紧包住病人的嘴，向病人口内吹气，每次吹入气量约500 mL，看见病人的胸部抬起即可，历时1秒，不要过度吹气。吹气完毕，嘴应立即与病人口部脱离，松开病人的鼻孔，用眼观察病人胸部，吸入新鲜空气，做下一次吹气。不能采取口对口人工呼吸的，可改口对鼻人工呼吸。人工呼吸频率成人10～12次/分钟，儿童10～20次/分钟。每次人工呼吸的有效指征是胸廓有起伏。口对口吹气施术者注意采取有效措施保护自己。

8. 判断脉搏。人工呼吸两次后应判断脉搏。施术者食指和中指指尖触及患者气管正中相当于喉结的部位，向左或右滑动至胸锁乳突肌前缘凹陷处触摸颈动脉，检查时间不能超过5秒。如无颈动脉搏动，立即进行胸外按压。非医务人员可不做这一步，吹气两次病人无意识恢复迹象应立即进行胸外按压。如有脉搏，说明病人心脏还在跳动，可仅做人工呼吸。

9. 胸外心脏按压。如无脉搏，立即在正确定位下做胸外心脏按压。正确的按压部位应在胸骨中下1/3交界处。一般人(除中老年女性)两乳头连线与胸骨交叉点处，即为心脏按压部位。中老年女性定位方法是首先触及病人上腹部，以食指及中指沿病人肋弓处向中间滑移，在两侧肋弓交界处寻找胸骨下切迹作为定位标志，然后将食指及中指两指横放在胸骨下切迹上方，食指上方的胸骨正中部即为按压区，以另一手的掌根部紧贴食指上方，放在按压区，再将定位之手掌叠于另一手背上，掌根重叠，使手指脱离胸壁，手指间互相交错或伸展。施术者双臂绷直，双肩在病人胸骨上方正中，双肘关节伸直，利用上半身体重和肩、臂部肌肉力量垂直向下按压，要求肩、肘、腕在一条直线上，并与患者身体长轴垂直。按压过程中，手掌根不能离开胸壁。按压幅度：使胸骨下陷4～5cm(小儿、婴幼儿2～3cm)，而后迅速放松，反复进行。按压频率100次/分钟。按压时间：放松时间＝1：1。每次胸外按压后要让胸廓充分的回弹，以保证心脏得到充分的血液回流。

10. 每做 30 次按压，须做 2 次人工呼吸，然后再在病人胸部重新定位，再做胸外按压，如此反复进行 5 个周期后检查 CPR 是否有效。若无 CPR 有效的体征，应立即再做 CPR 5 个周期后再次检查 CPR 是否有效。直至出现 CPR 有效的体征或终止抢救的指征。

（二）现场徒手 CPR 有效的体征

1. 瞳孔由大变小，对光有反应。

2. 出现睫毛反射。

3. 恢复自主呼吸。

4. 颈动脉搏动良好。

5. 面色由紫绀转为红润。

6. 意识有恢复，可见眼球活动，手脚出现挣扎动作或活动。

（三）终止抢救的指征

1. 已由医师接手并开始急救，或有其他人员接替急救。

2. 威胁人员安全的危险迫在眼前。

3. 有医师到场，确定病人已死亡。

4. 心肺复苏持续 30 分钟以上，仍无心跳及自主呼吸，现场又无进一步救治和送治条件，可考虑终止复苏。

5. 脑死亡，如深度昏迷，瞳孔固定、角膜反射消失，将病人头向两侧转动，眼球原来位置不变等，如无进一步救治和送治条件，现场可考虑停止复苏。

6. 自主呼吸和心跳已恢复良好。

（四）注意事项

1. 人工呼吸时送气量不宜过大，应避免过度通气，把潮气量限制到刚见到胸廓抬举为度。每分钟 10～12 次通气。过度通气，可引起患者胃部胀气，胸内压增高、阻碍静脉回流心脏。静脉回流减少，则使心排出量下降，降低冠脉和大脑的灌注。

2. 胸外按压时要确保足够的频率及深度，尽可能不中断胸外按压。胸外按压：人工呼吸＝30：2。

3. 如有理由，可不做口对口吹气，仅做持续以 100 次/分钟速率胸外按压。

4. 如 2 人救护，按压者持续以 100 次/分钟速率胸外按压，通气者给每分钟 10～12 次通气，不要暂停按压去通气。即 2 位救护者各做各的，不要中断胸外按压。大约每 2 分钟交换按压和通气角色，防止按压者疲劳，使胸外按压的质量和速率恶化，但中断时间不能超过 5 秒。如有多位救护者在场，大约每 2 分钟，轮换按压。

5. 现场有 AED 设备条件情况下，可按要求运用。

五、几个特殊问题

1. 生存链的概念。心脏性猝死的生存机会取决于一系列关键性的措施，其中一项措施被延迟都会丧失生机。生存链定义了旁观者，急救调度，第一目击者，急救服务人员，医生和护士的作用，他们将作为团队共同为抢救生命而工作。早期呼救、快速反应并采取措施可以增加心脏病急症的生存机会，每一分钟延迟都会大大减少这个机会。与当地急救系统联系和电话呼救是现场旁观者的关键作用。早期心肺复苏可将含氧血液不断地送至大脑，直到其他医务人员到达。早期除颤恢复正常的心脏节律对于病人的生存攸关，第一目击者，院内、院前急救人员，消防队员，志愿救援人员，医生，护士和急救员都要会用除颤机电击起搏心脏。心脏除颤后，需要稳定病人，并尽早将其转移到医院进行进一步的治疗和护理，早期高级心脏生命支持。高级心脏生命支持包括气管插管，药物治疗监护和其他先进技术。

2. 胸前捶击法具有起搏和除颤的作用，适用于心脏停跳和室颤的急救，更适于高压电击伤的抢救。方法是抢救者紧握拳头，从距病人胸部 25～30cm 处，用尺侧猛击病人胸骨中下 1/3 交界处，这一拳能给心肌一个低能量电波，约 4 J，有时甚至能产生更高电能，足以达到起搏和除颤的目的。

3. 清醒病人的气道阻塞，这种情况常见于老人和小儿进食或异物阻塞气道。此时应先要求病人说话，如能说出耳语音，则表示是咽部痉挛或部分梗阻，可给病人捶背。如果不能说话，立即使病人弯腰，抢救者用手掌根部在病人肩胛间区捶击数次。如果上述方法无效，抢救者立即站到病人背后，用双臂抱住病人腰，右手握拳、拇指指关节凸起顶住病人上腹正中，左手抓住右手猛压几次。如仍不能奏效或病人意识不清，则让病人平卧，推压上腹。但此法有可能引起肝破裂、胃破裂、脾破裂、肋骨骨折、呕吐物窒息等，是属于其他徒手急救方法无效时不得已而采取的方法，千万不要首选。

4. 1956 年，Zoll 应用胸外电除颤获得成功，自此胸外电除颤成为心肺复苏的一个重要组成部分。85％的成人心脏性猝死是因心室颤动所致，早期除颤是救治心跳骤停最重要的关键性治疗。每延长电除颤时间 1 分钟，复苏的成功率将下降 7％～10％。而在心跳骤停发生 1 分钟内就能进行电除颤，患者成活率可达 90％。除颤越早，救活的可能性就越大。AED 又称公众除颤技术（Public Access Defibrillation，PAD），20 世纪 90 年代，美国总统签署法案要求在全美国的主要公共场所必须配备 AED 等急救设备。AED 适用于包括医院、机场、车站、学校、社区卫生中心、会议中心、急救中心等。AED 可由专业人员使用，也可由经过简单培训的非专业人员使用。AED 设计了最简单的操作方式，随时能有效地投入使用，会自动检测每一次除颤是否必须，而且具有自动保护功能以避免发生不必要的除颤，通过文字提示和语音提示，任何人都能操作这台抢救生命的设备。现在已经被广泛地放置在各种公共场所中。

第五节　急救五大技术

通气、止血、包扎、固定和搬运是现场抢救的基本措施，俗称“急救五大技术”，要求气道开放、止血确实、包扎牢靠、固定稳妥、搬运安全。通气在本章第四节里已叙述，本节主要讲授止血、包扎、固定和搬运的基本知识和要点，具体操作在实习课中学习。

一、止血

出血情况各不相同，要根据具体情况采用不同的止血方法，常用的止血法如下。

（一）指压法

根据动脉体表投影，以手指、手掌用力压迫伤口近心端血管达到临时止血的目的。如头部出血，可压迫同侧颈总动脉；上肢出血，压迫同侧锁骨下动脉；下肢出血压迫同侧股动脉等。四肢出血应抬高患肢。

（二）填塞法

对松软组织内的血管损伤出血，可用纱布、绷带卷填入伤口内压紧，外加大块敷料加压包扎，达到止血的目的。

（三）加压包扎法

在出血位置包扎前加一纱布卷或手巾、三角巾、衣服等，然后再适当加压包扎。不要对嵌有异物或骨折断端外露的伤口直接压迫止血。不要去除血液浸透的敷料，而应在其上另加敷料保持压力。

（四）加垫屈肢止血法

肘或膝关节以下部位出血，在肘窝（腘窝）处垫以棉垫卷或绷带卷，将肘关节（膝关节）尽力屈曲，借衬垫物压住动脉，用绷带或叠成带状三角巾固定于屈肘（膝）姿势而止血。疑有骨折时忌用此法。注意肢体远端的血液循环，每隔 50 分钟缓慢松开 3～5 分钟，防止肢体坏死。

（五）止血带止血法

此法尽量少用，只适用于四肢大血管出血，用加压包扎不能止血时才用止血带。使用时应注意以下几点。

1. 千万不要在手指、足趾根部扎止血带，其后果很可能是指（趾）端坏死、神经损伤等。这些末梢部位出血时一般采取抬高患肢、局部加压包扎止血即可。

2. 可用制式止血带、胶带、绷带、布带等，但不能用电线、绳索、铁丝等做止血带。但情况紧急、现场确无其他合适的止血带时，为挽救大出血伤员的生命可使用电线、绳索等替代物。可用小木棍等物将代用止血带绞紧。

3. 一般要求缚扎部位上肢在上臂上 1/3 处，下肢在股部中下 1/3 处，用棉花、纱布或衣服、毛巾等做衬垫后，再以止血带勒紧而止血。近年来一些学者认为，抢救中不必强调上止血带的标准部位，而是将止血带尽可能扎在靠近伤口的近侧或紧挨伤肢残端。

4. 止血带松紧要适度。过松只压迫静脉而没有压闭动脉，会使出血更严重；过紧则会伤及神经，引起不必要的肢端坏死、残废。应以刚能压闭动脉，达到止血为度。

5. 扎止血带的时间应越短越好，如必须延长，则每隔 50 分钟应放松一次，每次 3～5 分钟。松止血带前应做好各种准备工作，如用其他方法临时止血等。大动脉损伤出血松止血带前应建立静脉通路，补液后才可进行。

6. 上止血带的伤员要记录使用时间、部位，紧急送医院。如成批伤员应在身体显著部位扎红色标记，用不易脱落的布带或卡片标明止血带使用的时间、部位，并加强交接班。

二、包扎

（一）包扎要点

1. 伤口包扎的目的是保护创伤免受再污染、止血、减少渗出、止痛、固定敷料和夹板等。错误的包扎可导致出血增加、加重感染、造成新的伤害、遗留后遗症等不良后果。

2. 包扎材料最好采用制式三角巾急救包、四头带急救包、战伤急救包、消毒纱布和绷带，在现场抢救时还可以用干净的毛巾、头巾、手帕、软布条、衣服等作为临时的包扎材料。三角巾制作简单，使用方便，容易掌握，包扎面积大。三角巾不仅是较好的包扎材料，还可作为固定夹板、敷料和代替止血带使用。还可将三角巾叠成带状、燕尾状或连成双燕尾状和蝴蝶形等。这些形状多用于肩部、胸部、腹股沟部和臀部等处的包扎。使用三角巾，两底角打结时应牢固，解除时可将其一侧，边和其底角拉直，即可迅速地解开。

（二）检查伤情

现场处理时，要脱去或剪开衣服，暴露伤口，检查伤情。仔细检查伤口的位置、大小、深浅、污染程度及异物特点。伤口深，出血多，可能有血管损伤；胸部伤口可能有气胸；腹部伤口可能有肝脾或胃肠损伤；肢体畸形可能有骨折；异物扎入人体可能损伤大血管、神经或重要脏器。

（三）包扎方法

不同部位有不同的方法，下面介绍几种常用的包扎方法。

1.绷带环形法，是绷带包扎法中最基本最常用的，一般小伤口清洁后的包扎都是用此法。它还适用于颈部、头部、腿部以及胸腹等处。方法是：第一圈环绕稍作斜状，第二圈、第三圈作环形，并将第一圈斜出的一角压于环形圈内，这样固定更牢靠些。最后用带尾固定，或将带尾剪开成两头打结。

2.绷带蛇形法，多用在夹板的固定上。方法是：先将绷带环形法缠绕数道固定，然后按绷带的宽度作间隔的斜着上缠或下缠即成。

3.绷带螺旋法，多用在粗细差不多的地方。方法是：先按环形法缠绕数圈固定，然后上缠每圈盖住前圈的三分之一或三分之二成螺旋形。

4.三角巾头部包扎，先把三角巾基底折叠放于前额，两边拉到脑后与基底先作一半结，然后绕至前额作结，固定。

5.三角巾风帽式包扎，将三角巾顶角和底边各打一结，即成风帽状。在包扎头面部时，将顶角结放于前额，底边结放在后脑勺下方，包住头部，两角往面部拉紧，向外反折包绕下颌，然后拉到枕后打结即成。

6. 胸部包扎，如右胸受伤，将三角巾顶角放在右面肩上，将底边扯到背后在右面打结，然后再将右角拉到肩部与顶角打结。左胸受伤，在左侧用相同方法进行。

7.背部包扎，与胸部包扎的方法一样，唯位置相反，结打在胸部。

8.手足的包扎，将手、足放在三角巾上，顶角在前拉在手、足的背上，然后将底边缠绕打结固定。

9.手臂的悬吊。如上肢骨折需要悬吊固定，可用三角巾吊臂。悬吊方法是：将患肢成屈肘状放在三角巾上，然后将底边一角绕过肩部，在背后打结即成悬臂状。

（四）包扎注意事项

包扎要做到"五不"、"四要"，即不用手摸伤口、不用水冲伤口（化学伤除外）、不取伤口异物、不送回脱出的内脏、不上药；要快、要准、要轻、要牢。伤口异物为尖刀、钢筋、木棍、尖石块等，并扎入伤口深部，不要轻易祛除，因可引起大出血、神经及内脏损伤。这时应维持异物原位不动，敷料上剪洞，套过异物，置于伤口上，然后用敷料卷圈放在异物两侧，将异物固定，用敷料或者三角巾包扎。待转入医院后处理。现场不要对伤口进行清创，在伤口的表面不要涂抹任何药物。

三、固定

（一）固定要点

1.对骨折、关节严重损伤、肢体挤压和大面积损伤，必须进行固定。固定可以减轻疼痛，减少休克，避免骨折端移动引起血管神经伤，减少出血和感染。许多创伤后遗症、并发症都与固定是否妥当有密切关系。对开放性骨折及软组织损伤，首先止血、包扎后再固定，其目的是制动，不要试图整复，以免加重创伤。

2. 常用的固定方法有：小夹板固定、石膏绷带固定、外固定支架固定、牵引制动固定等。固定材料可使用制式固定器材，如木夹板、铁丝夹板、充气夹板、可塑性夹板和颈托等，现场可以使用就便材料，如树枝、竹片、木棍、木板、硬纸板、书、杂志等，还可以利用躯干、健侧肢体进行临时固定。

(二)固定的原则

1. 首先检查意识、呼吸、脉搏及处理严重出血。

2. 用绷带、三角巾、夹板固定受伤部位。

3. 夹板的长度应能将骨折处的上下关节一同加以固定。

4. 骨断端暴露，不要拉动，不要送回伤口内。

5. 暴露肢体末端以便观察血运情况。

6. 固定伤肢后，如可能应将伤肢提高。

7. 如现场对生命安全有威胁要移至安全区再固定。

8. 预防休克。

(三)固定的方法

1. 要根据现场的条件和骨折的部位采取不同的固定方式。固定牢固，不能松动、过紧，在骨折和关节突出处要加衬垫，以加强固定和防止皮肤压伤。根据伤情选择固定器材，如以上提到的一些器材，也可根据现场条件就地取材。

2. 操作要点：置伤病人于适当位置，就地施救，夹板于皮肤、关节、骨突出部位加衬垫，固定时操作要轻，先固定骨折的上端，再固定下端，绑带不要系在骨折处，前臂、小腿部位的骨折，尽可能在损伤部位的两侧放置夹板固定，以防止肢体旋转及避免骨折断端相互接触。固定后，上肢为屈肘位，下肢呈伸直位，应露出指端，便于检查末梢血运情况。头面部外伤，特别是昏迷伤员，要考虑有颈椎损伤可能，要用颈托固定。若无颈托，则将病人仰卧位，肩背部垫以软枕，头两侧各垫枕头或沙袋，用绷带将头固定在木板上，以免头晃动。

四、搬运

(一)搬运要点

把伤员从现场或险境抢出，转移到安全地方并向医疗单位转送，以便使患者及时得到确定性治疗，是现场急救的最后步骤。搬运转送工作正确及时，不但能使伤员迅速获得全面的检查和治疗，还能避免在这个过程中伤情加重。搬运转送不当，可能延误伤员的检查和治疗，更可能使伤情加重，造成不应发生的终生残疾或死亡，使现场抢救工作前功尽弃。做好伤病人现场的救护，先救命后治伤。应先止血、包扎、固定后再搬运。伤病员体位要适宜。现场搬运伤员的方法很多，要根据伤员的伤情、地形道路情况、搬运距离长短、运输工具等灵活掌握。如担架搬运法(包括自制简易担架)、脊柱板(平板)搬运法和徒手搬运法，后者有单人挟持法、单人背抱法、牵拖法，双人座椅式搬运法、搬抬式搬运法、拉车式搬运法及三人搬运法等。

(二)搬运伤员时应注意的几点

1. 昏迷的伤员要注意保持呼吸道通畅，注意舌后坠，防止窒息。

2. 搬动要平稳，避免牵拉硬拽，防止损伤加重。不要无目的地移动伤病员。

3. 不同部位创伤搬运要点：颅脑伤者应半俯卧位或侧卧，保护好外露脑组织、减少震动；开放性气胸者应半坐位;腹部伤者的内脏脱出,不要送回腹腔,但也不要让其继续外出。用碗、腰带圈等保护包扎,取仰卧位,下肢屈曲,脊柱板(平板)抬送;脊柱伤者要避免身体弯曲和扭转,平抬平放,用脊柱板(平板)运送;颈椎伤者应有人协助牵引、固定头部;骨盆伤者应用脊柱板(平板)搬运。

4.上下担架的方法:搬运者三人并排单腿跪在伤员身体一侧,同时分别把手臂伸入到伤员的肩背部、腹臀部、双下肢的下面,然后同时起立,始终使伤员的身体保持水平位置,不得使身体扭曲。三人同时迈步,并同时将伤员放在硬板担架上。发生或怀疑颈椎损伤者应再有一人专门负责牵引、固定头颈部,不得使伤员头颈部前屈后伸、左右摇摆或旋转。四人动作必须一致,同时平托起伤员,再同时放在硬板担架上。起立、行走、放下等搬运过程,要由1个救护人员指挥号令,统一动作。搬运者亦可分别单腿脆在伤员两侧,一侧一人负责平托伤员的腰臀部,另一侧两人分别负责肩背部及双下肢,仍要使伤员身体始终保持水平位置,不得使身体扭曲。

5.要将伤病人妥善固定在担架上,防止头部扭动和过度颠簸。

6.搬运中要时刻注意伤员的呼吸、脉搏、神志和伤口情况,如伤情有变化应立即处理,妥善处理好后才能转送。对上夹板固定的伤员还要注意观察伤肢末梢循环情况。远距离长时间转运伤病人,止血带需定时放松。除腹部伤外,可给伤员适量饮水。

第六节　外伤急救

外伤急救是各种自然灾害、意外事故、日常生产生活、野外旅游、见义勇为以及军事行动中经常遇到的紧急行动。本节着重讲述非医务人员在没有制式医用急救物品时的紧急救治措施。

一、颅脑外伤

(一)颅脑外伤常识

1.颅脑是由颅和脑两部分组成。颅包括颅骨和头皮;脑包括大脑、小脑、脑干、脑神经、脑血管和脑膜。颅脑的特点是它是一个封闭的体腔,脑内容(包括脑脊液、脑组织及脑血流)都是非压缩性的,所以外伤、病变引起颅内压升高是死亡的最重要的原因。

2.颅脑损伤主要有头皮软组织伤、颅骨骨折和脑损伤(包括脑震荡、脑挫裂伤等)。

(二)现场急救

1.头皮损伤,如仅有擦伤,剪除伤口及其周围皮肤上的毛发后按一般皮肤外伤处理。如有头皮裂伤,因为头皮血管出血活跃,应压迫止血并加压包扎后送医院清创缝合。如遇头皮撕脱伤(多见于留长发、扎辫子的女性),应及时用无菌纱布、绷带包扎后送医院治疗,同时应将撕脱的头皮也包好带去,以备医生做缝合或延期植皮处理。

2.颅骨骨折时常有血液及脑脊液自鼻孔耳道流出,切忌堵塞,制止擤鼻或用力咳嗽。保持耳鼻干净,忌用水冲洗,尽快送医院。

3.脑损伤。这类伤员都有意识障碍、头痛、呕吐等症状。如果昏迷后有一段清醒或好转后再次昏迷,或昏迷加重,或头痛剧烈、呕吐频繁、意识更趋不清,多表示有颅内血肿、颅内高压的可能,应立即送医院。对颅脑伤伤口的异物在急救现场绝不能取出,应送到医院由神经外科专科医生处理。昏迷伤员送医院途中注意事项见本章第五节。

二、胸部外伤

（一）胸部外伤常识

1.胸部主要由胸壁、胸膜、胸膜腔、气管、肺脏以及纵膈（包括心脏、心包、大血管、食管等）组成。胸壁由胸骨、肋骨和胸椎以及其他软组织组成。胸膜分为脏层和壁层，两层胸膜相移行形成一个完整的、闭合的、具有负压的胸膜腔，以此维持正常肺的呼吸运动。如胸膜破损，胸膜腔负压消失，就可使伤侧肺萎缩，出现所谓气胸。纵膈有心脏和大血管，胸腔血循环丰富，外伤出血引起的血胸极为严重。

2.胸部外伤主要有肋骨骨折、血胸和气胸。肋骨骨折多由胸部受直接或间接外力的打击或挤压引起。血胸多为胸部穿入伤，直接损伤血管或胸腔内器官引起，亦可见于胸部闭合性损伤，还可见于肋骨骨折断端刺破肋间动脉、胸膜和肺脏。气胸多见于开放性胸壁损伤，壁层胸膜、脏层胸膜破损或同时破损，均可造成开放性气胸。在闭合性损伤中，肋骨骨折端刺破胸膜和肺组织，造成闭合性气胸。因肺泡囊肿或结核病灶自发性破裂引起的自发性气胸也很常见。

3.胸部外伤引起的主要问题是出血、肺和纵膈受压、移位、心脏移位以及胸腔开放、负压消失。上述情况会迅速引起急性呼吸循环障碍及休克，不及时抢救就会危及生命。

（二）现场急救

肋骨骨折主要是止痛，防止肺部并发症，要警惕肋骨骨折造成的张力性气胸引起伤员的突然死亡。多根肋骨骨折如不及时处理可因“浮动胸”、“反常呼吸”引起严重呼吸循环功能障碍，可临时用厚敷料或急救包压在伤处，外用胶布或绷带加压包扎固定，迅速送医院处理。单纯肋骨骨折一般可护送到医院处理，如有条件，可以用胶布固定胸壁。开放性气胸应立即用足够大的塑料布（塑料袋或类似物品）覆盖于伤口上，再用胶布、绷带、折叠的三角巾绕胸固定于健侧打结。有条件用急救包、四头带最好，里面就有隔气的橡胶布。如上述物品均无，可用较清洁的衣服捂住伤口，布带包扎固定使之不漏气后立即送医院。伤病员取半卧位。

三、腹部外伤

（一）腹部外伤常识

1.腹部包括腹壁、腹腔、腹腔内脏器。腹腔内脏器分为实质性脏器和空腔脏器，前者如肝脏、胰腺、脾脏、肾脏等，后者如胃、肠管、胆囊、膀胱等。另外腹腔内还有大血管。

2.腹部外伤可分为开放性伤和闭合性伤两大类，除少数为单纯腹壁损伤外，大多数腹部外伤均有腹内脏器损伤。腹内实质性脏器损伤可因出血而致休克，空腔脏器损伤可因其内容物流入腹腔而引起急性腹膜炎，腹腔内大血管损伤和实质性脏器损伤引起的大出血极为严重，可迅速致命。

（二）现场急救

如判断为腹腔内大出血，应迅速用绷带将腹部加压包扎，以减缓出血，尽快送医院。要警惕一些闭合性腹部伤口并有脾破裂的伤员，早期可能因腹腔内压使出血暂时减缓，而机体又处于失血代偿期而误以为没事，一旦再次大出血可立即致死。所有腹部伤伤员一律禁止饮食，不要用力翻动和咳嗽。腹部开放伤应让伤员平卧，在膝下垫入衣物使双膝抬高，这样做可以减少腹壁张力，减轻或防止内脏脱出。应用敷料覆盖腹部伤口，并用绷带固定之。如有内脏脱出，一般不要送回腹腔，可用纱布覆盖后，用消毒碗扣上，保护脏器避免受压，外面再包扎固定。也可用宽皮带做成圈环绕或周围用纱布卷垫一圈保护，外加包扎固定。但如果内脏脱出较多，或脱出的内脏因伤口较窄以致影响血液循环，为避免内脏暴露时间过长，增加休克或内脏坏死可能性，则应将内脏还纳，此时污染已属次要问题。但穿破的肠管不应还纳腹腔，可用敷料另行包扎穿孔肠管，使之尽可能与伤口用敷料隔开。劝告伤员保持镇静，避免剧烈咳嗽和呕吐。

四、四肢和脊柱外伤

（一）四肢和脊柱外伤常识

1. 四肢和脊柱外伤主要是骨折、脱位、出血、神经和脊髓损伤。四肢骨折常同时有伴行血管出血和神经损伤，如果是肢体离断伤、大血管断裂出血易造成出血性休克。脊柱外伤急救时的主要问题是如何避免引起或加重脊髓损伤。使脊髓发生病理变化的基本因素是如骨折、血肿、组织间隙水肿造成的压迫和血液供应的丧失，这些因素引起的脊髓功能障碍可以是暂时的，也可以是永久的。一般单纯脊柱骨折，除局部疼痛、活动受限、出现脊柱畸形外，少见昏迷和休克。但如脊髓遭受损伤，伤员立即瘫痪。常有脊柱伤伤员处理不当造成脊髓损伤而瘫痪的，应引起我们高度警惕。

2. 骨折的判断。疼痛；肿胀，出血和骨折端的错位、重叠，都会使受伤部位外表呈现肿胀现象；畸形，骨折时肢体会发生畸形，呈现短缩、弯曲或者转向；功能障碍，原有的运动功能受到影响或完全丧失。

3. 循环、神经损伤的检查。上肢损伤检查桡动脉有否搏动，下肢损伤检查足背动脉有否搏动；触压伤病人的手指或足趾，询问有何感觉，手指或足趾能否自主活动；脊柱伤伤员是否出现肢体瘫痪。

4. 在全身各关节脱位中，肘关节脱位最为多见。常见于青少年中，因受到间接暴力伤害所致。例如突然跌倒时上肢外展、手掌着地，暴力沿前臂向上传递，肱骨前下端受身体重力作用突破薄弱的关节囊前壁，向前移动，导致肘关节脱位。受伤后患者表现为肘关节肿胀、疼痛、畸形明显，前臂缩短，肘关节周径增粗，肘前方可摸到肱骨远端，肘后可触到尺骨鹰嘴，肘关节弹性固定于半伸位。

（二）外伤现场急救

1. 脊柱外伤者在急救和搬运中都必须十分小心，避免因搬运方法不当而加重脊柱伤的移位和脊髓的损伤程度。要保持伤员头顶部和躯干在伸直位，绝不可使脊柱屈曲和扭转，特别是颈椎伤，应小心搬动，牵引头部，并加以固定。安放在担架上后，不要再更换其他担架，以减少脊柱伤部的移动。腰部脊柱伤的伤员，腰下垫以软垫，保持腰部平直。颈椎伤者，在颈后垫小布卷或薄枕，头两侧放置衣物，防止扭转。脊柱伤有脑脊液外漏的要加厚包扎。昏迷者注意保持呼吸道通畅。

2. 四肢骨与关节外伤现场急救时首先要迅速止血，否则可能危及伤员生命，可用加压包扎止血法，必要时用止血带止血。骨折固定要超过上、下关节。骨折固定有减少疼痛、保持骨折位置及防止骨断端损伤血管神经的作用。固定时要注意牢靠，松紧适当，尽量采用功能位。有时外固定过紧可引起伤肢出现缺血性挛缩，快的 4～6 小时就会发生，应警惕。要时常观察固定后伤肢末梢血液循环情况，如有异常应尽早处理。上止血带者应尽快送医院。

3. 发生肘关节脱位时，如果跟前无救助者，伤员本人根据肘关节的伤情判断是关节脱位，不要强行将处于半伸位的伤肢拉直，以免引起更大的损伤。可用健侧手臂解开衣扣，将衣襟从下向上兜住伤肢前臂，系在领口上.使伤肢肘关节呈半屈曲位固定在前胸部，再前往医院接受治疗。如果有人救助，若救助人员对骨骼不十分熟悉，不能判断关节脱位是否合并骨折时，不要轻易实施肘关节脱位复位法，以防损伤血管和神经，可用三角巾将伤员的伤肢呈半曲位悬吊固定在前胸部，送往医院即可。

第七节　意外伤害急救

一、电击伤

(一)电击对人体的伤害

电击伤是瞬间造成的机体严重伤害，除局部电灼伤外，全身可引起电休克或迅速导致呼吸、心跳停止。电击伤对人体的伤害程度与电流的性质(交流或直流)、电流强度、电压大小、电阻、电流径路和触电时间长短等有关。交流电比直流电伤害大，电压高和电流强者伤害大。接触人体部位电阻越小伤害越大，皮肤干燥时电阻大，容易造成局部灼伤，伤害较小；皮肤湿润、出汗多则电阻小，电流容易通过，造成全身损害。电流穿过皮肤后，迅即沿电阻低的血管和体液运行，其经路通过心、脑等重要器官，就可引起电休克和心跳呼吸骤停。电流可引起肌肉痉挛，故手掌触电常引起手指屈曲、抓住电线不放的情况。触电时间越长，全身损害越大。电击所致的电休克，表现为短暂的神志丧失、呼吸暂停、头昏、心悸、恶心、耳鸣等，但多能自动恢复。局部损伤主要为烧伤，可以是电流直接通过人体时的电烧伤，也可以是电弧或电火花引起的电弧烧伤，还可以因电火花引燃衣服而引起的火焰烧伤。由于触电时肢体肌肉强烈收缩，有时会发生骨折或关节脱位。此外，由于意识丧失或肌肉收缩被弹离电源，致跌倒或高处坠下，复合其他创伤。

(二)现场急救

1.脱离电源。因患者触电后，电流仍可能从伤者身体通过，所以首先要争分夺秒使患者脱离电源，应采取当时当地最快、最安全的方式切断电源。如关闭电门、切断电路、用绝缘物体挑开电线等方法。没有切断电源前，抢救者绝不可用手直接去拉触电人。

2.现场急救。如发现患者呼吸、心跳已停止，应立即进行心肺复苏。

3.局部烧伤的处理与一般烧伤急救相同。

二、烧伤

(一)烧伤的基本常识

1.烧伤的原因有四种，即热力烧伤，如火焰、灼热的气体、液体或固体引起的烧伤；化学烧伤，如强酸、强碱、磷的烧伤；电能烧伤，如电烧伤，电弧烧伤；放射烧伤，如核辐射、放疗中的烧伤等。无论何种烧伤，伤后能否得到及时、正确的急救处理，直接关系到伤员入院后的诊治和预后。烧伤对身体损害的程度，与烧伤的深度和面积有很大关系。

2.烧伤深度。一般把烧伤的深度分为三度。

I度(红斑性)：仅为表皮烧伤，表现为局部似红斑，轻度肿胀，不起水疱，伤处灼痛，并有感觉过敏。

Ⅱ度(水疱性):可分为浅Ⅱ度和深Ⅱ度。浅Ⅱ度烧伤时,局部组织水肿,形成大量水疱,疼痛剧烈,除去水疱后创面湿润、创底艳红、水肿。深Ⅱ度伤及真皮深层,可有小水疱、表皮下积薄液,去表皮后创面微湿、苍白或白中透红,有时可见细小红点或细小血管支。微痛,感觉迟钝。

Ⅲ度(焦痂性):伤及全层皮肤,创面苍白或焦黄炭化、干燥、皮革样、无弹性,可见树枝样粗大静脉网,不痛,无知觉。

3.烧伤面积计算。

手掌法:五指并拢,单手掌面积为自身表面积的1%。

中国九分法:头面颈部为9%,双上肢为18%,双下肢(含双臀部)为46%,躯干(含会阴)为27%,头面颈部为9%。

(二)现场急救

现场急救的目的是迅速消除致伤因素,脱离现场,针对不同的原因、不同的伤情,采取相应的急救措施。

1.火焰烧伤时应尽快脱去着火的衣服或就地打滚,压灭燃烧的火苗或由他人帮助用不易燃烧的材料扑灭或用毯子、雨衣、大衣、棉被等覆盖以隔绝空气灭火。切忌奔跑呼叫将火焰与烟雾吸人呼吸道,加重吸入性损伤。用水浇灭着火的衣服亦是脱离热源的好方法。还可以跳入附近的水池、河沟内。去除热源后,首先检查有无危及伤员生命的情况,如有立即抢救。脱离现场后判断伤情,如果是某一局部、一个肢体面积不大的烧(烫)伤可用冷水(水温15~20℃)持续冲洗或浸泡0.5~1小时。此法可以减轻热力继续向深层组织传导所致的损害,减轻疼痛,减少水肿.减少创面污染,简便易行,效果较好,但大面积烧伤慎用冷疗。对烧(烫)伤创面要妥善保护,如果创面浅,面积小,又无污染,可用无菌敷料直接包扎。如果是烧伤面积大于10%以上的Ⅱ度、Ⅲ度烧伤,应尽快去医院就诊。保持呼吸道通畅,尤其要注意吸入性损伤和面部烧伤伴呼吸困难者。创面上不要涂诸如红汞、碘酒、龙胆紫等有颜色的药,也不要涂牙膏、软膏、油膏等黏性物质,因为这样会影响到医院后医生对烧伤深度的判断,增加了创面污染的机会和医生处理创面的困难。若出现水疱要保留,不要将水疱皮撕去。用干净的敷料(可用毛巾、被单代替)包裹后送医院,避免去医院途中污染。

2.化学烧伤的急救原则同前,尽快脱去致伤物质浸渍的衣服,并立即用大量清水冲洗,时间不少于20分钟,以清除残存的化学物质,切忌等待应用中和剂而耽误冲洗时机。任何中和剂的使用都将产生热量而加深烧伤,有些中和剂本身也有损害作用。头面部化学烧伤时,应特别注意有无眼睛烧伤,并优先予以冲洗。

3.电烧伤的急救除前所述外,局部以暴露为好。

4.放射性烧伤平时多见于放射治疗引起的副作用,辐射源意外引起的放射性烧伤也有报道,还有核恐怖、辐射恐怖、核意外、核事故引起的放射性烧伤。核恐怖、核意外、核事故现场急救应将伤员按创伤、烧伤救治原则处理后立即撤离沾染区,到洗消站进行洗消处理后转入专科医院治疗。战时核武器引起的放射性烧伤,与上述烧伤的处理原则也是一致的。

三、溺水

(一)淹溺的过程

人体溺入水中后,先有强烈的躁动、挣扎与屏气,约1~2分钟后,即出现不自主地吞咽大量的水。一旦失去知觉后，则有大量的水或呕吐物被吸入肺内，引起呼吸道梗阻、窒息，全身严重缺氧、肺水肿、电解质紊乱、酸中毒以致呼吸、心跳停止。溺毙的全程约4～7分钟。另有约10％的溺水是因落水后惊恐、寒冷刺激发生喉痉挛，造成呼吸道梗阻或痉挛，引起心律失常而造成死亡。因为吸入水分的性质不同，水的渗透压不同，对人体的影响也不同。溺于海水者比溺于淡水者死亡慢，抢救的机会也较多。由于潜水反射作用，寒冷刺激使心率减慢，循环泵停时皮肤和内脏血管收缩，大量含氧合血红蛋白的血液突然涌上心脏和脑部，同时低温时脑耗氧量下降，对心脑有一定保护作用，所以即使溺水时间较长的病人也要积极复苏。

(二)现场急救

1.未受过专业救护训练的人，不要轻易下水救人，会游泳并不代表会救人，应立刻通知119/120与当地救难人员协助求援。

2. 救护者应尽可能脱去外衣、裤、鞋、袜，迅速游到溺水者附近，从其后方前进，用左手从其左臂和身体中间握住其右手，然后用仰泳方式将其拖向岸边。最好携带救生圈、木板、绳索或小船等做好自我防护。在水中要托着伤者的头颈与上背使成直线尽量不动，并维持脸朝上并露出水面，若溺水者呼吸停止或微弱，即使还在水中仍应开始施予人工呼吸。

3.医学救护。一般离开水面，清除口鼻腔内异物后应尽早施行口对口人工呼吸。但有许多人认为应该先控水处理，再做人工呼吸。即利用头低、脚高的体位将水控出。具体方法是，救护者一腿跪地，另一腿屈膝，将溺水者的腹部放在膝盖上，使其头下垂，然后按压其腹、背部。在有些农村中将淹溺者置于牛背上，使头下垂，然后赶牛走动，这样不仅可以控水，同时也兼做了人工呼吸。因牛走动时，牛背随之起伏，使肺脏进行呼吸运动。控水可以解决呼吸道水阻塞问题，但过分强调控水又会失去心肺复苏的黄金时间，应该具体情况具体对待，如有水阻塞呼吸道，应迅速控水后立即做心肺复苏术，如果没有呼吸道阻塞，就不必控水了。实践证实，只要能控出少量水，有效人工呼吸的成功率就会大大增加。另外注意部分溺水者可能还有心跳，只要脉搏节律，单纯做口对口人工呼吸亦可，但应严密观察脉搏情况。

淹溺者其病理、生理情况很复杂，现场初步心肺复苏成功后应立即送医院救治。

四、应激反应

(一)从临床医学看应激反应

人受到暴力侵害、精神或肉体上受到刺激时，会本能地最大限度地动员各种生理机能去进行防御，力图克服有害刺激给人体造成的侵害，人体这种适应性反应叫应激反应。如情绪激动、恐惧、剧痛时都会有呼吸、心跳加快，肌肉紧张度增高等情况出现。如果这个反应过于强烈，就可能给机体造成严重危害，脏器机能衰竭，甚至死亡。应激反应可以是生理现象，也可以是病理现象，还可以是心理现象。在生理情况下，应激反应持续时间短，对机体不致造成不利影响。在病理情况下，如果应激反应很强，而且持续时间很长，则对机体带来不良影响。现代医学已证实，应激反应是以交感神经兴奋和肾上腺皮质分泌增多为主的一系列神经内分泌反应，并由此而引起的各种功能和代谢改变。中国武术中常提到的一些死穴，给予局部刺激、打击竟可致人全身反应而死亡，按现代医学分析，就是引起了机体过强的应激反应。这些死穴分布在人的下颚、鼻梁、太阳穴、枕部、耳后部、颈侧部、前心部、上腹剑突下部、左右肋部、后心部、腰肾部和会阴部，这些部位受到强刺激，可致突然昏厥或死亡。在过强的神经内分泌反应中，窦弓反射应引起我们注意。在颈部两侧颈动脉内各有一颈动脉窦压力感受器，作用是调节人脑血压。如缢死绝大多数是因为颈动脉窦受刺激和旁边伴行的迷走神经受刺激，并作用于主动脉弓压力感受器，共同使心跳、呼吸受抑制，血压下降，屏气，终致心跳、呼吸骤停而死亡。

（二）心理性应激反应

惊恐是心理性应激反应的一个常见的和典型的症状。据报载重庆某工厂一男青年工人开玩笑把一条冰冷的湿绳子突然扔到与其很熟悉的一个女青年工人脖子上，并惊呼“有蛇！”。女青工因突然惊吓而昏厥，虽经及时抢救，但终因心脏破裂而未免一死。大地震后，救护人员在废墟中扒出一些尸体，身体完好无损，没有砸伤、压伤，也没有窒息致死的体征。但他们的胸部、脸部、腹部都有很多深深的抓痕，经鉴定这些人都死于长时间的极度恐惧，因精神崩溃最终导致心、肾、肝、脑等重要脏器功能衰竭而死亡。实践证明，惊恐的确可以引起昏厥、呆傻、脑出血、肝出血、心脏破裂、肾上腺坏死而死亡，这都是心理因素引起机体过强的应激反应的结果。

五、冷伤

（一）冷伤基本知识

1. 寒冷对机体的损害作用称冷伤。冷伤分冻结性冷伤和非冻结性冷伤两大类，冻结性冷伤又分全身性和局限性冷伤两种。冻结性冷伤因短时间暴露于极低温或长时间暴露于冻点以下低温所引起，此时组织发生冻结，故称冻伤。非冻结性冷伤包括冻疮、战壕足等，常发生于手、足和耳垂部，是受冰点以上的低温和潮湿的作用而起。

2. 全身冻结性冷伤可出现心律失常、休克、心跳骤停以致死亡。

3. 局部冻伤多见于末梢暴露部位，如手、脚、耳廓、鼻尖等处，复温后根据损伤程度和表现，临床上可将其分为四度。一度冻伤：损伤皮肤浅层，表现为淤斑、轻度肿胀，局部麻木、痒痛。二度冻伤：损伤皮肤全层，瘙痒或灼痛，局部出现水疱，肿胀明显。三度冻伤：深达皮下组织，早期出现水肿和大水疱，相继皮肤由苍白变为蓝色或黑色而发生坏死，局部感觉丧失。四度冻伤：伤及肌肉或骨骼，局部发生干性或湿性坏疽，功能和感觉完全丧失，常伴有畏冷发热等全身症状。

（二）现场急救

1. 使伤员迅速脱离寒冷环境，将潮湿的衣服、鞋袜立即脱掉，如果衣服鞋袜不易解脱时，可立即浸入温水中，待融化后再解脱，进行全身和局部保暖，冻僵者如呼吸微弱或停止应进行人工呼吸。可以饮热饮料、高热量的流质或半流质饮食及少量烧酒，以多方面补充热量，但未脱离寒冷环境不宜饮酒。

2. 快速复温是急救的关键。将病员全身或冻伤的某个肢体浸于38～43℃的温水中，水温要恒定，要求在15～30分钟内，体温升至正常或接近正常。在复温后，立即离开温水进行保暖。这样可以使病人尽快度过低温阶段，保持组织的活力。浸泡水温不能过高，时间不能过久。轻柔地按摩患肢，但勿擦伤患肢。已复温者不宜再按摩，也不宜再热水浸泡。如果一时找不到热水，可以将冻肢置于救护者怀中或腋下复温。全身复温后，用毛巾擦干全身，病人卧床用毛毯、棉被紧裹保温。监测生命体征，尽早请医生诊治。

第八节　动物咬(刺)伤急救

一、毒蛇咬伤

(一)蛇咬伤的基本知识

全世界现今生活的蛇类有 2 200 余种，毒蛇约有 650 多种。在我国，蛇类分布较广，有 170 多种，毒蛇约有 40 余种，主要在江南的沿海低地及海拔 1 000 m 左右的平原、丘陵和低山区最多。根据所分泌的蛇毒性质，毒蛇大致可分为三类：以神经毒为主的，如金环蛇、银环蛇、海蛇等；以血液毒为主的，如竹叶青、五步蛇、蝰蛇、龟壳花蛇等；混合毒的，如蝮蛇、眼镜王蛇、眼镜蛇等。蛇咬伤伤员病情的严重程度与进入身体的毒素剂量多少有关，如蛇毒直接进入血液循环，可在短时间内引起死亡。

1. 神经毒。一般伤口出血少或不出血；疼痛、红肿较轻，且多在 0.5 小时左右减退，但随即出现麻木感，向并肢体近侧蔓延。伤后 0.5～3 小时出现头昏、眩晕、嗜睡、乏力、恶心、呕吐、步态不稳、头低垂、睑下垂等全身症状。重者视力模糊、言语不清、呼吸困难、紫绀，以致全身瘫痪、惊厥、昏迷、血压下降、呼吸麻痹和心力衰竭等，抢救不及时可迅速死亡。神经毒吸收迅速，危险性较大，但由于局部症状较轻，全身症状出现相对较迟，易被忽视，应予警惕。

2. 血液毒。伤处有剧烈疼痛，出血不止，肿胀明显，并迅速向近侧扩散。皮肤呈紫绀，并有皮下出血、淤斑、水疱、血疱。严重者伤处软组织坏死。全身中毒症状来势凶猛，畏寒、发热、头昏、心悸、胸闷、气促及视力模糊。全身出血倾向，鼻出血、结膜下出血、咯血、吐血、血尿、胸腹腔出血和颅内出血。严重者可出现急性肾功能衰竭和心力衰竭，伤后 5～7 天还有死亡可能。

3. 混合毒。兼有上述两种毒的症状，发展也较快，造成死亡的主要原因仍是神经毒。

(二)现场急救

人被毒蛇咬伤后，病情发展迅速，应分秒必争地进行急救，切勿惊慌失措只顾奔跑，而不采取相应急救措施，那样只会加速毒素的吸收和扩散。急救的目的为防止蛇毒继续吸收而中毒致死，尽可能地减少局部损害。如一时不能判断是否被有毒蛇咬伤，应首先按被毒蛇咬伤处理，并密切观察病情变化。现场急救方法如下：

1. 绑扎伤肢。立即于伤口近心端约 5～10cm 处用带子绑扎，以达到阻断静脉血和淋巴回流。然后用手挤压伤口周围，将毒液挤出。一般在急救处理结束或服用有效蛇药 0.5 小时后再去除绑扎。不要反复绑扎和放松。有些学者主张每隔 15～20 分钟放松一次，1～2 分钟后再扎上，以免肢体缺血缺氧过久而坏死。笔者认为要看具体情况，抓主要矛盾，以挽救生命为最高原则。

2. 扩创排毒。立即于伤口处作“十”字切开，长约 2～3cm，反复用清水或 1∶5 000 高锰酸钾液冲洗后，可置冰袋局部降温。此法不适用于血液毒，否则会流血不止。

3. 烧灼破毒。立即用火柴头 5～7 个放在伤口处点燃，用火烧来破坏蛇毒，消毒伤口，也可用打火机烧灼。

4. 吸吮排毒。可用吸奶器(也可用罐筒瓶以拔火罐的方法代替)将毒液吸出。紧急情况下，也可用嘴吸吮伤口将蛇毒吸出。救护者吸后立即用清水或 1∶5 000 高锰酸钾液漱口。但救护者口腔、嘴唇有破损，牙齿有病者不能用此法，以免蛇毒从破溃处进入，引起中毒。

5. 蛇药抗毒。蛇药种类很多，最好是用当地有效的蛇药。要尽早使用，若延迟应用则效果差。蛇药都有各自的针对性，用法也各不相同，选用时应详细阅读药物说明书。

最好、最重要的救护措施是，经过现场急救处理后，将伤员立即送到当地有蛇伤治疗经验的医院。应将伤肢制动后平放运送。

二、犬咬伤

(一)狂犬病常识

1. 狂犬病(又称恐水病)是一种人、兽(畜)共患的死亡率极高的传染病，多由携带狂犬病病毒的犬、狼、猫、鼠等肉食动物咬伤或抓伤而感染。已感染狂犬病毒未发病的动物同样能使人发生狂犬病。潜伏期短到 10 天，长至 2 年或更长，一般为 31～60 天，15％发生在 3 个月以后，视被咬部位距离中枢神经系统的远近和咬伤程度，或感染病毒的剂量而异。狂犬病发病死亡率 100％。狂犬病的动物在咬伤人时通过唾液使狂犬病毒进入人体，狂犬病毒还可以通过无损伤的正常黏膜进入人体，或带有狂犬病毒的液体溅入眼睛通过眼结膜进入人体，但以这种方式进入人体的例子要少得多。另外，通过吸入空气中带有狂犬病毒飞沫而感染的例子也很少见，只有空气中狂犬病毒的浓度达到极高程度时，才可能发生。病毒在咬伤部位侵入，在局部组织中短时间停留，可到 1～2 周。病毒可从神经肌肉交界处的神经感受器或其他神经组织细胞的神经感受器，或暴露于黏膜浅表处的神经感受器侵入邻近的末梢神经。

近年来研究发现，可以传播狂犬病的动物还有狼、猫、猪、牛、马、羊、驴、骡、兔、狐、鹿、猴、獾、黄鼠狼、浣熊、吸血蝙蝠、豺、臭鼬、麝猫、鹅、鸭等。主要是患病的狗与其他家畜和野生动物撕咬传播开的。另外有报道，狂犬病毒可通过呼吸道或消化道感染，如与狂犬接触吸入含毒气雾，剥狂犬狗皮，吃狂犬或被狂犬咬死的禽畜肉，为挽救狂犬病人口对口人工呼吸，角膜移植术等都可传染上狂犬病。

2. 狂犬一般表现为颈软、头低、耳垂、斜视、张嘴、流涎、吞咽困难、走路乱晃、全身毛竖起、狂吠、狂躁易怒、吠声嘶哑、尾巴下拖、直行向前、不能反身后顾、暴躁时咬人；但也有些病狗安静并无暴躁现象，但不食，逐渐消瘦、肌肉麻痹瘫痪而死亡。一般病程 5～7 天。

3. 狂犬病人的主要表现为烦躁、惶恐不安、牙关紧闭、抽搐、不敢饮水。因为饮水可引起严重咽喉痉挛、吞咽困难。甚至听到流水声或一见到水即引起口与咽喉肌肉痉挛性疼痛并形成条件反射。因此，患者渴极而拒饮，即使饮水也不能下咽。更有甚者连别人谈说水都可引起恐惧不安或咽肌痉挛。严重病例可发生全身疼痛性抽搐，这就是恐水症的典型表现。

(二)现场急救处理

被狗咬伤后，正确处理伤口杀灭病毒是预防狂犬病最有效的措施之一。急救时，伤口可用大量清水冲洗，不得少于 30 分钟，一边冲洗，一边挤出血，以利排毒。有条件还可以用肥皂水、双氧水、高锰酸钾液、醋等冲洗伤口。如果伤口内血不易排出，也可将创口稍扩大，采用吮吸法吸出局部血液(可参考毒蛇咬伤排毒的方法)，但不能用嘴吮吸。然后立即去医院做进一步处理，不能耽搁。伤口不宜包扎、缝合，开放性伤口应尽可能暴露。如伤口侵入大血管、颜面部伤、大面积伤口等必须包扎缝合，则应保证伤口已彻底清洗消毒并已使用了抗狂犬病血清至少 2 小时以后再进行。要及时到当地的疾控中心或防疫部门注射狂犬病疫苗和免疫抗毒血清，要在 48 小时以内。

同时，应及时向当地公安机关、防疫机构报告，捕捉咬人狗以确定是否为狂犬。

三、毒虫咬蜇伤

(一)毒虫咬蜇伤常识

毒虫如蜈蚣、蝎子、蜂、毒蜘蛛、蚂蟥等咬蜇伤人情况可能不尽相同,可有局部症状和全身症状,严重者可呼吸、循环衰竭而迅速死亡,但现场急救原则是一致的(包括其他昆虫咬蜇伤)。

(二)现场急救

1. 立即清洗伤口,可以用弱酸(如醋、0.1%稀盐酸等)或弱碱(如苏打水、食碱水、氨水等)或肥皂水中和毒液,一般马蜂毒为碱性,蜈蚣、蝎子、蜜蜂、毒蜘蛛等的毒液为酸性。如果搞不清昆虫种类就用肥皂水冲洗,因为多数昆虫毒为酸性的。

2. 仔细检查伤口内有无刺人的折断的尾针(异物),如有则在无菌条件下拔除。

3. 黄蜂、毒蜘蛛、蜈蚣、蝎子咬蜇伤可引起全身中毒症状,甚至可危及生命,尤其是儿童。急救处理原则基本和毒蛇咬伤类同,可参照前述有关内容。

4. 发现蚂蟥叮咬,不要强行拉它,以防拉断而吸盘仍留于创口,加重伤情。可采用以下办法使它自动脱离伤口,用食醋、酒精或饱和盐水棉球浸湿放在蚂蟥的头部;用手拍打或针刺,或用烟油刺激其头部,使其自动脱开皮肤。如蚂蟥侵入喉、鼻腔、消化道、泌尿道时,要立即去医院救治。伤口用盐水冲洗,无菌纱布包扎。伤口有出血可压迫止血。

5. 经现场急救处理后应迅速送医院诊治。

第九节　急性中毒急救

一、概述

(一)毒物与中毒

1. 化学物质进入人体,在效应部位积累到一定量并对组织、器官发生生物化学或生物物理作用,干扰乃至破坏正常生理功能,引起机体暂时或永久性病理改变,称为中毒。能引起中毒的物质称为毒物。

2. 毒物按其来源可分为:工业性毒物、农药、药物、有毒动植物、战争毒气。根据作用的部位和性质可分为:腐蚀性毒物、神经毒物、血液毒物、内脏毒物。

3. 根据接触毒物的量和时间,中毒可分为急性和慢性中毒。短时间内大量毒物进入人体,很快引起中毒症状,甚至死亡,称为急性中毒。

4. 毒物多由呼吸道、消化道、皮肤、黏膜进入人体,也可经过伤口吸收,还有经血液进入人体的。

(二)急性中毒的临床特点

1. 发病突然,病情变化迅速,病程较短,如挽救措施不当死亡率高。

2. 有些中毒可能有一定潜伏期。这些毒物进入人体后当时,甚至1～2天无症状,而后突然出现急性中毒症状,危及健康与生命。

3. 一些毒物选择性地作用于机体某系统或靶器官,出现典型的系统症状。

4. 及时有效抢救,一般预后良好,少数重症患者恢复不全可有后遗症,也有因救治不及时或不当而死亡。

二、急性中毒的现场抢救原则

（一）立即终止接触毒物

毒物由呼吸道或皮肤侵入时，要立即将病人撤离中毒现场，转移到空气新鲜处，脱去毒物污染的衣服，清洗体表、毛发及甲缝内毒物。由胃肠道服入毒物者应立即禁饮食。

（二）清除进入人体已被吸收或尚未吸收的毒物

1.清除胃肠道尚未被吸收的毒物，常用催吐法、洗胃法、导泻法、全肠灌洗法和沉淀法。后四项要在医疗单位或者由医务人员进行。

催吐法适宜于神志清楚且能合作者。让患者饮温水 300～500 mL，然后自己用手指或压舌板、筷子、牙刷等刺激咽后壁或舌根诱发呕吐，如此反复进行，直到胃内容物完全吐出为止。但吞服腐蚀性毒物者禁用此法，以免引起食道、胃出血或穿孔。

2.清除皮肤上的毒物。用大量水清洗皮肤、毛发，一般不必用药物中和。注意及时脱去毒物污染的衣服，抢救者本人也要注意防毒。

3.清除眼内的毒物，应立即用清水彻底冲洗。

4.清除伤口的毒物。由伤口或由注射进入体内的毒物，应在该部位的近心端上用止血带绑扎，局部冷敷，用吸奶器等吸出毒物，也可切开排毒。

（三）保持呼吸道通畅

如患者昏迷或呼吸困难，深度紫绀、惊厥、休克时，应立即送医院进行抢救。护送病人要取平卧位，头稍偏向一侧，避免呕吐物进入气管；昏迷病人有假牙要取出，舌拉出，保持呼吸道通畅。

（四）尽早心肺复苏

如呼吸心跳骤停的，应立即进行心肺复苏。抢救者应采取必要的防毒措施。

（五）及时进行正规医疗

在现场经初步急救处理后的病员都应及时送医院进一步救治，如需就地抢救的应尽快排字拨打“120”或当地医疗救护单位，让专业医疗救护人员尽早接手进行医学急救处理。

三、几种常见急性中毒现场急救要点

（一）急性有机磷中毒

急性有机磷中毒有可能在生产中和使用中发生，也可因误服、投毒、自杀或误用治疗皮肤病和寄生虫而引起中毒。皮肤接触中毒在 2～6 小时后发病，口服中毒可在 10～120 分钟内出现症状。口服中毒者应尽快洗胃，误服小量 DDV 神志清醒合作的病人，可以让病人喝淡盐水，或在水中放少量小苏打，喝 4～5 杯，用牙刷或筷子轻触咽部，引起恶心呕吐，以尽快使未被吸收的毒物排出人体。病人不合作就不要勉强，更不能硬灌催吐，以免引起严重后果（误服其他有机磷农药的可用淡盐水或温开水不要放小苏打，免致毒性改变），应迅速送医院治疗。重度中毒者应立刻送医院急救。抢救者必须注意采取有效的防护措施。轻度吸入或接触中毒的病人，应使之立即离开喷药现场，到空气新鲜凉爽的地方深呼吸换气，并马上把污染的衣帽鞋等脱掉，先用大量微凉的水冲洗头发甲缝及全身后用大量微温的水冲洗头发及全身，后再用温水肥皂擦洗冲净。不用热水，以免血管扩张，增加毒物吸收。但若为敌百虫中毒，则不要肥皂洗，因其在碱性溶液中可分为毒性更强的敌敌畏。除洗澡外，还要用壶装入凉开水，为病人冲洗眼睛，要将其上下眼皮分开并外翻，充分洗净残留的药，皮肤接触毒物多的地方出现搔痒、肿胀、疼痛及水泡，应轻轻冲洗保护皮肤勿使破溃，以免引起感染。

（二）急性一氧化碳中毒

一氧化碳（CO）中毒俗称煤气中毒。氧（O_2）和二氧化碳（CO_2）都以两种形式存在于血液：物理溶解的和化学结合。血液中的氧溶解的量极少，仅占血液总氧含量的约1.5%，结合的占98.5%左右。氧的结合形式是氧合血红蛋白（HbO_2）。血红蛋白（Hb）是红细胞内的色蛋白，它的分子结构特征使之成为极好的运氧工具。Hb还参与二氧化碳的运输。CO是一种无色无味的气体，几乎不溶于水。CO吸入人体后与血液内的血红蛋白结合成碳氧血红蛋白（Hb-CO），且不易解离，导致人体缺氧而发生中毒。CO进入人体后，对全身的组织细胞均有毒性作用，尤其对大脑皮质的影响最为严重。当人意识到发生CO中毒时，往往为时已晚，因为支配人体运动的大脑皮质最先受到麻痹损害，使人无法自主运动，此时中毒者头脑仍有清醒的意识，也想打开门窗逃出，可手脚已不听使唤，往往无法进行有效的自救。因CO的比重比空气略轻，故浮于上层，救助者进入和撤离现场时，如能匍匐行动会更安全。进入室内时严禁携带明火，尤其是开煤气自杀的情况，室内煤气浓度很高，按响门铃、打开室内电灯产生的电火花均可引起爆炸。应迅速打开所有可以通风的门窗，关闭煤气开关，然后迅速将中毒者背出房间，转移到通风保暖处平卧，解开中毒者衣领及腰带使其呼吸顺畅。检查病人的呼吸道是否畅通，发现鼻、口中有呕吐物、分泌物应立即清除。对呼吸浅表者或呼吸停止者，要立即进行口对口人工呼吸。同时打“120”，尽快送往有高压氧舱的医院抢救。在等车过程中，对于昏迷不醒的患者可将其头部偏向一侧以防呕吐物误吸入肺内导致窒息。为促其清醒，可用针刺或手指掐其人中穴。注意为患者保暖，给病人盖上大衣或毛毯、棉被，防止受寒发生感冒、肺炎。对于中毒程度重的病人，注意在运送病人途中不可中断抢救措施。

（三）催眠、安定类药物中毒

过量使用催眠安定类药物可见于误服或自杀。可出现意识障碍、呼吸循环衰竭、脑水肿、肾功能衰竭等急性中毒症状，不及时抢救可死亡。及时洗胃清除药物是最有效的急救措施之一，如有可能先催吐然后迅速送医院。送医院途中应该注意病人病情变化，昏迷者应保持呼吸道通畅。如有心跳、呼吸停止，应就地抢救，做心肺复苏，同时打电话求助“120”或附近医疗救护机构。注意采集和携带病人的呕吐物、尿液、药瓶及残留物等，以备进行中毒药物鉴定，也利于医生抢救。

（四）急性食物中毒

可引起急性食物中毒的原因很多，常见的急性食物中毒有细菌性食物中毒、毒植物性食物中毒、动物性食物中毒和化学品及重金属类污染食品引起的食物中毒。

1. 毒植物性食物中毒。毒植物性种类很多，一般按其植物特点、毒理作用、中毒症状和急救方法分为含生物碱毒物的植物，如曼陀罗、乌头、秋水仙等；含毒类植物，如桃仁、苦杏仁、木薯等；含亚硝酸盐类植物，如一些土壤条件下种植的青菜等；含毒性蛋白类植物，如蓖麻子等；还有如发芽的马铃薯、某些毒蕈等。这些毒植物毒性不一，有些毒性很强烈，一小枚白帽蕈就可致人死命。还有一些原是无毒植物，在一些人食用后可引起急性中毒，如蚕豆和蚕豆花会引起急性溶血性贫血，灰灰菜可引起急性日光性皮炎等中毒症状，还有菠萝、荔枝都有一些人食后急性中毒的情况，可能与这些人体质有关。发现有人食用可疑植物出现急性中毒症状后，除了按一般中毒急救原则急救外，应将食剩的植物一并带到医院去，以便医务人员辨认，有针对性地采取医疗措施。

2. 动物性食物中毒。许多动物的血液和内脏有毒，著名的如河豚、鲨鱼肝、蟾蜍卵等。一旦发现误食中毒，首先应催吐，迅速向“120”呼救，送医院抢救，不要耽误。

3. 化学品和重金属食物中毒。如果搞清是什么引起的急性中毒，在按一般急救原则处理时可加相应的中和剂、解毒剂。

4. 灭鼠药中毒。毒鼠强、氟乙酰胺是高效剧毒农药，现在生产的灭鼠药中已很少含有这两种药的成分，尤其是毒鼠强，国家已明令禁止生产、销售、储存和使用。但由于种种原因，此类灭鼠药急性中毒事件仍时有发生。

毒鼠强，又名没鼠命，四二四，三步倒，一扫光、闻到死，化学名：四亚甲基二砜四氨，是一种无味、无臭、有剧毒的粉状有机化合物，可经消化道、呼吸道吸收而引起中毒，其毒性剧烈，主要作用于神经系统、消化系统和循环系统。毒鼠强作为一种神经毒素能引起致命性的抽搐，毒性比氰化钾强 100 倍，会遗留在被毒害的牲畜体内，而食用这些动物的肉有中毒的危机。化学性质稳定，在植物体内毒作用可长期残留，对生态环境造成长期污染，被动物摄取后可以原毒物形式滞留在体内或排泄，从而导致二次中毒现象。目前多数中毒案例为口服中毒。轻度中毒表现头痛、头晕、乏力、恶心、呕吐、口唇麻木、酒醉感。重度中毒表现突然晕倒，癫痫样大发作，发作时全身抽搐、口吐白沫、小便失禁、意识丧失。现场急救处理：立即清除胃内毒物，应尽可能及时予以彻底洗胃、催吐、导泻，以尽可能减少毒物的吸收；保持呼吸道通畅，立即呼叫“120”，尽早由医务人员专业急救。

氟乙酰胺纯品为无臭、无味的白色结晶，可经消化道、皮肤、呼吸道吸收。急性中毒多因误服或误食由本品毒死的畜肉所致。神经系统症状是氟乙酸腹中毒最早也是最主要表现，有头痛、头晕、无力、四肢麻木、易激动、肌束震颤等。随着病情发展，出现不同程度意识障碍及全身阵发性、强直性抽搐，反复发作，常导致呼吸衰竭而死。部分患者可有谵妄、语无伦次等。现场急救处理同毒鼠强。

现在布撒的杀鼠毒饵，其灭鼠药成分为敌鼠钠盐、澳敌隆、杀鼠迷，这类药物主要破坏凝血机制，如果误食可以用维生素 K_1 注射解毒。

5. 细菌性食物中毒。这是由于进食被细菌或其毒素所污染的食物而引起的急性感染中毒性疾病。临床上可分为胃肠型与神经毒型肉毒中毒两大类。胃肠型食物中毒以急性胃肠炎为主要表现，神经型食物中毒以神经系统症状如眼肌和咽肌瘫痪为主要特征。急救措施首先要确保基本生命支持，保持呼吸道通畅，注意患者很可能因呼吸中枢麻痹、肌肉瘫痪、休克等危及生命。对潜伏期短的中毒患者可催吐、洗胃以促使毒物排出；对肉毒中毒早期病例可用清水或 1∶4 000 高锰酸钾溶液洗胃。应将可疑食物、呕吐物和粪便送医院细菌培养，确定病原菌。

6. 急性酒精中毒。我国是酒文化相当盛行的国家，亲戚朋友聚会、嘉宾来访、业务应酬、同学分别等，餐桌上都少不了酒。饮酒太多，超出个人的承受能力，就会发生急性酒精中毒。血液中的乙醇（酒的主要成分）绝大部分在肝和肾内被酶氧化成乙醛，再由酶氧化成乙酸，最后生成水和二氧化碳。由于各人体内酶的量和活力以及肝肾功能不同，对酒的耐受力也不同。酒精具有脂溶性，可迅速透过大脑神经细胞膜，并作用于膜上的某些酶而影响脑细胞功能。酒精对中枢神经系统的抑制作用，随着剂量增加由大脑皮层向下扩张，直到延髓。作用于网状结构时，引起昏睡和昏迷。高浓度酒精抑制延髓生命中枢引起呼吸循环衰竭。酒精抑制中枢神经系统时，机体进入应激状态，下丘脑释放因子促使脑垂体释放促肾上腺皮质激素和 β-内啡肽增多。β-内啡肽是内源性吗啡物质，对心血管功能、神志与感觉、呼吸等产生抑制作用，还抑制前列腺素及儿茶酚胺的心血管效应，导致病人昏迷，呼吸抑制，心率减慢，血压下降。

急性酒精中毒通常可分为三度。轻度为兴奋期：酒精中毒早期，大脑皮层处理兴奋状态，表现为头晕、面色潮红、眼结膜及皮肤充血，少数呈现苍白，有说话滔滔不绝，快感，喜怒无常，易感情用事，时悲时喜，时怒时温，或静寂入睡。可有上腹不适，恶心甚至呕吐；中度为共济失调期：兴奋状态消失后，即出现动作失调、动作笨拙、步态蹒跚、语无伦次、言语含糊不清、恶心、呕吐、心率加快；重度为昏睡期：如果酒精量继续增加，患者即转入昏睡状态，呕吐，呼吸深而慢，且有鼾声，口唇微发绀，瞳孔散大或正常，脉搏细弱，速率加快，体温偏低，重者转为昏迷，大小便失禁、抽搐、多因延脑呼吸与血管运动中枢衰竭呼吸麻痹而死亡。酒精的致死量为5～8g/kg体重。因为饮酒致急性酒精中毒的现象太普遍，饮者及周围的人们大多不在意，不乏因饮酒过量而丧命的例子。对轻、中度中毒者，现场急救首先是鼓励或设法使患者吐出胃内残存的酒，可用筷子刺激其舌根催吐，然后给予浓茶，以兴奋神经中枢。对重度昏睡者，使其头部偏向一侧或让其侧卧，以防呕吐时食物吸入气管而导致窒息。如果呼吸减慢或不规则，或者出现抽搐、大小便失禁等情况，应立即打“120”呼救。急性酒精中毒目前尚无特效的解救方法，解酒招数也各说有理。轻度中毒者喝茶、吃水果、喝果汁、吃一些容易消化的淀粉类食物如馒头或面条等应无碍。中度中毒者，特别是重度者应尽早送医院。

凡食物中毒，中毒原因可疑者，应及时向卫生防疫部门、公安部门报案，并注意保留病人食余之食物、呕吐物以备毒物鉴定用。

思考题：

1. 急救的基本工作原则和注意事项有哪些？
2. 影响心肺复苏成功的因素是什么？
3. 止血带的使用原则和注意事项有哪些？为什么要尽量少用止血带？
4. 对溺水急救时是应先控水，还是应尽早开始心肺复苏？为什么？
5. 急性中毒现场急救应该注意些什么？
6. 急性酒精中毒分几度？分别叙述各度急性酒精中毒的急救要点。

第十四章 大学生军训卫生

提要：军训卫生与大学生日常学习生活中的保健活动有许多不同。本章针对大学生军训中可能遇到的各种卫生保健问题，分别讲述了军事劳动卫生、训练卫生、徒步行军卫生、热环境卫生等内容，要求大学生通过本课学习，掌握军训卫生的基本卫生保健常识，以健康的体魄、科学的方法、良好的心态完成好军训任务。

第一节 军训卫生概述

军训是大学生跨进大学校门的第一课，是根据《中华人民共和国兵役法》和《中共中央关于教育体制改革的决定》要求进行的，是高等院校教育改革内容，是学生接受国防教育的基本形式；是培养“四有”人才的一项重要措施；是储备我军后备兵员及预备役军官，壮大国防力量的有效手段。军训的目的是通过严格的军事训练提高学生的政治觉悟，激发爱国热情，发扬革命英雄主义精神，培养艰苦奋斗、刻苦耐劳的坚强毅力和集体主义精神，增强国防观念和组织纪律性，养成良好的学风和生活作风，掌握基本军事知识和技能。由于学生来自全国各地，面临从中学生向大学生的心理转换，对紧张的军事训练、军事化管理、军营式生活、新的生活环境、气候等很不适应，容易出现许多卫生保健问题，因此做好大学生军训中的卫生健康教育是学校的一项重要任务。其对象不仅是受训大学生，也应包括参训基层军官和学校学生干部。通过健康教育，掌握必要的军事训练卫生、劳动卫生、常见疾病和传染病预防知识，对提高大学生健康素质，减少和消灭军训的意外伤害，保障军训任务完成有重要意义。

军训卫生属于军队卫生学的一部分。军队卫生学属于预防医学，是研究军队平、战时各种环境因素与军人健康的关系，探索环境因素的性质、变化以及对肌体的影响和相互作用的规律，为提高健康水平而提出相应对策的一门学科。军队卫生学的基本任务是军队成员在军事生活和劳动作业活动中，防御不良环境因素对军人健康的影响。主要是从两方面着手，一是根据环境因素对健康的影响，提出卫生要求或卫生标准，制定各项卫生措施，以提高生活质量和环境质量以及改善劳动环境条件，达到维护军人健康的目的；二是从肌体的健康状态入手，提高体力、耐力，加速对各种环境的适应能力，防止过度疲劳，增强求生的能力，或提出各种防护措施，防止不利因素对机体的过度损伤，通过卫生监督监测，规范军人的生活、训练和执勤，以提高部队战斗力，保障军事任务的完成。军队卫生学是一门综合性的应用科学，其包含的内容既有自然科学又有社会科学。就自然科学而言，其中主要有环境科学、生物科学、劳动科学、营养科学。本章主要针对大学生军训中已经遇到的以及今后军训中可能遇到的军事劳动卫生、军事训练卫生、热环境卫生等问题分节学习讨论。有关军训中环境卫生、心理卫生、营养卫生、常见疾病和传染病预防、意外伤害急救等知识请参阅本书有关章节。

第二节　军事劳动卫生

一、体力活动的调节和适应

世界卫生组织对健康提出的新概念，强调了"人体除身心健康外，还应对外环境具有良好的适应能力。"这也是军事劳动卫生对人体生理的要求，使人在进行军事劳动时在体能上、精神心理上都有一个合理的适应方式，保持身体各种功能达到健康新境界。军事训练、体育锻炼等体力活动主要靠骨骼肌的活动，在进行强体力活动时其能量供应和氧消耗都大大增加，人体需要有一个适应的过程。体力活动时氧和能量供应的需求能否得到满足，取决于循环、呼吸系统的功能状态，也与毛细血管的密度、肌红蛋白浓度、骨骼肌线粒体密度等密切相关。劳动要求氧供应加大，一般心率随劳动强度增大而升高。轻、中度劳动心率可由正常水平增加至89～120次/分钟，重体力劳动时可达169次/分钟。缺乏锻炼者主要靠增加心率提高心输出量来弥补对氧的需求。而经常锻炼者心脏舒张完全，心肌收缩有力，每搏输出量增大，而心率虽有增加但不显著，从而保护心肌细胞避免过频收缩而耗竭。体力活动停止后，心率可在15秒内迅速减少，渐降至原有水平。恢复期的长短因体力活动强度、工间的休息、环境条件和健康状况而有所不同。另外，心理因素也对体力活动有明显影响。军事训练中的走队列、跑、跳、射击、格斗、投掷、超越障碍等各项动作的完成，不单纯是肌肉、关节、骨骼的活动与协调，而是与心理平衡、消除畏惧不安、学习记忆强化等有密切关系。初始的动作僵硬、不准确、不协调，有多余动作出现，经过训练可较快使各器官系统相互配合协调一致，精力集中，反应更迅速，能量消耗更经济，以适应训练的需要。当心理不平衡，信息被译做危险或威胁时，应激通路开放，使各器官功能失调，代谢失衡。此时轻则易疲劳，训练进度慢，重则可能由于在难度较大的训练科目中出现动作不协调、不均衡，而导致意外伤害。所以军训时做好政治思想动员，进行军训健康教育，以科学的训练方法使学生有充分的心理准备和劳动卫生知识，以良好的心态去迎接军训任务，无疑是非常重要的。

二、体力疲劳

疲劳又称疲乏，是一种主观不适感觉。但客观上会在同等条件下，失去其完成原来所从事的正常活动或工作能力。人不能在给予的劳动强度下继续进行劳动称为体力疲劳，它是机体给予的生理丧失信号，以避免持续体力劳动造成过度疲劳。强体力活动后身体会产生一定的疲劳感，如肌肉疲劳，表现为肌肉力量下降，收缩速度放慢，肌肉出现僵硬、肿胀和疼痛，动作慢、不协调；神经疲劳，表现为反应迟钝，判断错误，注意力不集中；内脏疲劳，表现为呼吸变浅变快，心跳加快等。体力疲劳不超过一定限度时，通常对人体是有益的。体力活动—疲劳—休息—体力活动，如此循环锻炼，可进一步增强身体素质，提高劳动能力。体力疲劳在心理生理上表现为疲劳感和疲劳状态，即心理性疲劳和躯体性疲劳，二者既受大脑皮层知觉功能反应的制约，同时又受脑干网状结构中两个互相对立的上行激活或抑制系统所控制。当持续刺激对上行激活系统占优势时，则可使机体呈提高工效的倾向；当持续刺激促使上行抑制系统占优势时，则诱导机体进入疲乏与瞌睡状态。如果疲劳持续积累，未获得适当休息，并伴有对健康的明显损害，如疲惫乏力、工效显著降低、失眠、烦躁不安、心悸、头痛、胸痛、恶心呕吐、消化功能紊乱、心理压力明显等，称过度疲劳。不正确的休息方式极易导致疲劳和疲劳积累。所以合理地安排军训劳动强度，科学地安排休息，保证足够的高质量睡眠，合理安排饮食，组织好文化娱乐活动，疲劳才能完全消除。

第三节　军事训练卫生

一、体能训练

体能训练能有效地促进身体的发育，使力量、速度、耐力、灵敏性等身体素质加强，使体魄更健壮有力，以适应平时或持久作战对耐力的需要。训练必须遵循科学的训练卫生原则，否则易导致训练外伤事故的发生或训练效果的降低。

二、智能训练

既往军体训练中主要从增强体能的角度进行，对智能训练和心理行为的训练重视不够。

三、军训外伤及其防护

(一)军训外伤的可能因素

训练时发生的肌肉、关节、骨骼损伤是一种常见的军人多发病。例如队列训练尤其是正步走，膝关节大范围屈伸频率高，着地时用力大，可造成膝关节疼痛和肿胀，这是常见的过劳损伤之一。趾骨、胫骨的应力性骨折，在超负荷的正步、跑步中亦可发生。射击训练时为练习射击姿势，持续过长地稳定于某一姿态或挂砖练习，极易发生静力紧张而导致腰、肘部肌群疲劳。长时间卧位练习尤其在寒冷或潮湿地面，易引起肘、膝关节疼痛或腹痛。训练中的跃进、卧位、摔趴，因手掌支地使腕部受地面的反作用力的突然打击，可造成骨折。长跑、越野、拉练也可能造成骨折和软组织损伤。

(二)应力性骨折

应力性骨折又称为疲劳性骨折。是一种过度使用造成的骨骼损伤，当肌肉过度使用疲劳后，不能及时吸收反复碰撞所产生的震动，将应力传导至骨骼，可引起小的骨裂或骨折。应力性骨折多发生于身体承重部位，如小腿胫腓骨和足部(跟骨、足舟骨、跖骨)。行军、跑步、训练中的下肢疲劳性骨折，以行军性跖骨骨折多见，其他容易发生应力性骨折的还有胫骨、趾骨、腓骨、股骨、踝骨和耻骨。上肢多见于肱骨投弹骨折。应力性骨折的外伤史可模糊不清，在活动后出现疼痛，休息后即缓解。病骨受应力后即有痛。检查见局部肿胀、压痛和传导叩击痛。早期 X 线片见骨折线不清或无明显改变，2 周后才见清晰的骨折线，并有骨痂形成。治疗以局部休息，不负重活动或石膏固定治疗为主。

(三)急性软组织损伤、骨折、关节脱位

1. 急性软组织损伤系指人体运动系统、皮肤以下骨骼之外的组织所发生的一系列急性挫伤或(和)裂伤，包括肌肉、韧带、筋膜、肌腱、滑膜、脂肪、关节囊等组织以及周围神经、血管的不同情况的急性损伤。这些组织受到外来或内在的不同致伤因素的作用，造成组织急性破坏和组织生理功能的暂时紊乱而产生损伤。包括擦伤、扭伤、挫伤、跌扑伤或撞击伤，造成身体局部皮下软组织撕裂出血或渗出。

2. 骨折系指由于外伤或病理等原因致使骨质部分或完全断裂的一种疾病。骨折部有局限性疼痛和压痛，局部肿胀和出现淤斑，肢体功能部位或完全丧失，完全性骨质尚可出现肢体畸形及异常活动。X射线片可确诊。

3. 关节脱位系指关节面失去正常关系，又称脱臼。由创伤引起的称为外伤性脱位，关节面完全失去对合关系时称为完全脱位，部分对合的称为半脱位。外伤性脱位多见于肩、髋、肘、下颌关节。脱位后出现疼痛、肿胀、畸形、功能障碍、关节对合关系异常。X射线片可确诊，并可判定有无合并骨折以及是否存在其他病理改变。

（四）其他运动损伤

学生军训中还可能发生一些其他运动损伤。

1. 重力休克，表现为头晕、眼前发黑、心里难受、脸色苍白、手脚发凉，严重时晕倒。其原因是运动时血液都供应下肢，突然静止运动时静脉回流不够，脑缺血缺氧，产生脑贫血。这时应让患者平卧、脚垫高、头低于脚，从小腿顺大腿按摩。预防措施是强度运动后，不要马上停止运动。

2. 运动腹痛，其发生的原因可能是：肝脾淤血，慢性腹部疾病；呼吸肌痉挛，准备活动不够，肺透气低，运动与呼吸不协调；胃肠痉挛，训练运动前吃得过饱、饭后过早运动，空腹或喝水太多等。现场处理，可减慢运动速度、加深呼吸、调整运动呼吸节奏、手按疼痛部位，实在不行停止运动。预防措施为根据入学健康检查结果，有慢性腹部疾病者适当调整军训科目，合理安排运动饮食，不空腹、喝水太多、吃得过饱后做运动，不饭后过早运动。

（五）防护原则

1. 训练的主官和教官应具备训练卫生知识，合理安排运动负荷。

2. 由校医院医生对学生进行军训卫生健康教育。

3. 参训学生干部加强对学生的心理引导，加强防损伤观念的教育。

4. 校医院医生应加强军训现场医务监督和医疗保障。

5. 军训有关各部门协同共管。

（六）救治原则

1. 休息，要求学生停止受伤部位的运动，好好休息可以促进较快的复原。

2. 冰敷，受伤后48小时内，每隔2～3小时冰敷20～30分钟，冰敷袋置于受伤部位，冰敷时皮肤的感觉有四个阶段：冷→疼痛→灼热→麻木，当皮肤的感觉变成麻木时就可以移开冰敷袋。

3. 压迫，压迫使受伤区域的肿胀减小，可以用弹性绷带包扎于受伤部位，如足、踝、膝、大腿等部位，来减少内部出血。

4. 抬高，抬高伤部加上冰敷与压迫，减少血液循环至伤部，避免肿胀。伤处应高于心脏部位，且尽可能在伤后24小时内一直抬高伤部。当怀疑有骨折时，应先固定在夹板后再抬高。

5. 热敷，受伤24小时后在伤处无肿胀、出血的情况下使用，可缓解伤处肌肉和关节的僵硬。

6. 康复理疗，有助于加速损伤的早日康复和缓解伤情的发展。

7. 如发生外伤、出血、骨折、关节脱位、韧带损伤等按照外伤急救原则处理（参阅本书第十三章《紧急救护》相关内容）。

第四节　徒步行军卫生

在部队装备日益现代化和机械化的今天，徒步行军仍是部队移动不可缺少的方式，也是大学生军训不可缺少的内容。行军是持续而紧张的劳动，容易引起疲劳。若行军前睡眠不足、饥饿、水盐供给不足或缺乏行军锻炼，行军中负荷过重，速度过快，道路差，天气不良，加之休息时间安排掌握不好或受到限制等，容易引起过度疲劳。因此在行军中应加强卫生监督，注意观察学生的体力情况。若出现皮肤颜色发红明显或发青、发黄、发白，汗流满面，全身出汗，衣服上有明显汗渍，呼吸快而浅表、不均衡，脉搏＞140 次/分钟，经半小时休息仍不能恢复正常水平；或发生肌肉乏力、颤动、疼痛，步态不稳，身体摇摆，掉队，自觉头晕、头痛，甚至恶心呕吐、血尿等状况，就说明该学生发生了行军过度疲劳。

行军中其他常见的伤病有：行军脚泡、小腿与足腱鞘炎、下肢疲劳骨折、踝扭伤、低血糖症等。脚泡是因为长时间步行，脚底汗湿使表皮软化，脚底着地部位因经久的摩擦.促使局部组织液渗出于表皮之下而形成。预防主要在于加强行军锻炼，鞋子应半新半旧，后跟宽一指；袜子要平整，及时更换湿袜与鞋垫；鞋带不过紧，鞋内进沙石应及时倒出，袜子起皱时立即整理。用胶布、伤湿止痛膏贴于疼痛发白部位有预防脚泡发生及减轻疼痛的作用。发生脚泡后，应由军训随队医生处理，在消毒条件下穿刺引流脚泡。自己不要随意处理，更忌撕去或剪去泡皮，以免感染。

第五节　热环境卫生

由太阳辐射、气温、周围物体表面温度、相对湿度与气流速度等物理因素组成的作用于人，可引起人体过热和体温过高的环境，称为热环境。目前，高等院校新生军训多在夏秋季，处在热环境中，中暑是热环境下进行军事训练、生产劳动和体育竞赛中常见的急症。

一、中暑的基本知识

中暑或称环境热病，是环境高热或剧烈体力活动而引起的一组急性过热性疾病的总称。气温高、热辐射强、机体缺乏水盐、尤其是脱水，劳动强度大、持续时间长、机体对高热不适应，健康状况差等都是引起中暑的重要原因。人体与环境之间通过辐射、对流、传导和蒸发四种方式散热以达到热平衡。人体本身在中枢神经系统和内分泌的调控下，通过心血管系统、皮肤、汗腺和内脏等组织器官的协同作用维持着产热和散热的动态平衡。皮肤温度在 32～35℃时，便不能借辐射和对流散热，热空气以对流热作用于体表，通过血液循环加热全身；高热的周围物体以辐射热作用于体表和组织深部，对人体也是一种辐射获热，其加热作用更强更快。机体受热时汗腺分泌活动增加，最大出汗量可达 4 L/小时，所以出汗是机体对抗高热最有效的生理机制。但汗液蒸发受气温、湿度、气流所制约，其中相对湿度对散热的影响最大。在湿热条件下，由于体表的生理饱和差小，汗液难以蒸发，往往成汗珠而流失，为无效性汗分泌，这就是为什么沿海湿热环境中即使气温不太高也可引起机体体温调节紧张；反之在干热沙漠气候条件下，由于汗液蒸发充分，多为“有效出汗”，蒸发散热作用强，且无过多水分丢失，因而人体能耐受很高的干热气候。中暑的病理生理学特征是：体热平衡失调，水和电解质代谢紊乱，心血管功能障碍或因阳光直射头部导致脑肿胀、脑组织损伤等。

二、中暑的分型、临床表现和急救

中暑一般分为四型：热射病、热衰竭、热痉挛和日射病。

（一）热射病

1. 发病机制：是由于体内加体外的热负荷超过了身体的散热能力，使身体过热所致。

2. 临床表现：起病急骤，体温轻则 38.5℃，重则 40～42℃，可突然昏迷或烦躁不安、神志恍惚、嗜睡或抽搐、肌强直、休克、皮肤灼热、面色潮红、无汗或大汗、瞳孔缩小或散大、对光反射迟钝。

3. 急救治疗：必须快速而有效地降温，同时抓紧抗休克、防治合并症。训练现场发生中暑患者，尽量做到就地抢救、就地降温。降温可采用物理降温和药物降温，后者应在医生指导下进行，故在此从略。首先尽可能迅速把中暑者移至阴凉通风处或空调车、空调房内，可用冷湿毛巾敷头、颈部，用冷水、冰水加少量酒精擦全身直至皮肤发红，同时扇风以加速散热，体温过高的还可在头、颈、腋窝、腹股沟等血管表浅区放置冰袋，身体裹冷湿被单再扇风，向患者身上喷浇冷水、井水，甚至让患者浸泡在冷水、井水或小溪流内，都是高效的物理降温措施。

（二）热衰竭（热晕厥、热虚脱）

1. 发病机制：由于高热引起外周血管扩张，流经皮肤、肌肉的血流量大大增加，大量出汗导致水盐丢失，引起血液浓缩、黏稠度增加，有效循环血量明显减少，致脑供血不足，心血管功能不全，周围循环衰竭。

2. 临床表现：突然发生晕厥或虚脱、皮肤发凉湿润、脉搏细速，可达 100～150 次/分钟，诉头痛、眩晕、眼发黑、疲乏、大汗、口渴。重症表现为恶心、呕吐、痉挛、面色苍白、呼吸困难、心悸、血压和脉搏降低、手足抽搐、麻木等，腋温可低于正常，肛温达 38～40℃，严重时神志不清、意识丧失。

3. 急救治疗：将患者移至阴凉通风处，平卧，头低位，下肢抬高，肛温升高者可适当给予湿敷、扇风等降温措施，给饮凉开水或 0.1%～1% 盐水。严重脱水的要输液治疗。

（三）热痉挛

1. 发病机制：过度出汗，水盐代谢紊乱、特别是盐的过量丢失，致使细胞外液渗透压降低，水转移入细胞内，肌肉细胞过度稀释发生水肿，引起中枢神经系统的神经冲动和肌球蛋白的溶解度减小而导致肌肉痉挛。

2. 临床表现：轻症仅感疲乏无力、大汗淋漓、手指麻木，继而发生对称性发作性小肌肉群颤搐以及痛性痉挛。重症肌肉收缩强烈、疼痛甚剧，四肢与躯干肌肉都发生痉挛，甚至强制性痉挛。肋间肌和膈肌痉挛时，可引起呼吸急促、表浅、甚至呼吸困难。

3. 急救治疗：轻症口服 0.1% 盐水，每小时补盐 1～2g，总补盐量为 10～15g。只有严重的才给静脉输液治疗和其他药物治疗。

（四）日射病

1. 发病机制：无防护的头部在强烈的日光暴晒和热辐射直接作用过久，可引起颅骨壁温度升高，部分红外线和可见光线还可穿过颅骨壁，使脑部温度急剧上升，以至脑膜充血、脑组织损伤，从而导致一系列病变。

2. 临床表现：突然发生剧烈头痛、头晕、虚弱无力、眼花、耳鸣、恶心、呕吐、脉快、头部皮肤发红、兴奋不安、意识不清。严重者可突然意识丧失、昏迷、狂躁、抽搐、脉弱而不规则。

3.急救治疗:头部降温最重要,可湿敷头部加吹风,重症患者可应用冰帽、冰枕,再辅以相应的全身降温措施和对症处理。

三、中暑的预防

(一)加强组织领导,做好防暑教育

(二)合理补充水盐,防止脱水缺盐

1.水要补够。

2.盐要合理补充。

(三)搞好生活管理,保证吃饱睡好

(四)减少受热产热,促进身体散热

1.露天作业应防止头部暴晒,可戴圈式草帽,衣服应选择宽松、浅色(白色)、稍厚、透气性好的。

2.适当调整训练、休息时间,繁重的军事体力活动尽量安排在气温不太高时,并安排好午休。

3.全身或局部冷却对防中暑、提高耐热能力有明显效果,可用凉水洗脸、擦澡、冲凉等。

4.必要时可试用防暑药。

思考题:

1. 军队卫生学的基本任务是什么?军训卫生学习对搞好大学生军训工作有什么意义?

2.疲劳和过度疲劳有哪些?如何预防过度疲劳?

3.大学生军训中常见的训练外伤有哪些?如何做好预防工作?

4.夏季徒步行军、野营拉练如何做好卫生保障工作?

5. 中暑的常见原因有哪些?如何做好中暑的现场急救?

第十五章　药物知识、安全用药及合理用药

提要：药物在维护身体健康中起着不可替代的作用。本章简要阐述了临床药物基础知识、药物的基本作用、药物的不良反应、药物依赖性及安全有效地合理用药的有关知识。要求大学生掌握药物基本知识、安全用药及合理用药原则，学会自我保护，远离毒品，警惕药物成瘾，避免不必要的药物伤害。在疾病预防、保健和治疗中，安全、合理和有效地使用药物。

第一节　临床药物基础知识

一、药品和药物

（一）药品的概念

1. 药品，是指用于预防、治疗、诊断人的疾病，有目的地调节人的生理机能并规定有适应症或者功能主治、用法和用量的物质，包括中药材、中药饮片、中成药、化学原料药及其制剂、抗生素、生化药品、放射性药品、血清、疫苗、血液制品和诊断药品等。

2. 药品是一种特殊商品，它是以人为使用对象，需要在医生的指导下使用，药品的使用方法、数量、时间等多种因素在很大程度上决定其使用效果，误用不仅不能"治病"，还可能"致病"，甚至危及生命安全。

（二）药物的概念

1. 药物，是指能影响机体生理、生化和病理过程，用以预防、诊断、治疗疾病和计划生育的化学物质。药物包括能防治疾病、病虫害等的各种物品、药品。还包括生产药品和调配处方时所用的赋形剂和附加剂以及化学试剂。药物是原材料，药品是被加工过的。

2. 药物和药品没有太大的区别，经常混在一起讲。一般来说，国家的法律法规文件常用药品这个词，人们口语等多用药物这个词。

3. 在本章中，没有特殊说明时，药物和药品两词通用。

（三）药品的特性

1. 种类复杂性：药品的种类复杂、品种繁多。目前，全世界大约有 20 000 余种药品，我国中药制剂约 5 000 多种，西药制剂约 4 000 多种。根据药物来源，药物又可分为天然药和人工合成两大类。

2. 医用专属性：药品不是一种独立的商品，它与医学紧密结合，相辅相成。患者只有通过医生的检查诊断，并在医生的指导下合理用药，才能达到防止疾病、保护健康的目的。

3. 质量的严格性：药品直接关系到人们的身体健康甚至生命存亡，因此，必须确保药品质量的安全、有效、均一、稳定。它不像其他商品一样，有质量等级之分：优等品、一等品、二等品、合格品等，都可以销售和使用；而药品只有符合规定与不符合规定之分，只有符合规定的产品才能允许销售和使用，否则不得销售和使用。

4.社会公共性:药品关系到整个人类社会的繁衍和发展,是全民医疗保健的基础之一。

5.作用的两重性:药品可以防病治病,康复保健,然而任何药品又都有不同程度的毒副作用。所以用之得当,药品就能治病救人,保护健康。反之,则会成为可怖的毒药,危害人体健康和生命安全。

6.鉴定的专业性:药品质量的优劣、真伪,一般消费者难以识别。必须有专业的技术人员和专门机构,依据法定的标准,运用科学的方法和合乎要求的仪器设备,才能做出鉴定。

7.适用的局限性:由于缺乏治病防病所需的专业医学和药学知识,人们多数情况下只能在执业医师和执业药师的指导下,甚至还要在医护人员的监护下,才能正确合理用药。

二、药物的基本作用

(一)药物作用与药理效应

1.药物作用 :指药物与机体细胞间的初始作用,是动因,是分子反应机制,有其特异性。

2.药理效应 :指药物作用的结果,是机体反应的表现,对不同脏器有其选择性。药理效应实际上是机体器官、细胞原有功能水平的改变,最基本的药理学效应包括兴奋和抑制。功能的提高称为兴奋、亢进,功能的降低称为抑制、麻痹。过度兴奋转入衰竭,是另外一种性质的抑制。近年来生命科学的迅速发展,能引起细胞形态与功能发生质变的药物受到注意,例如某些物质会引起细胞癌变,基因疗法能使机体引出遗传缺陷时原来没有的特殊功能。

3.药理效应的选择性:即药理效应的专一性,是药物引起机体产生效应的范围。是药物分类的依据,又是临床用药时指导用药和拟定治疗剂量的依据。药物的选择性与药物本身的化学结构有关。作用特异性强及(或)效应选择性高的药物应用时针对性较好。反之,效应广泛的药物副反应较多。

4.药物作用具有两重性,即治疗作用和不良反应。治疗作用是指药物所引起的符合用药目的作用;不良反应是指那些不符合药物治疗目的、并给患者带来痛苦或危害的反应。药物不一定都会取得临床疗效,有时还会产生不良反应,这就是药物效应的两重性:药物既能治病也能致病。

(二)药物的治疗作用

1.凡符合用药目的或达到防治效果的作用称为治疗作用。

2.治疗作用按治疗目的可分为对因治疗和对症治疗。针对病因治疗称为对因治疗,也称治本,用药目的在于消除原发致病因子,彻底治愈疾病;用药物改善疾病症状,但不能消除病因,称为对症治疗,也称治标,用药目的在于改善症状。对因、对症治疗各有特点,要视情况,进行对因、对症治疗,二者不可偏废。

(三)药物作用的机制

药物是通过机体而发挥作用的,它干扰或参与机体内在的生理、生化代谢过程而达到用药目的。各种药物性质不同,其作用原理也不尽相同。药物效应多种多样,药物作用的性质首先取决于药物的化学结构,是不同药物分子与机体不同靶细胞间相互作用的结果。

1.理化反应。抗酸药中和胃酸以治疗溃疡病,甘露醇在肾小管内提升渗透压而利尿等是分别通过简单的化学反应及物理作用而产生的药理效应。

2.补充或干扰代谢物质。人体内各种维生素、激素及铁、钙、钠、钾等的缺乏均可致病,如能适当补充物质即可治病。某些药物以其结构与某些物质相类似而以假乱真,达到抑制细胞生长的目的，如磺胺药、一些抗癌药等。

3. 影响生理物质转运。很多无机离子、代谢物、神经递质、激素在体内主动转运需要载体参与，干扰这一环节可以产生明显药理效应。

4. 对酶的影响。酶的品种很多，在体内分布极广，参与所有细胞生命活动，而且极易受各种因素的影响。药物能抑制酶的活性或激活酶原，能使遭受抑制的酶复活，而有些药本身就是酶。

5. 作用于细胞膜的离子通道。细胞膜上无机离子通道控制 Na^+，Ca^{2+}，K^+，Cl^- 等离子跨膜转运，药物可以直接对其作用，而影响细胞功能。

6. 影响核酸代谢。核酸(DNA 及 RNA)是控制蛋白质合成及细胞分裂的生命物质。许多抗癌药是通过干扰癌细胞 DNA 或 RNA 代谢过程而发挥疗效的。许多抗生素也是作用于细菌核酸代谢而发挥抑菌或杀菌效应的。

7. 影响免疫机制。除免疫血清及疫苗外，免疫增强药及免疫抑制药也是通过影响免疫机制发挥疗效。

8. 非特异性作用。一些药物并无特异性作用机制，如消毒防腐药对蛋白质的变性作用，只能用于体外杀菌或防腐，不能内用。一些麻醉催眠药(包括乙醇)对于细胞膜脂质结构的扰乱，对各种细胞均有抑制作用，只是中枢神经系统较敏感。还有一些药物作用在于改变细胞膜兴奋性，但不影响其静息电位。

9. 受体。存在于细胞膜或细胞内的一种能选择性地同相应的递质、激素、自体活性物质或药物等相结合，并能产生特定生理效应的一种大分子物质叫受体。能与受体特异性结合的物质称为配体。受体对相应配体有极高的识别能力。受体一配体是生命活动中的一种偶合，受体都有其内源性配体，如神经递质、激素、自身活性物等。能激活受体的配体称为激动药，能阻断其活性的配体称为拮抗药。

(四)药物作用的主要类型

1. 局部作用。药物在没有吸收之前，就在其应用的部位所呈现的作用。如表面麻醉、外用药膏、药水涂擦、皮肤黏膜的消毒等都属局部作用。

2. 吸收作用。药物被机体吸收后，随体液分布到各个器官或组织而呈现的作用，也叫全身作用。如口服药物、注射药物都是通过吸收后，药物随血液循环到达病变部位而发生作用。

3. 选择作用。药物进入机体后，对各个器官组织的作用是不一样的。对某些器官或组织呈现比较突出的作用，而对其他器官组织则无明显作用，就称为药物的选择作用，如阿托品对胃肠道的痉挛性疼痛，有明显的止痛作用，而对头痛则无效。正是由于大部分药物都具有各自的选择作用，所以各有它们不同的适应症。

4. 普遍细胞作用。有些药物与它接触的器官或组织，在作用的性质和程度上没有明显的差异，对各个组织都有类似的作用，也就是一种药物往往同时对几个器官组织的功能产生影响，所以称之为普遍细胞作用。这样的药物大都对组织产生损伤性毒性，副作用多。如抗癌药在杀伤癌细胞的同时，也杀伤正常的细胞。

5. 预防作用。药物是预防疾病的一种工具。例如消毒剂消毒餐具、被褥、房间等，防止病原菌的滋生和感染。应用免疫增强剂增强机体的抵抗力，打预防针预防流感、结核、麻疹、乙肝等，注射胸腺肽等药物增强机体免疫力，预防疾病。

(五)药物的不良反应

凡不符合药物治疗目的并给患者带来病痛或危害的反应称为不良反应。一般是可以预知的，且停药后可以自行恢复。

1.副作用。由于药理效应选择性低，涉及多个效应器官，当某一效应用作治疗目的时，其他效应就成为副反应(通常也称副作用)。副反应是在常用剂量下发生的，一般不太严重，但是难以避免的。

2.毒性反应。用药剂量过大或用药时间过长，药物在体内蓄积过多引起的严重不良反应，一般比较严重，是可以预知和可避免的。可分为急性毒性和慢性毒性。短期内过量用药而立即发生的毒性为急性毒性；长期用药在体内蓄积而逐渐发生的毒性为慢性毒性。致癌、致畸胎、致突变反应也属于慢性毒性范畴。

3.后遗效应。指停药后血药浓度已降至阈浓度以下时残存的生物效应。

4.停药反应。突然停药后原有疾病的加剧，又称反跳反应。

5.变态反应(过敏反应)。是药物引起的免疫病理反应。常见于过敏体质病人。临床表现各药不同，各人也不同。反应性质与药物原有效应无关，用药理拮抗药解救无效。反应严重度差异很大，与剂量也无关，从轻微的皮疹、发热至造血系统抑制、肝肾功能损害、休克等。可能只有一种症状，也可能多种症状同时出现。停药后反应逐渐消失，再用时可能再发。致敏物质可能是药物本身，可能是其代谢物，也可能是药剂中杂质。临床用药前常做皮肤过敏试验，但仍有少数假阳性或假阴性反应。可见这是一类非常复杂的药物反应。

6.特异质反应。某些药物可使少数患者出现特异性的不良反应，是一种遗传性生化缺陷。

7.继发反应。由于药物治疗作用引起的不良反应，又称治疗矛盾。如长期应用广谱抗生素出现的二重感染就是此类反应。

三、药物常用剂型

不论天然药或人工合成药，为了方便贮存和充分发挥其疗效，减少或降低毒副作用，都要经过加工制成一定形式，这种制品就称为药物的剂型。按照用药方法的不同，常用药物制剂的形式，可分为口服制剂、注射制剂、外用制剂三大类。

(一)口服制剂

1.片剂，没有包衣的片剂，称之为素片。对于苦涩难服药物，为了便于吞服，或为了美观、易保存等可将片剂制成糖衣片、薄膜衣片。对胃有刺激，或易被胃液破坏的药物，可制成在肠液中溶解的肠溶衣片。

2.胶囊剂，有硬胶囊剂和软胶囊剂。胶囊有比片剂崩解吸收更快的特点。

3.溶液剂，有内服溶液和外用溶液。

4.合剂，含两种或两种以上成分的内服液体药剂。

5.粉剂也叫散剂，是一种干燥、均匀的粉状药物，有内服粉剂和外用粉剂。

6.冲剂也叫颗粒剂，大多是植物性药材的浸取物与糖粉调和，干燥后制成的细颗粒状散剂，用开水溶解后服用。

(二)注射制剂

专供注射用的药物，是灭菌的透明溶液或混悬液或注射用灭菌粉末(粉针)。注射剂按使用方法主要分为：

1. 皮内注射剂

2. 皮下注射剂

3. 肌内注射剂

4. 脊髓腔注射剂

5. 静脉注射剂和静脉滴注剂

(三)外用制剂

常用的为以下几种：

1. 软膏剂，指用适宜的基质加入药物，制成容易涂布的一种外用半固体药剂，多用于皮肤及黏膜。

2. 眼用软膏，指供眼用的软膏剂。应无菌、细腻、易涂布。

3. 滴眼剂，指供眼用无菌的澄明溶液或混悬液。

4. 滴鼻剂，是专供滴入鼻腔内的液体药剂。

5. 甘油剂，是指药物的甘油溶液，专供外用。

6. 洗剂，专供涂、敷于皮肤的外用液体药剂。

7. 栓剂，指药物与基质混合制成的供塞入人体不同腔道的固体外用制剂。栓剂的熔点应接近体温(约 37℃)。塞入腔道后能迅速熔化，逐渐释放药物而发生药效。

8. 还有微丸剂、滴丸剂、脂质体、缓释制剂、控释制剂等。

第二节　影响药物作用的因素

一、药物方面的因素

(一)剂量问题

一次给药时药物作用的量效关系比较容易掌握。在连续给药时还须考虑两次给药之间的间隔时间。通常按照在一定时间内给药总剂量不变的原则，两次给药间隔时间长则每次的用药量就较大，而血药浓度的波动也较大。这时就必须注意峰浓度是否可能超过最低中毒浓度，谷浓度是否可能低于最低治疗浓度等问题。为了减小血药浓度的波动，可以缩短给药间隔时间。这时必须适当减少每次用药量，以免蓄积中毒。静脉点滴给药时血药浓度的波动最小，但滴入药液的浓度和滴入速度必须经计算后予以控制。

(二)药物剂型问题

同一药物的不同剂型吸收速率和分布的范围可以不同，从而影响药物起效时间、作用强度和维持时间等。皮下或肌内注射吸收较口服为快，水溶液的吸收又比油溶液或混悬液为快；口服给药时溶液剂型吸收最快，散剂次之，片剂和胶囊等须先崩解，故吸收较慢。一般说来，吸收快的剂型药物血浓度的峰值较高，单位时间内排出也较多，故维持时间较短。吸收太慢则血药峰浓度可能太低而影响疗效。为了达到不同目的，设计了多种特殊的药物剂型。例如，缓释制剂可使药物缓慢释出，而控释制剂能使药物以近似恒速释放，不仅延长药效，且能减少血药浓度的波动。微孔膜包衣控释片是以胃肠道不能溶蚀的多聚物和少量水溶性“微孔物质”(如十二烷基硫酸镁、蔗糖等)混同制成包衣、包裹水溶性药物片心而成。此类片剂在肠内因“微孔物质”被溶解而形成微孔，药物小分子可从微孔扩散而出，不仅可以延缓释出速度，延长作用时间，还能减少药物制剂中可能存在的大分子杂质的释出。如在药物上接上一个特殊的“定向载体”，引导药物向其一定的靶组织定向分布，不仅可以增加靶组织内的药物浓度，提高疗效，而且因减少靶组织以外的药物分布而可以减少不良反应。一些经皮肤全身给药的剂型,例如贴膜剂,贴在前胸,药物透皮缓慢吸收。这类制剂有作用持久和药物不首先经肝而无首过效应的特点。还有所谓"贮库剂型",指将药物小片植入皮下,药物缓慢释放,发挥持久作用。多数缓释剂型的剂量往往高于普通剂型的一次用量,由于个体差异,有的病人也可能在应用缓释剂型后产生较预想为高的血药浓度,甚至发生不良反应,对此必须警惕。

(三)制药工艺问题

提取和纯化等制药工艺的精粗,影响药物杂质的含量。杂质或不纯物如不能除净,可能会影响药物本身的作用,大分子杂质还可能导致过敏反应等。制药工艺的差异,包括所用赋形剂的不同,可能导致药物颗粒大小不同而影响药物吸收。因此,同一种药物的制药工艺不同的两种片剂,虽然其纯度、崩解度等项指标都符合规定,在服用后血药浓度却也可能有相当大的差异,甚至相差数倍,疗效也大不相同。

(四)复方制剂(成药)问题

复方制剂即联合用药的一种方便病人服用的制剂,应该考虑药物的相互作用。必须指出,复方制剂的成分及各自的剂量均已固定,因此未见得能适应每个病人的需要,不太符合"药物治疗必须个体化"的精神。当使用这类制剂时要根据病人情况,有选择地重点观察病人的某些方面的反应,以便调整用药。

二、机体方面的因素

(一)年龄

不同年龄的病人对药物作用的反应可能有较大的差异。因为在机体生长发育以及衰老等过程的不同阶段,各项生理功能和对药物的处置能力都可能有所不同,从而影响药物的作用。

1. 老年人的主要器官功能减退,应用相同剂量的药物时老人的血药浓度要比青年人高,半衰期延长,有的药物可相差数倍。各器官生理功能的老化常使靶器官或靶细胞对药物作用的敏感性发生改变,整体的代偿调节功能降低,表现为对药物的耐受能力减小。老人对多种中枢神经抑制药的反应增强,有时对某些药物还会表现特异的反应。

2. 儿童,特别是幼儿,在身高、体重、解剖、生理、病理等方面都与成人不同,正处于生长发育阶段,因此,儿童用药不能将成人剂量简单地按体重比例递减。儿童对药物的反应和成人既有量上的不同,也有质上的区别。

(二)性别

女性一般体重较男性为轻,肌肉较男性为少,用药量相同时作用可能有强弱之别。女性体内脂肪所占比例较男性为大,脂溶性药物的分布也会有所不同。影响性器官的药物如脑垂体后叶制剂催产素等在女性可收缩子宫;泻药和其他对肠道有刺激性的药物可能引起骨盆充血和增强子宫收缩,可导致月经增多,孕妇可能导致流产;性激素类药物对两性的作用也当然有区别。女性有月经、妊娠、分娩、哺乳等特殊问题,有一些特殊的用药注意事项。育龄女性应用口服避孕药,必须考虑这些口服避孕药与拟用药物是否发生相互作用。某些口服避孕药有药酶抑制作用或诱导作用,可以影响一些药物的代谢清除过程。同时,有药酶抑制作用或药酶诱导作用的药物也能影响避孕药的代谢消除过程,从而影响口服避孕药的效果或引起不良反应。

(三)营养状态

营养不良者体重轻,脂肪组织少,血浆蛋白含量低,会影响药物的分布和与血浆蛋白的结合量，可使药物血浓度及血中游离药物浓度较高。严重营养不良者药酶含量较少，肝代谢药物的功能欠佳，药物灭活慢，因而药物可能显示更强的作用。同时，严重营养不良者全身状况不佳，应激功能、免疫功能、代偿调节功能均可降低，又可能影响药物疗效的发挥，而不良反应则较多。因此，对营养不良的病人用药时，除应考虑剂量适当外，还应注意补充营养，改善全身状况，以求提高疗效。

（四）精神因素

精神因素对药物作用可有明显影响，例如，安慰剂有时也能产生疗效。病人对医护人员的信任和本人的乐观情绪可对疗效产生良好的正面影响；与此相反，则可能降低疗效，甚至带来不良后果，成为医源性疾病的原因之一。心情的好坏也会干扰药效发挥，特别是刚生完气时吃药，药效会大大降低。因为生气、烦躁、郁闷等不良情绪会影响内分泌、免疫系统功能，减弱人体抗病能力，影响药效发挥，延长治疗时间。好情绪的暗示作用，即使服用很小剂量的药物也会达到比较好的治疗效果，而且还可刺激大脑产生内源性脑啡呔，发挥止痛作用。比如，有的患者服用无任何药理活性的物质——安慰剂后，消除骨关节痛有效率达 69%；在止痛、咳嗽、眩晕，甚至伤风感冒等方面的有效率高达 35%。因此，吃药时保持乐观的情绪，可激活潜在免疫功能，促使免疫细胞功能增强，使药物取得更好疗效，加快疾病康复。

在评价药物的疗效时，应尽量排除精神因素的干扰。

（五）疾病因素

1.疾病对药物体内过程的影响，如一些疾病、创伤或手术后胃排空时间往往延长，因而延缓口服药的吸收；而甲状腺功能亢进，焦虑不安及疱疹性皮炎时则胃排空时间缩短，同时伴有肠蠕动加速，这就可从两个方面影响药物的吸收。能影响肠黏膜的功能的某些疾病也能影响药物的吸收。心功能不全或休克时血循环不畅，口服与肌内或皮下注射的药物的吸收会减慢，减低药物疗效；在经过治疗纠正了血循环障碍，则储积在给药部位的药物又会大量吸收，有时可能发生中毒症状。各种原因引起的低白蛋白血症时血中游离药物增多，能影响药物作用的强度，也影响药物的分布和消除；慢性肾功能衰竭时能产生“结合抑制因子”，也能减少药物与血浆蛋白的结合，产生类似影响。血浆或体液 pH 值的改变可能影响药物的解离程度，而影响药物的分布。中枢神经系统有炎症时常能减弱血脑屏障功能，这对促进抗感染药物进人中枢可能有利，但也可能增强某些药物的中枢毒性。肝细胞受损的疾病可致某些肝药酶减少，主要由肝灭活的药物作用会加强；肝病时常有血浆蛋白减少，更加重了这一影响。因此，在慢性肝病及肝硬化患者应用主要由肝灭活的药物时必须减量慎用，甚至禁用。肺部急性疾患所致之低氧血症能减弱肝药酶的氧化代谢功能。休克和心衰时肝血流量减少或减慢，也能减弱肝对药物的灭活。对于这类病人应用肝灭活的药物时也须酌减用量。一些慢性病如哮喘等所致的慢性低氧血症可以代偿性地增强肝药酶活性，所产生的影响与上述相反。有些药物必须先经肝药酶催化的反应转变为活性形式才能发挥作用。能使肾血流减少或损伤肾小球功能的疾病可使药物的滤过减少，也能影响肾小管的重吸收和主动排泌功能。肾功能不全时往往蓄积有内源性的有机酸类物质，也能干扰弱酸类药物的肾小管排泌，此时主要经肾消除的药物半衰期延长，在应用时必须减量，严重者应禁用此类药物。酸碱平衡失调时导致原尿 pH 值改变，会影响某些药物的肾小管重吸收，从而使这些药物的排出增多或减少。严重的肾疾患如肾病综合征时肾小球膜受损，结合型的药物也能通过。低蛋白血症时游离药物比例增多，也能使药物滤过排泄增多。有些药物经胆道排泄，肝功能不良，心衰或休克时肝血流减少，肺疾患所致之肝缺氧等都会减少药物的胆汁排泄。药物的肝肾排泄有相互代偿的现象。因此，当病人肝肾功能均不正常时尤应适当减少有关药物的剂量。

2. 疾病对机体对药物反应性的影响：某些病可以影响某些受体的数目（密度）和亲和力的改变，从而影响药物的作用。疾病时机体整体调节功能状态与正常人有一定差异，也能影响药物的作用。疾病所致机体的某些病变有时可以成为增强药物不良反应的因素。例如，结核病患者使用糖皮质激素时，有结核感染扩散的危险；有溃疡病时应用刺激性药物（口服），或应用拮抗儿茶酚胺类药或扩张血管药，则能加重溃疡病变。

（六）遗传因素、种族差异与种属差异

药物在体内发挥作用时，与药效和药物代谢动力学有关的许多大分子物质，包括药物作用的受体，药物体内转运过程中涉及的多种蛋白质，以及药物代谢酶等，都与遗传密切相关。众所周知，药物作用有个体差异。更应注意药物作用的种族差异和种属差异：动物实验的结果不能简单地推论到人体；西方人身上总结的资料特别是药物剂量等，也不能简单地搬用。

三、环境条件方面的因素

（一）给药途径

不同途径给药时药物吸收的程度不同，吸收的速度也不同，体内过程也可能不同，从而能影响药物作用的质和量。例如，硫酸镁口服时吸收甚少，只起导泻作用；注射给药则可起抗惊厥作用。口服时药物吸收后首先通过肝，相当一部分药物被代谢而灭活，叫做首过效应；舌下给药则药物吸收后不经肝而直接进入血循环，不经过首过效应；药物吸收速率能影响血药浓度的高低和其升高的快慢，后者又间接影响药物的分布和消除，因此，吸收速率可以影响药物作用的强度和维持时间。

（二）时间药理学因素

许多生物学现象都有时间节律性。从单细胞生物直到人类的生理功能活动、生长繁殖等的时间节律，或者叫生物周期，有昼夜节律，周节律，月节律，年节律等。受此类生物节律的影响，药物作用也存在节律问题，机体在不同时辰处置药物的能力可有不同，机体对药物作用的敏感性也有时辰节律。时间/时辰节律对药物毒性的影响目前尚未发现有统一的规律性。但如能依据药物作用的时辰节律来制订用药方案，则既可提高疗效，减少毒副作用，还可能节约药物。

（三）连续用药

有些药物在连续用药后能使机体产生耐受性。这种后天性耐受性产生的机制有多种：由于诱导药酶而加速了药物的灭活和消除；或者是由于受体的向下调节而减低了药物反应；或者由于机体调节机制发生了适应性变化。多数药物连续用药时是逐渐产生耐受性的，但也有少数药物在连续用药时很快产生耐受，叫做快速耐受性。化学结构类似的几种药物之间，或作用机制相同的几种药物之间，有时有交叉耐受现象。少数结构完全不同的药物之间，也能产生交叉耐受。病原菌对抗菌药物也能产生耐受，此时抗菌药物的疗效降低甚至消失，通常称为抗药性。抗药性之产生可能是病原菌接触药物后未被杀灭，反而导致基因突变，或者在胞质体内产生抗药因子，由此成为抗药菌株，且能传给子代。抗药菌株感染是临床的一个棘手的问题。抗药菌株之所以能拮抗或耐受抗菌药的作用，其生化机制有下列几种可能：细菌产生了能降解或灭活药物的酶；改变了对药物的通透性，因而药物不易进入菌体；菌体结构或其代谢途径发生了改变，从而避开或绕过了药物作用的环节，使药物不能发挥作用。因此，应用抗菌药时必须选择抗菌谱合适的药物，且必须使用足量，用够必要的疗程，以求彻底消灭病原菌。切忌随便应用，随便停药，以免产生抗药菌株，贻害社会。寄生虫也能产生抗药性，应用抗寄生虫病药时也应注意。有些药物，连续应用后可使人体产生药物依赖性（详见本章第四节）。

（四）联合用药和药物的相互作用

联合用药的目的是利用几种药物的协同作用以增强治疗效果，有时也可因数药协同而可以适当减少各药的用量以减轻各自的不良反应，还可利用各药间某些作用的相互拮抗以纠正某些副作用。但是，如果联合用药不当，也可能因联合用的各药在药效学和药动学两方面的相互作用而产生不良后果。

（五）吸烟、嗜酒与环境污染问题

吸烟能诱导药物代谢酶，加速某些药物的代谢消除，因而吸烟者对这些药物有较高的耐受能力，所以在新药临床试验或药代动力学研究时须挑选不吸烟者作受试者。嗜酒者用药时也须考虑乙醇本身的药理作用和乙醇对药代动力学的影响。例如，乙醇有中枢抑制、血管舒张等作用，高浓度大量饮酒时还可使血钾降低，血糖降低，在应用相关药物时须加注意。乙醇还可因影响药酶（急性大量饮酒时抑制，慢性嗜酒者诱导）而干扰药物作用。此外，环境空气污染中的含铅微粒、有机溶剂等也能影响药物作用，影响因接触的时间、剂量以及方式等而有不同。

第三节　用药方法

一、给药的途径

给药的途径有多种，给药的途径不同，可影响药物作用的快慢和强弱。有时一种药因给药的途径不同，可产生完全不同的作用。

（一）口服法

将药物通过口服，通过胃肠黏膜所吸收，而发挥治疗作用。特点：简便安全、经济，不需要医务人员协助，没有什么痛苦，是最常用的给药途径。但也有许多不足之处：药物要经过胃的排空，进入小肠后才被吸收，同时受到食物的影响，因此发挥作用较慢，不适用危重病人；有些药物如青霉素、胰岛素等口服后，能被消化酶破坏；有些药物如卡那霉素等口服不易吸收；还有些药物刺激性太大，易造成恶心呕吐，所以以上情况都不能采用口服法。

（二）注射法

是将药物直接注入体内的方法。特点：起效快，剂量准确，不受消化液的影响，应用的剂量一般比口服小。但注射剂的制备及使用都有很严格的要求。按照注射部位和深度的不同，分为以下几种。

1. 皮下注射。将药液注射在皮下组织，注射部位一般多位于上臂外侧三角肌处。如注射预防针一般采用皮下注射。刺激性药物不宜皮下注射。

2. 肌肉注射。是将药液注入肌肉组织，注射部位一般多位于臀大肌的上部外 1/4 处或上臂三角肌。由于肌肉组织感觉神经末梢少，故痛觉较轻。肌肉组织的血管丰富，所以吸收较皮下注射快。

3. 静脉注射及静脉滴注。将药液直接注入或滴注于静脉血管中。注射部位一般常在上肢静脉进行。此种方法药液起效最快，而且某些有刺激性药物可用此方法注射，如钙剂。较大容量的药液宜用静脉滴注，就是通常所称的静脉输液。

4. 鞘内注射。又称椎管注射，将药液注入脊柱的椎管内，阻断神经冲动的传导，多用于手术麻醉。一些肿瘤化疗也用鞘内注射。

（三）直肠给药

将药液注入直肠或将栓剂塞入肛门，药物可在局部发生作用，也可通过直肠黏膜吸收而发挥全身作用。如灌肠治疗肠炎、痢疾，是在局部发挥作用。退热栓、止痛栓塞入肛门，起到退烧、止痛作用，是吸收作用。直肠给药特点：吸收比口服给药快，不受消化液和食物的影响。缺点吸收面积小，使用不够简便。

（四）舌下给药

将药物置于舌下，使药物经口腔黏膜吸收，舌下黏膜吸收面积有限，此法仅限于剂量小、作用较强的药物。如心绞痛时含服硝酸甘油 2～3 分钟后，就可获得缓解疼痛的效果。

（五）吸入给药

许多气体或易挥发性药物经过呼吸道用药发生作用，快而短暂。如治疗哮喘的舒喘灵气雾剂等及吸入性全身麻醉药。

（六）皮肤及黏膜给药

如擦涂、滴眼、喷雾、湿敷等，将药物用于皮肤或黏膜表面。如滴眼剂、滴鼻剂、滴耳剂。皮肤的外用药膏、药水的涂、擦、洗、外敷等，药物主要在局部发挥作用。

二、给药的时间和次数

给药除了有剂量要求外，还应规定给药的次数和时间。多数药物都是每日 3 次，中药汤剂一般为一副每日两煎，还有一些药物根据血药浓度需要，有不同的给药时间。给药时间根据什么原则确定的，下面做一些概括性介绍。

（一）根据药物在体内存留时间的长短

不同药物的吸收速度和消除速度不同，药物在体内停留时间的长短也不一致。凡吸收和消除速度快的药物，在体内停留时间短，给药次数多。反之，则给药次数少。对大多数药物来说，每日 3 次为宜。

（二）根据用药的目的和要求

有些药物要求在血中保持较稳定的血药浓度，因此不分昼夜，每 6～8 小时给药一次最好；催眠药必须在睡前 15～30 分钟给药；驱虫药每日应在空腹或半空腹时，一次顿服才能更好发挥作用，一般也是在睡前服。

（三）根据胃肠道的机能状态

口服给药的时间与胃肠道的机能状态关系密切。苦味健胃药必须在饭前 10 分钟左右服用，才能起到增进食欲和促进胃液分泌的作用；胃蛋白酶合剂、多酶片等助消化药，它们的作用是消化食物，因此最好是在进食同时，也就是紧接在饭后服用；氢氧化铝、胃舒平等抗酸胃药，通常在饭前胃酸分泌多时服用；大黄、果导片、双醋酚酊等泻药只刺激结肠，一般服药后经过 8～10小时排便，因此应安排在睡前服，清晨排便。

（四）食物因素

胃中食物对药物服后进入肠道的时间影响很大。日常所吃的混合性食物大约在胃中的排空时间为4小时左右。饭后服药，药物随食物缓慢进入肠道，因此，凡需要在胃肠道局部发挥作用的药物都不宜饭后服，应在饭前服。饭前服不受食物影响，在胃肠道达到高浓度，胃中排空快，很快发挥治疗作用。其它的多数药物应在饭后服，因为药物的吸收靠肠道（主要是小肠）细胞膜上的载体蛋白转运吸收，载体蛋白是有一定数量的，转运需要一定的时间，因此药物在吸收部位浓度愈低，吸收的愈完全。并且药物和食物混合后，在胃肠道停留的时间较长，使药物广泛地和胃肠黏膜接触，让其有充分的时间来完成转运吸收，所以一般药物，多数在饭后服用。有些对胃肠黏膜有刺激的药物，更应在饭后服用，食物能缓和它们对胃肠黏膜的刺激。

以上介绍的是给药的一般原则，至于每种药物的给药的时间和次数，应根据各药的性质和病人的情况而定，并参阅有关说明书。

三、药物的用量

凡能产生药物治疗作用所需的量称为“剂量”或“药用量”。药物剂量能够决定药物和人体组织相互接触和相互作用的强度，剂量愈大和组织接触浓度愈高，作用强度就愈大。但剂量是有一定范围和限度的。最低限度的剂量叫“最小有效量”，最小有效量以下的药量没有治疗效果。在最小有效量以上而不引起任何中毒症状的剂量叫做“常用量”，也就是平时使用的药物剂量。常用量的最大限度叫“极量”，是允许使用的最大剂量。超过极量时就会引起中毒现象的量叫做“中毒量”。严重中毒引起死亡的量叫做“致死量”。除特殊情况，药物的用量应控制在常用量与极量之间。

第四节　用药注意事项及药物依赖性

一、用药注意事项

（一）注意避免滥用、防止不良反应

大多数药物都或多或少地有一些副作用，特别是长期使用或用药量较大，容易出现毒副作用。还应警惕药物依赖性问题。

（二）选择最适应的给药方法

给药方法要根据病情缓急、用药目的及药物本身的性质等决定。如危重病人，宜用静脉或静滴。慢性病人宜用口服。药物口服不能吸收或易被胃肠破坏的药物，可采用肌肉注射、皮下注射等。

（三）防止蓄积中毒

有一些排泄较慢而毒性较大的药物，如洋地黄等，为了防止蓄积中毒，等用到一定量后应停药或给以小剂量。这类药物容易引起蓄积中毒，故应尽量避免用于肝、肾功能不全的病人。并规定一定的连续给药次数或一定时间作为一个疗程。一个疗程完毕后，如需重复给药，则应停药一定时间后再开始下一个疗程。

（四）注意年龄、性别、个体的差异性

小儿、老人、妇女及过敏体质的人用药更须慎重。

（五）注意药物的相互作用及配伍禁忌

多种药物合并应用时，由于它们的相互作用，有时可使药效降低或出现不应有的毒副作用，这种情况叫做拮抗作用或配伍禁忌。配伍禁忌要注意两方面：

1. 避免药理性配伍禁忌。即配伍药物的疗效互相抵消或降低，或毒性增加。如中枢兴奋药与中枢抑制药；升压药与降压药；缩瞳剂与散瞳剂；泻药与止泻药；止血药与抗凝血药，抗生素杀菌剂与抑菌剂等，都属于药理性配伍禁忌。

2. 避免理化性配伍禁忌。主要是酸性药物与碱性药物。如维生素C(酸性)与苯巴比妥钠(碱性)配伍能使苯巴比妥析出，同时维生素C部分溶解；四环素族(盐酸盐)与青霉素钠、钾配伍，可使后者分解，生成青霉素酸析出；阿司匹林(酸性)与碱类药物配伍，易引起分解。类似这样的注意事项还很多。

二、药物依赖性

(一)药物依赖性的定义

药物依赖性又称药物成瘾或药物成瘾性，也俗称“药瘾”。是由药物与机体相互作用造成的一种精神状态，有时也包括具体状态，表现出一种强迫性地要连续或定期用该药的行为和其他反应，目的是要感受它的精神效应，有时也是为了避免停药引起的不适，可以发生或不发生耐受。用药者可以对一种以上药物产生依赖性。换言之，不是为了医疗需要，而是由本人主动连续地或周期性地使用药物，造成轻重不等的慢性或周期性的中毒状态，称为药物依赖。

(二)依赖性药物分类

可产生药物依赖性的药物分类：

1. 酒精-巴比妥类：乙醇、巴比妥类及其他催眠药和镇静药，例如苯二氮卓类。

2. 苯丙胺：苯丙胺、右旋苯丙胺、甲基苯丙胺、哌唑甲脂(利他灵)与苯甲吗啉。

3. 大麻：大麻制剂，例如大麻和印度大麻。

4. 阿片类：阿片、吗啡、海洛因、美沙酮、哌替啶等。

5. 可卡因：可卡因和古柯叶。

6. 致幻剂：LSD，麦司卡林和裸盖菇素(西洛斯宾)。

7. 挥发性化合物：丙酮、四氯化碳和其他溶媒。

8. 烟碱：烟草、鼻烟。

在以上八大类可产生依赖性的药物中，阿片类药物依赖流行最广，危害最大，它不但对病人身体造成极大损害，还导致了许多社会问题，如犯罪。

(三)药物依赖性的特征

1. 对药物产生心理依赖：即依赖者具有持续地或周期地渴望体验该药物的心理效应，这种愿望可以压倒一切。为了得到药物，会不择手段行事。所有能产生依赖的药物均有心理依赖性。

2. 对药物产生生理依赖：依赖者必须继续用药方能避免戒药后的戒断症状。各人的戒断症状轻重不一，包括种种不适感和躯体症状。不适感常与心理依赖的要求相重叠，而躯体症状是有生理基础的，有时会非常严重，甚至引起死亡。但有些能产生依赖的药并没有躯体依赖性。

3. 对药物可以发生程度不等的耐受性：剂量往往越用越大。但有的药物耐受性不明显。

4. 对药物依赖的种类：药物依赖者可以依赖一种药物或同时依赖多种药物，也可以合并烟酒依赖。

5.对药物依赖的后果：由于长期依赖药物，使依赖者脱离正常生活轨道，给本人、家庭和社会带来不良后果。

（四）药物依赖性对机体的损害

1.对神经及内分泌的损害。麻醉药物阿片类的使用，能使内源性阿片肽系统受到抑制，然后通过一系列复杂的神经内分泌系统改变引起机体损害，患者体质逐渐衰退。由于内源性阿片肽系统受到抑制，导致下丘脑一垂体一肾上腺轴功能明显地改变。首先是下丘脑促肾上腺皮质激素释放激素（CRH）受到抑制，从而抑制了促肾上腺皮质激素（ACTH）的释放，该结果又导致血液中肾上腺皮质激素皮质醇的下降。

2.神经系统损害。滥用可卡因可导致某些神经系统的症状，在服用后其首发症状表现为精神异常，如烦躁不安、焦虑、激动、偏执狂、幻觉、欣快、抑郁甚至精神错乱等，精神症状多在滥用可卡因静脉用药者。可导致严重精神障碍的药品，如麦司卡林、苯环己哌啶等，这类药物可导致中枢神经呈一时兴奋状态，但有时又陷入严重的抑郁状态；可使人焦虑、失眠、烦躁不安、瞳孔放大、体温和血压升高；对方向、距离和时间的感知偏差；最大的危害是损害判断能力，从而导致暴力行为。

3.免疫系统损害。药物滥用可引起机体损伤及免疫功能下降，有报道称，静脉用海洛因成瘾者外周血中免疫球蛋白与对照组相比有显著下降。有研究表明，阿片成瘾者膀胱癌的发生率较单纯吸烟者高19倍以上。此外，成瘾者极易并发各种病毒性肝炎、艾滋病、肺炎、肢体坏疽等疾病。这些除与使用不洁注射器有关外，许多专家指出与吸毒者免疫功能下降有密切的关系。

4.对胎儿和新生儿的损害。许多药品可以通过胎盘进入到胎儿体内，因此，妇女在妊娠期间滥用阿片、巴比妥、安定、苯丙胺等麻醉药品和精神药品的母亲，其胎儿出生后也会产生戒断综合征，可发生早产，原因与子宫收缩有关。同样的机制也可使胎盘早剥的危险性增加。对胎儿的损害主要是使胎儿宫内生长迟缓、影响大脑发育，最常见的是婴儿小头畸形。临床和实验资料提示，接触可卡因的婴儿，其规律呼吸和觉醒功能受损，受此损害的婴儿易于发生婴儿突发性死亡综合征。

5.对其他脏器的损害。长期大量使用大麻对肺部有严重不良影响，并可导致支气管炎、支气管哮喘、肺气肿甚至肺癌。吸入海洛因可引起肺滑石样病变甚至因急性哮喘而死亡。

6.药物依赖性的医源性损害。医源性麻醉药依赖主要是指对治疗精神异常、剧烈疼痛或晚期癌肿疼痛的药物可以产生依赖性的认识不足，致使医生误开或滥开处方，患者长期使用此类药物而造成的药物依赖。

（五）毒品

可致滥用的药物称为毒品，而毒品的药物依赖是滥用的主要原因，但人类社会却不能完全禁绝毒品，这是毒品两重性：其一是人们对毒品的认识有一个过程。一种药物或化学物质，在尚未对其特殊的毒副作用认识之前，它可能是医疗药物，但对其依赖性认识之后，通过有关的法律程序就变成了违禁药物；其二是许多毒品在人类历史中到目前仍在做出贡献，例如吗啡等阿片类物质具有较强的镇痛作用，至今在外科手术、肿瘤治疗中仍被广泛使用。

（六）药物依赖性的预防

容易成瘾的药物，最常见的是两类。一类是麻醉镇痛药，如吗啡、杜冷丁等，这类药物除镇痛作用外，还可引起欣快或愉快感，常用剂量连续使用1～2周后即可成瘾。另一类是催眠和抗焦虑药，如速可眠、阿米妥和各种安定类药物（安定、安宁、利眠宁、硝基安定、舒乐安定、氯硝安定等），特别是精神疾病和心理障碍患者，由于医疗的需要往往服用此类药物，长期应用要特别注意。

对药物产生依赖后，轻者表现为离不开这种药物，不吃就难受，并感周身各种不适，只有服用这种药才自感舒服，此时应及时采取措施，逐步戒除。

1.患者要认识到自己的病况，明确药物成瘾对自身的危害，积极主动配合医生治疗。

2.逐渐减少依赖药的服用剂量，原则是“逐渐”减量，切忌大幅度削减用量或完全停用，以使身体逐步适应，否则，由于身体无法耐受会出现戒断症状，且有一定的危险性。

3.也可以非依赖性或依赖性较低的药物暂时替代，减轻由于削减依赖药物用量而出现的不适应症状。

4.依赖戒除后，要巩固住所取得的效果。各类心理障碍和神经症患者，对于自己的焦虑或失眠等症状，不可一味地追求药物，而应设法去除病因，心理疏导、调节生活、体育锻炼、物理治疗等均大为有益。切忌重新服用依赖药物。

5.药物依赖严重者，会千方百计，不择手段偷药、骗药，挥霍大量金钱买药，置家人生活于不顾，丧失责任感和进取心，很难自行戒除，此时应在住院条件下积极治疗，争取早日戒除。

6.要避免药物依赖，首先，应该了解哪些药物是可以成瘾造成依赖的，在最初就要控制；其次，产生药物依赖后最好去专科医院就诊；另外就是有病了要及时就医，遵医嘱用药和治疗，不要自行乱用药物。

第五节　合理用药

合理用药，就是根据疾病种类、病人状况和药理学理论选择最佳的药物及其制剂，制定或调整给药方案，以期有效、安全地防治疾病的措施。首先要求对疾病做出准确的诊断，从而针对病因和主要病症选择最适宜的药物，经正确的用药途径，给予适当的剂量，按合理的时间间隔完成正确的疗程，达到预期的治疗目标。

一、用药时正确的选择

（一）药物的选择

用药合理与否，关系到治疗的成败。在选择用药时，必须考虑以下几点：

1.是否有用药的必要。在可用可不用的情况下无需用药。

2.在可供选择的同类药物中，应首选疗效最好的药。

3.药物疗效与药物不良反应的轻重权衡。应尽可能地选择对病人有益无害或益多害少的药物。

4.联合用药问题。联合用药可能使原有药物作用增加，称为协同作用；也可能使原有药物作用减弱，称为拮抗作用。提高治疗效应，减弱毒副反应是联合用药的目的，反之，治疗效应降低，毒副反应加大，是联合用药不当所致，会对患者产生有害反应。

5.价格问题。在疗效和不良反应相类似的情况下，应选择价格低的药物。

（二）制剂的选择

同一药物、同一剂量、不同的制剂会引起不同的药物效应，这是因为制造工艺不同导致了药物生物利用度的不同。选择适宜的制剂也是合理用药的重要环节。

(三)剂量的选择

为保证用药安全、有效,通常采用最小有效量与达到最大治疗作用但尚未引起毒性反应的剂量之间的那一部分剂量作为常用量。一些人错误地认为,服药剂量越大,见效越快。其实这是非常错误的,一般药物的疗效,不会因为剂量增加而提高,相反只会增加其肝肾功能的排泄负担,损害脏器。一种药的用量,是经过严格的科学实验和大量的临床观察而确定的,绝不是随意制定的。药物用量超出治疗剂量范围,轻则产生毒副反应,损害人体健康,重则危及生命。

(四)给药途径的选择

不同给药途径影响药物在体内的有效浓度,与疗效关系密切。各种给药方法都有其特点,临床主要根据病人情况和药物特点来选择。目前在我国滥用静脉输液非常严重。看似透明的液体中存在不溶微粒,静脉输液进入人体。如钙、硅、铝等无机微粒及炭黑、纤维、结晶体、玻璃屑和细菌、霉菌芽孢及塑料、橡胶、中药胶体微粒等。产生原因:药品和输液器生产包装工艺中的,如碳黑颗粒;药物配置配伍中的,如针穿刺瓶塞时带进橡胶微粒、切割安瓿时产生玻璃碎屑、药物不当配伍形成的结晶性微粒;环境因素,如空气中的尘埃、纤维和细菌,通过输液器进气管进入药液很难避免。人体最细的毛细血管直径只有 4～7μm,微粒无法通过堵塞了毛细血管时形成肉芽肿,可在全身各组织内,导致肾、肺、肠等脏器坏死,还可致癌。输液比肌肉注射、口服吸收速度快,相比它带来的损害、风险和不良反应绝对没有必要,除非是病情严重。应由医生决定是否输液。国外早就提倡尽量不输液,住院患者输液很少。而我国,40 位病人有 39 位在输液,好像不输液就没有必要住院,病情不需要也强烈要求输液,医生为"满足病人要求""医院和个人经济效益"而输一些完全可以不输的液体。

(五)给药时间间隔、用药时间及疗程的选择

适当的给药时间间隔是维持血药浓度稳定、保证药物无毒而有效的必要条件。疗程的长短应视病情而定,一般在症状消失后即可停药,但慢性疾病需长期用药者,应根据规定疗程给药,如抗结核药一般应至少连续应用半年至一年以上。另外,疗程长短还应根据药物毒性大小而定,如抗癌药物应采用间歇疗法给药。

二、抗生素的合理应用

(一)抗生素的有关常识

1. 抗生素是抵抗致病微生物的药物,是由细菌、真菌或其他微生物在生活过程中所产生的具有抗病原体或其他活性的一类物质。抗生素除直接提取外,还可用人工合成及部分人工合成(称半合成抗生素)的方法制造而得,是临床上广泛应用的抗感染药物。抗生素不仅对细菌、真菌等致病微生物具有抑制和杀灭作用,而且对螺旋体、支原体、衣原体、立克次体等其他致病微生物及恶性肿瘤也有良好的抑制和杀灭作用。

2. 抗生素与消炎药的区别。抗生素不是直接针对炎症来发挥作用的,而是针对引起炎症的微生物,是杀灭微生物的,而消炎药是针对炎症的,比如常用的阿司匹林等非甾体类消炎镇痛药。

(二)抗生素的滥用

1. 把抗生素作为万能药,退热剂,不管什么原因发热,首先把抗生素盲目用上。随意把抗生素作为预防药。

2. 违反抗生素使用规律。用药剂量偏大或偏小，疗程过长或过短，久用一种抗生素不换或频繁更换。每种药都有一定的治疗剂量，是通过试验做出来的。随意加大用药量，药效并不一定增加，而不良反应却加重。抗生素用量过小、疗程偏短，导致部分细菌被杀死，抵抗力较强的细菌得以生存繁殖，引起新的感染。

3. 抗生素添加剂的滥用。现在在动、植物的养殖中，很多都添加抗生素作为预防剂，有的还试验把抗生素作为动物助长剂使用。动物体内的抗生素会通过肉类食品进入人类的食物链，使一些微生物产生明显的突变，原来对人类不致病的微生物变的致病了。并且通过家禽、家畜等动物的排泄物，抗生素大量进入农田、农作物，使自然界广泛存在微生物产生耐药性。

（三）抗生素滥用造成的不良反应及危害性

1. 过敏反应。过敏反应是应用抗生素后常见的不良反应。

2. 毒性反应。许多抗生素具有毒性反应。如链霉素损伤听神经，引起耳聋眩晕。氯霉素可引起再生障碍性贫血。四环素引起小儿四环素牙（黄牙）。许多抗生素还对肝、肾功能有损害或有局部性刺激。

3. 引起菌群失调、二重感染。在人体表面及与外界相通的腔道中（如消化道、呼吸道）寄居有多种无害的微生物，成为人体的“正常菌群”。正常菌群是机体与微生物，微生物与微生物在进化过程中相互适应而形成的特定的微生物组合。在一般情况下，正常菌群中各种微生物彼此之间相互依存、相互制约，在种类和数量上维持相对平衡的状态。通常，正常菌群对机体是有益的，它们可以抑制某些病原微生物的繁殖，有利于抵抗疾病。长期应用抗生素，使人体正常菌群中许多对抗菌素比较敏感的细菌受到抑制，而不敏感的细菌则大量繁殖，使细菌之间相互依存、相互制约的关系遭到破坏，原来不致病的细菌则大量繁殖引起疾病，造成胃肠道、呼吸道、泌尿道等处新的感染，此种现象称为菌群失调、二重感染。如长期应用广谱抗生素后，出现消化不良、腹泻、鹅口疮、霉菌性肺炎、厌氧菌感染引起的脓胸等。

4. 耐药菌株的产生。随着抗生素的广泛应用，尤其是抗生素的滥用，许多病原菌逐渐对抗生素产生了适应性，增加了抵抗力，对原来敏感的药物，敏感性降低，甚至不敏感，一些抗生素用量不断加大，而疗效却逐渐降低，细菌这种耐药特性就是细菌的耐药性，具有耐药性的细菌就是耐药菌株。抗生素的使用阻碍了某些不发生突变细菌的生长，而有些抵抗力强的细菌能够产生新的变异来抵抗药物的作用，这些突变菌的耐药性一代代传下去，成为耐药菌株。耐药细菌的产生，现已成为世界的灾难，是医学上最严重的问题，它已逆转着医学的进步。因为耐药细菌的产生是不可避免的，根据适者生存原理，所有生物，包括致病微生物都要通过自然选择而进化。所以在使用抗生素的同时，细菌的耐药也在产生，形成恶性循环，抗生素用得越多，感染越多。合理使用抗生素，就能减慢耐药细菌产生的速度，人类就有时间、有能力来对付耐药细菌。如果滥用抗生素，耐药细菌产生速度很快，人类开发新型抗生素的速度远没有耐药细菌产生的速度快，人类将可能进入“后抗生素时代”，人们将无法治疗感染性疾病，医生只能无助地看着病人死亡，那将是一场重大的灾难。现在抗生素滥用已经带来了许多危害，患者发病率和死亡率在增加，疗程和住院时间延长，治疗费用、与治疗相关的开支在增加，感染并发症、传染病也在增多。

（四）合理使用抗生素

1. 进行宣传教育，普及医学知识，使人们认识到抗生素的临床疗效是药物、机体和病原体三者之间相互影响、相互作用的结果，认识到抗生素滥用之危害，加强防范意识，不随意为自己和家人使用抗生素，自觉抵制抗生素滥用。在美国，让医生开一支抗生素或在药店里买一支抗生素，比买一支枪还难。

2.提高全民的卫生健康水平，控制和减少感染。感染控制了，抗生素的使用减少了，它产生的危害也随之减少了。

3.抗生素使用应严格掌握适应症，发热原因不明不宜用，(除病情严重外)以免贻误诊断和治疗。对原因不明的长期发热实在诊断不清时，“试验治疗”虽不失为权宜之计，但不能滥用，特别是不宜过早使用。如能检出细菌，最好做药敏试验，选用最敏感的抗生素。

4.病毒性疾病或估计为病毒感染的疾病不宜用。因为抗生素对病毒无作用。

5.预防使用抗生素应严加控制，尽量避免长期用抗生素，不能把抗生素作为万灵药。可用窄谱抗生素，就不用广谱抗生素。可用一种就不用两种。适当选用其他类抗生药，如中草药、磺胺类药物。

6.抗生素的用量必须适当，开始剂量大，叫突击量，以后避免剂量过大，抗菌素在体内达到一定剂量时，再加大量作用并不增加，而毒副作用却增加。剂量应给足，剂量不足反而锻炼细菌产生耐药性。疗程应充足，疗程过短易使疾病复发，转为慢性。要在医生的指导下掌握用量的适度。

7.联合用药的指征是：病情特别严重，如败血症或化脓性脑膜炎等；多种细菌混合感染，单用一种抗生素达到血液有效浓度所需药量太大，患者不能耐受其毒副反应时，加用另一种抗生素可减少该药的药量，以达到同样疗效。联合用药的品种不宜过多，一般以两种为宜。用药选择必须是没有拮抗作用(即药物的疗效互相抵消)，而有协同或相加作用(指两种抗生素应用所产生的治疗效果，大于或等于两药单用的治疗效果之和)。

8.尽量避免皮肤黏膜等局部使用抗菌素，因为不适当的局部用药，往往容易使细菌产生耐药性。

9.在使用抗菌素治疗的过程中，要观察病情和疗效，若疗效不佳，应在医生的指导下及时调整治疗方案。不要频繁更换药物，造成用药混乱现象，这对患者有害无益。

三、正确对待补药、新药

随着我国的改革开放，特别是进入市场经济后，经济高速发展，人民生活水平有了很大的提高，人们的生活标准不再是解决温饱，而是怎样提高生活质量，自我保健意识开始建立。商家也抓住时机，利用人们的心理，大力宣传补药、新药、保健品等。药品广告如雨后春笋，并开始左右人们的用药意愿。有些药品广告，言过其实，夸大药物的效果，而对副作用尽量淡化，甚至不提。因此在用药时，不能轻信广告，不能迷信补药、新药等。

(一)合理应用补药

常言道“是药三分毒。”补药也不例外。补药的作用，使机体恢复平衡、维持机体内环境的稳定，它的作用是相对的。补药也有明确的适应症、不良反应和用药注意事项。维生素是人类维持正常生理活动所必需的一种有机物质，是重要的营养物质，人体对这类物质的需要是有一定量的。在一般情况下，维生素不容易缺乏，从日常膳食中就可得到充分的供应，满足机体需要，不必多补充。只有在如儿童、孕妇、哺乳妇女需要量增大时；吸收功能障碍或消耗量增多的病人，如发烧病人和某些慢性疾病；饮食单调、缺乏蔬菜、偏食等，使维生素摄入量不够时可适当补充。并且缺什么补什么，不能滥补。如用视力较多的人可补充适量维生素 A，重体力劳动者可增大维生素B类的用量。口腔溃疡可补充维生素B_2,牙龈经常出血可补充些维生素C等。滥用维生素不仅造成浪费,还能引起维生素之间的不平衡,影响机体的正常机能,甚至造成中毒。维生素也有副作用,如维生素A用量过大可引起中毒,出现头痛、恶心呕吐、烦躁、嗜睡,还可有眼球震颤、复视等症状。维生素C大量服用,可导致胃酸过多,溃疡出血,还可引起腹泻、泌尿系结石、痛风等。中医说:"补阳伤阴,补阴伤阳",同样强调合理应用补药。

(二)正确看待新药

近年来新药不断地出现,价格也相对较贵,有些人认为产品越新、价格越贵的药就是好药。新药似乎成了好药的代名词。新药使用时间短,试用病例也有限,某些副作用在短期内还未能被发现,所以使用新药比使用老药要承担更多的风险。20世纪50年代,德国研制的药物"反应停",对治疗妊娠反应可谓是药到病除,可是,这些用"反应停"的孕妇有相当一部分人生下了貌似海豹、四肢短小的"海豹婴儿",成为震惊世界的"反应停事件"。有些新药,其实就是常用的老药,只是换了剂型和包装,由国产变为合资,冠以洋名,价格也提高很多,其有效成分和老药完全相同。

四、对疾病的治疗不能仅靠药物

药物是治病的重要武器,但不是万能的,更不是唯一的武器。中医学认为"三分治,七份养",这里所说的"治",包括使用药物和一些其他治疗方法;所说的"养",包括休息、营养、活动、锻炼、生活规律、乐观情绪在内的一系列加强机体抵抗力,促进恢复健康的积极措施。"治"是通过"养"来发挥作用。医疗的目的,在于调动人体的能动性、消除病因,战胜疾病,恢复健康。把希望都寄予药物,认为药物是万能的,不管什么病,不考虑有无必要,什么抗生素、维生素、激素、营养药等齐上阵,有点病就要输液打吊针,这些做法浪费不说,不仅对身体没有益处,有时还能造成对身体的损害。正确的做法是在医生指导下,运用各种手段综合治疗,战胜疾病,保卫健康。

第六节　安全用药的一些常识

一、假药和劣药的识别

(一)有下列情形之一的,为假药

1. 药品所含成分与国家药品标准规定的成分不符的。

2. 以非药品冒充药品或者以他种药品冒充此种药品的。

(二)有下列情形之一的药品,按假药论处

1. 国务院药品监督管理部门规定禁止使用的。

2. 未经批准生产、进口,或者未经检验即销售的。

3. 变质的。

4. 被污染的。

5. 使用未取得批准文号的原料药生产的。

6. 所标明的适应症或者功能主治超出规定范围的。

(三)有下列情形之一的药品,按劣药论处

1. 未标明有效期或者更改有效期的。

2.不注明或者更改生产批号的。

3.超过有效期的。

4.直接接触药品的包装材料和容器未经批准的。

5.擅自添加着色剂、防腐剂、香料、调味剂及辅料的。

6.药品成分的含量不符合国家药品标准的。

7.其他不符合药品标准规定的。

(四)从说明书上识别

按药品管理法规定,药品包装上应附有详细的说明书和标签。内容包括药物的名称、规格、生产厂家、生产批号和有效期限、批准文号、主要成分、适应症、用法用量、禁忌症、不良反应和注意事项。假药的说明书一般书写不完全或不正确。

(五)从商标上识别

合格药品包装上应印有商标图案及"注册商标"字样,有的还有防伪标识物或防伪激光图案。假药一般都缺少此项。

(六)从批准文号上识别

合格药品在包装上都印有国家医药管理部门批准生产而授予的"批准文号"。未取得批准文号生产的药品或未在药品包装上注明批准文号的药品可视为假药。

(七)从药品外包装印刷质量上识别

假劣药品在外包装上一般不太讲究质量,比较低劣和粗糙。标签上一般印有效期限,凡超过有效期的药品,视为劣药。

(八)从药品外观质量上识别

假劣药品的生产都不规范,因此表现出质量低劣。无论哪种剂型,凡是发现有霉变、潮解、变色、结块、裂纹、粘连、浑浊或有异味异臭等,均应视为伪劣药品。

二、药品的有效期

药物由于本身的物理、化学和生物性质不稳定,在储存的过程中受到外界温度、湿度、光线以及其他因素的影响,随着存放时间的延长,药效便逐渐减弱或消失。为了确保药品的质量和用药安全,医药卫生部门把这部分药物规定了在限定的储存条件下可使用的期限,这就是药品的有效期。药品的有效期大部分是从制造日算起的,也有从检验合格日算起的。有效期时间长短的规定,各药有所不同,详见说明书。有效期是一种相对的时间规定,其长短随药品的质量和保存条件而异。如果药品因某种原因已发生变色、混浊、沉淀等外观的变化,虽然没有超过有效期也不得使用。易过期失效的药品有:生物制品、酶制剂、抗生素,这些药品有效期比较短,易氧化分解而变质,应定期检查以防失效。

三、药物的慎用、忌用、禁用

药品说明书和外包装上常标有慎用、忌用或禁用等字样。

慎用:指该药可以使用,但必须密切注意病人用药后可能发生的不良反应,一旦出现不良反应须立即停药。慎用不等于不能使用,为了安全起见,慎用药品最好在医生指导下使用,以免造成不良后果。

忌用:指不适宜使用或应避免使用该药,因用药后发生不良反应的可能性大。如肝肾功能减退应忌用对肝肾功能有影响的药物。凡属忌用药品应尽量避免使用，若病情需要则应在医生指导下，选择药理作用类同、不良反应较少的其他药物代替。家庭用药时，凡忌用药品最好不用。

禁用：禁止使用之意，是关于用药的最严厉警告。某些病人使用该药后会发生严重的不良反应，必须严禁使用。

四、处方药与非处方药

1. 处方药是必须凭执业医师处方才可调配、购买和使用的药品，只能在医院和零售药店购买和使用。

2. 非处方药在国外被称为"可在柜台上买到的药物"(Over The Counter，OTC)，OTC已成为全球通用的俗称。非处方药的特点是质量稳定、疗效确切、应用安全方便，用于消费者可以自我治疗的常见轻微疾病。非处方药还分为甲类和乙类，将非处方药中安全性更高的一些药品划为乙类药品。甲类药品只能在医院和零售药店经营，乙类药品经有关部门批准亦可在普通商业网点销售。非处方药的包装印有国家指定的专有标识，甲类非处方药的专有标识为红色，乙类非处方药的专有标识为绿色。

实施药品分类管理的原因之一是方便广大群众，一些小伤小病可以就近购药，及时用药。

五、正确服药才能保证药效

(一)要对症用药

所谓对症用药，就是针对疾病的原因和症状，有针对性选用药物。

(二)服药剂量要准

既不能少，也不能多。药量少，吸收入血液的药物浓度低，不能控制病情。药量过大，不仅是一种浪费，而且会引起不良反应，甚至造成中毒或成瘾。

(三)按时服药

服药时间一定要遵照医嘱，不能随意更改。

(四)服药应采取站位或坐位

不要躺着吃药，也不可服药后立即躺下，至少要保持数分钟。服完药马上就睡觉，特别是当饮水量又少的时候，往往会使药物粘在食管上而不易进入胃中。有些药物的腐蚀性较强，在食道溶解后，会腐蚀食道黏膜，导致食道溃疡。情况较轻微者只是吞咽时感到疼痛，严重者可能伤及血管而引起出血。久病卧床或吞咽困难的患者，应尽量服用液体制剂。

(五)服药时要多喝温开水

至少应喝一杯水，以便把药物冲入胃中。尤其是老年人更应多喝水。有些病人吃药片不喝水，用唾液把药片强迫吞咽下去，这样服药片对身体有许多害处，影响疗效、损伤食管，甚至药片误入气管发生生命危险。水是药物的溶媒，在一定程度上，水量越多，药物分子与胃肠黏膜的接触面越大，药物吸收就越好。有些药物不能用热水送服，如各种酶制剂、维生素、止咳糖浆类、小儿麻痹糖丸、含活性菌类、中药清热药等。因为热水可使这些药物变性，降低或失去疗效，宜用凉开水送服。

(六)不能一次滥用多种药

一次吃几种药物，在人体内往往会发生相互作用，有时会使效果增强，但有时也会使药物疗效降低或增加毒副作用，甚至加重病情或危及生命。据统计，同时服6种以上药物时，约有80%的病人出现严重不良反应。

（七）服某些药物时要忌口

大部分药物进入体内都要经过肝脏的代谢，再由其他途径排出体外。肝脏里的各种药酶，是代谢药物的主力军；酶的数量是有限的，因此一旦我们吃的食物也作用于此种药酶，就会使药物的代谢减慢，甚至蓄积，在体内引起中毒或肝损伤。例如，葡萄柚汁就会作用于药酶，所以服用经肝酶代谢的药物时，包括他汀类、贝特类调脂药，咪唑类抗真菌药，红霉素类抗生素等，就不要饮用葡萄柚汁了。又如用四环素、土霉素、强力霉素时不要吃豆制品、黄豆、油条等。因这些食物中含有较高的铝、钙、镁，与四环素类药物结合在一起，影响吸收，降低药效。口服硫酸亚铁不要吃肝、花生米、海带、芝麻酱等，以免妨碍铁的吸收。服药期间一般都忌生冷油腻食物，主要是因为他们影响药物的吸收消化。服中药时应注意热性药物忌凉性食物，而凉性药物忌热性食物。过敏的发病机理为：一种叫组胺的物质与其受体结合，产生生物活性，从而形成机体的过度反应，包括过敏、胃酸分泌、平滑肌痉挛、毛细血管扩张等。治疗过敏用的抗组胺药，也能与组胺受体结合，但它没有活性，不会触发过敏反应。如果我们摄入富含组氨酸的食物，就会产生大量组胺，此时抗过敏药往往争不过组胺，难以占据受体的位置，也就不能很好地发挥作用。此时常会令头晕、胸闷等过敏症状去而复返。由于几乎每一种蛋白质都含有组氨酸，所以出现过敏症状时，不要过多地摄取蛋白质类食物，特别是海鲜、乳酪、肉类、黄豆等。此外，一些药物和食物也可引起组胺释放，如奎宁、维生素B_1、乙醇、水生贝壳类动物等，这些都会影响抗过敏药的效果。

（八）禁用茶水、牛奶、饮料服药

茶水中含有鞣酸、咖啡因和氨茶硷等多种化学物质，其中部分可与药物发生相互作用，从而使药物的疗效降低或失效，甚至发生不良反应。茶叶中的鞣酸可与各种酶制剂结合而使酶失去活性，达不到治疗作用，还可与金属盐类药物的金属离子形成难溶性络合物，影响药物的吸收，降低疗效，与某些抗生素可以结合，影响其吸收和疗效。鞣酸碱也可与含生物碱的药物结合，生成不溶性沉淀，而使药效降低。茶叶中的咖啡因和茶碱具有中枢兴奋作用，服镇静、催眠药时不宜用茶水，两者在药理上的作用是相反的。茶叶中的茶碱还可以降低阿司匹林的解热镇痛作用。牛奶含有较多的钙及铁、磷等无机盐类，它们可以与某些中药中的黄酮、有机酸等化学成分发生作用而影响药物吸收、降低药物疗效。西药也存在相似情况，牛奶可与之形成络合物，影响吸收及疗效。另外，牛奶中的蛋白质、脂肪，对某些药物的吸收也有一定的影响。饮料（包括汽水、果汁、果茶等）的主要成分是糖、有机酸、碳酸氢钠、鞣酸、香精等。这些成分与药物混合在一起，不仅影响药物的吸收和疗效，而且使许多药物提前分解和溶化，对胃肠黏膜产生刺激作用，加重药物的不良反应。

（九）服药时不能饮酒

酒中乙醇能加速某些药物在体内代谢转化而降低疗效。而且能诱发药物不良反应，特别是服药时饮酒，可使消化道血管扩张，增加药物吸收，从而引起不良反应。如服用降压药时，若饮酒过量，由于血管扩张，会造成血压突然下降，甚至发生虚脱或休克。有些药物还能与酒发生化学反应，产生有毒的物质，可起人体中毒。还有些药物能加重乙醇对人体的损害，如雷尼替丁可减少胃液分泌，加重乙醇对胃黏膜的损害。所以，服药时应忌酒，酒、药不能同用。

（十）病人不要擅自用药

临床上，病人不要擅自使用药物造成误诊的例子很多。病人就诊前或治疗过程中，自行应用了某些药物，虽然疾病的症状有所好转，但是实际上这是一种假象，其结果造成医生误诊，延误治疗，甚而导致严重后果。为了防患于未然，病人不要擅自用药，必须经医生查清病因后，对症下药。

（十一）停药要从下面三个方面考虑

1. 长期服药停不得。像高血压、糖尿病、心律失常以及精神病等，目前尚无特效药，用药只能治其标而不能治其本。即用药时症状可减轻，一旦停药，症状又会恢复。这类疾病，大多需长期服药，甚至要终身服药，即使病情好转，也不应自作主张，随意停服。否则，其症状会像皮球一样反弹得比服药前更厉害。

2. 立即停药等不得。某些疾病，如流行性感冒、病毒性肝炎、扁桃体炎等，目前虽也无特效药，其用药的目的不是为了直接治疗疾病，而是让症状减轻，使身体自身的抵抗力增强来消灭体内的病毒。对这一类疾病，一旦症状消失，即可立即停药，长期滥用，不仅是一种负担，也是一种浪费，更重要的是会给肝脏带来伤害，甚至产生许多不良反应。

3. 缓慢停药急不得。有些疾病病情复杂，治愈后易复发，如胃及十二指肠溃疡、癫痫病、结核病、类风湿性关节炎和某些慢性病等，这类疾病用药治愈后，为巩固疗效，防止复发，一般均需做一段时间的维持治疗。

总之，何时停药、如何停药要听医生的，病人不要自作主张。

思考题：

1. 药物的基本作用有哪些？
2. 药物常见的不良反应有哪些？
3. 给药的途径有哪些？各有什么特点？
4. 为什么要合理使用抗生素？
5. 安全用药的基本原则是什么？
6. 如何科学合理用药？

第十六章 大学生常见病家庭护理

提要：随着医学模式的转变，护理的目标、方式、方法和服务范围等均有了新的发展。现代护理的目标不再仅仅是满足于疾病的护理，而是以人为中心的全方位的整体护理，护理的方式也是要从生理、心理和社会适应能力三方面使对患者以全身心的关爱和护理，护理工作的范围也从医院内扩大到医院外的社区和家庭。本章主要学习有关家庭护理的概念和基础知识，一些大学生常见病的家庭护理和自理工作的基本方法。要求学生通过学习，掌握家庭护理的基本知识和家庭常用护理技术，以便在需要时给家人、亲友和同学进行家庭护理，使他们减轻痛苦，得到更好的照顾，尽早康复。

第一节 家庭护理概述

一、护理

护理是以自然科学和社会科学为指导，为人的健康服务的专业，护理的工作任务是促进和保持健康，预防疾病，协助康复，减轻痛苦。现代护理学是研究如何诊断和处理人类对存在的或潜在的健康问题反应的一门科学。随着医学模式的转变，现代护理的目标、方式、方法和服务范围等均有了新的发展。护理的目标不再仅仅是满足于疾病的护理，而是以人为中心的全方位的整体护理，护理的方式也要从生理、心理和社会适应能力三方面对患者以全身心的关爱和护理，护理工作的范围也从医院内扩大到医院外的社区和家庭。由于社会的发展，医疗卫生改革，社会生活的变革，文化水平和生活质量的提高，尤其是医学科技的日益发展，人们平均寿命的延长，使人们对家庭护理的需求更为关注；护理工作的职能由原来的医院内服务延伸到家庭，护理工作的重点也将逐渐由治疗疾病的遵医嘱护理而转移到健康维护和身体机能保健的层面，护理工作早已走出医院，进入社区和家庭。

二、家庭护理

家庭是社会的基本细胞之一，是人们感情交流、生活、修身养性的最佳场所。温馨、舒适、惬意的家庭生活能使人心情舒畅，有益于保持健康。一些治疗和护理患慢性疾病的患者，一些急症、意外伤害常常发生在家庭而需要紧急救护，一些疾病、手术和外伤的康复期护理也常常是在家庭中进行。“三分治疗，七分护理”说明护理在疾病康复中的重要作用。恰当而有效的家庭护理能使病人减轻痛苦，缓解紧张不安的情绪，缩短病程及康复期，减少经济开支。大学生在校学习期间，学生宿舍有某些类似家庭的功能，一些同学的慢性疾病，小伤小病，某些疾病或手术后的康复期护理，将可能在学生宿舍。大学生学习一些家庭护理知识和技术，以便需要时给你的家人、亲友和同学进行家庭护理，使他们得到更好的照顾，显然是很有必要的。

三、家庭护理工作的基本内容

1. 病情的观察：主要是指体温、脉搏、呼吸、血压、神志等，这些生命体征的变化都反映出疾病的好转或者恶化。因此病情观察是基础护理的重点内容。此外，还应注意皮肤黏膜的变化和呕吐物及大小便的颜色、量、性状、次数等。

2. 医疗护理：治疗护理，如退热、输液、输氧、排气、排脓、导尿等采用治疗手段时的护理；用药护理，督促病人用药，正确服用，观察药物不良反应等；诊察护理，如化验标本的正确采集，做各类检查时的护理等。

3. 生活护理：生活护理内容主要是照顾病人的清洁卫生，如洗头、口腔清洁、淋浴、更衣、铺床、修剪指（趾）甲等，以及一些必要的消毒。

4. 饮食护理：根据病人病种病情的需要，制作特定的病号饭，科学合理安排病人饮食，以补充足够有营养，促进机体恢复。

5. 休息与睡眠：任何疾病的好转、康复都需要充足的休息和睡眠，因此，必须创造安宁的环境，保证病人充分的休息与睡眠。

6. 心理护理：当人患病后，特别是一些较严重的疾病会使人产生不同程度的心理负担，恐惧、焦虑，这些都将影响病人的康复。因此减轻病人心理压力也是护理的内容之一。

第二节　家庭护理基础

要进行家庭护理和做好这项工作，使患伤病的亲友、同学得到正确的适宜的家庭护理，需要学习掌握一些必要的护理基础知识。

一、护理环节的准备

（一）减轻伤病员的心理压力

压力是机体对环境的各种不同刺激所引起的反应，是个体对任何需求做出的非特异性反应的一个过程。压力的来源可能是生物性压力、精神性压力、社会环境性压力几方面的，如伤情疾病的威胁、自尊的丧失及不被重视，对生活、学习、工作、前途的忧虑等。压力持续存在可能引起病人不良的生理反应和心理反应，造成伤病员的某个或多个器官功能失调，机体抵抗力下降，身体不适，疾病加重等。解除压力的方法主要是正确对待情感，利用现有的支持力量，减少压力的生理影响。

1. 密切家庭成员（同学）之间的关系。当人患病受伤时，除了接受医疗，伤病员更需要亲友（同学）的关爱、理解和支持。这时家的“避风港”作用，亲人之间、同学之间的温暖就显得非常重要。

2. 用各种不同的方式对伤病员进行心理护理。家庭心理护理可以在倾听、语言沟通、感情交流、表情、肢体语言、皮肤接触等方面进行。

（二）物理环境的准备

家庭病房的清洁工作要符合环境卫生学要求。应注意尽可能使居室/宿舍安静、整洁、舒适。作为家庭病房，室内温度在18～22℃为宜，相对湿度保持在50%～60%之间。注意适时通风，采光适宜。病床、床上用品和卫生处置等都要对伤病员的身心健康和伤病康复有利。

（三）家庭护理技术操作要求

1. 了解护理对象的护理内容，及时向专业医护人员请教、接受指导，使病人得到尽可能完善的护理服务。

2. 护理动作要迅速、轻柔，切忌生拉硬拽，避免给病人增加不必要的痛苦。

3. 注意病人的卧位，姿势要舒适，除需要暴露部分外，其余部分要遮挡，注意保暖。

4. 注意清洁操作，护理者要衣帽整洁，最好戴口罩，操作前后要用肥皂洗手。

5. 做好心理护理，了解病人心理状态，做好解释工作。对病人要和蔼可亲，语言要温柔，使病人尽可能处于接受治疗的最佳心理状态。

6. 护理操作完毕后，整理好病人的衣服被褥，使病人感觉舒适。

7. 做好病情观察记录和护理记录。

二、家庭消毒、灭菌和隔离技术

清洁、消毒、灭菌是预防和控制感染的一个重要环节。包括室内外环境的清洁、消毒，诊疗用具、器械、药物的消毒、灭菌，以及接触传染病患者的消毒隔离和终末消毒等措施。

（一）消毒与灭菌

1. 消毒。指杀灭或清除传播媒介上的病原微生物，使之达到无害化的处理。根据有无已知的传染源可分预防性消毒和疫源性消毒；根据消毒的时间可分为随时消毒和终末消毒。

2. 灭菌。指杀灭或清除传播媒介上的所有微生物（包括芽胞），使之达到无菌程度。经过灭菌的物品称“无菌物品”。用于需进入人体内部，包括进入血液、组织、体腔的医用器材，如手术器械、注射用具、一切置入体腔的引流管等，要求绝对无菌。常用的灭菌方法有高压蒸汽灭菌法、放射线灭菌法和化学灭菌法。

消毒与灭菌是两个不同的要领。灭菌可包括消毒，而消毒却不能代替灭菌。消毒多用于卫生防疫方面，灭菌则主要用于医疗护理。我们主要学习消毒。

（二）消毒、灭菌的原则

1. 明确消毒的主要对象，应具体分析引起感染的途径、涉及的媒介物及病原微生物的种类，有针对性地使用消毒剂。

2. 采取适当的消毒方法，根据消毒对象选择简便、有效、不损坏物品、来源丰富、价格适中的消毒方法。

（三）影响消毒效果的因素

许多因素会影响消毒剂的作用，而且各种消毒剂对这些因素的敏感性差异很大。

1. 微生物的种类。不同类型的病原微生物对消毒剂抵抗力不同，因此，进行消毒时必须区别对待。

（1）细菌繁殖体。易被消毒剂消灭，一般革兰氏阳性细菌对消毒剂较敏感，革兰氏阴性杆菌则常有较强的抵抗力。繁殖体对热敏感，消毒方法以热力消毒为主。

（2）细菌芽胞。芽胞对消毒因子耐力最强，杀灭细菌芽胞最可靠的方法是热力灭菌，电离辐射和环氧乙烷熏蒸法。在化学消毒剂中，戊二醛、过氧乙酸能杀灭芽胞，但可靠性不如热力灭菌法。

（3）病毒。对消毒因子的耐力因种类不同而有很大差异，亲水病毒的耐力较亲脂病毒强。

（4）真菌。对干燥、日光、紫外线以及多数化学药物耐力较强，但不耐热（60℃的 1 小时杀灭）。

2. 微生物的数量 。污染的微生物数量越多需要消毒的时间就越长，剂量越大。

3. 有机物的存在。有机物在微生物的表面形成保护层妨碍消毒剂与微生物的接触或延迟消毒剂的作用，以至于微生物逐渐产生对药物的适应性；有机物和消毒剂作用，形成溶解度比原来更低或杀菌作用比原来更弱的化合物；一部分消毒剂与有机物发生了作用，则对微生物的作用浓度降低；有机物可中和一部分消毒剂。消毒剂中重金属类、表面活化剂等受有机物影响较大，对戊二醛影响较小。

4. 温度。随着温度的升高，杀菌作用增强，但温度的变化对各种消毒剂影响不同。如甲醛、戊二醛、环氧乙烷的温度升高 1 倍时，杀菌效果可增加 10 倍。而酚类和酒精受温度影响小。

5. pH 值。从两方面影响杀菌作用。对消毒剂的作用：改变其溶解度和分子结构。pH 过高或过低对微生物的生长均有影响。在酸性条件下，细菌表面负电荷减少，阴离子型消毒剂杀菌效果好。在碱性条件下，细菌表面负电荷增多，有利于阳离子型消毒剂发挥作用。

6. 处理剂量与监测。保证消毒、灭菌处理的剂量，加强效果监测，防止再污染。

（四）常用的消毒方法

消毒方法有物理方法、化学方法及生物方法，但生物方法利用生物因子去除病原体，作用缓慢，而且灭菌不彻底，故消毒主要应用物理及化学方法。

1. 物理消毒法。

（1）机械消毒。应用肥皂刷洗，流水冲净，可消除手上绝大部分甚至全部细菌，使用多层口罩可防止病原体从呼吸道排出或侵入。应用通风装置过滤器可使隔离病室的空气，保护无菌状态。

（2）热力消毒。包括火烧、煮沸、流动蒸气、高热蒸气、干热灭菌等。能使病原体蛋白凝固变性，失去正常代谢机能。

（3）辐射消毒。红外线和微波主要依靠产热杀菌。电离辐射设备昂贵，对物品及人体有一定伤害，故使用较少。目前应用最多为紫外线，可引起细胞成分、特别是核酸、原浆蛋白和核发生变化，导致微生物死亡。对紫外线耐受力以真菌孢子最强，细菌芽胞次之，细菌繁殖体最弱，仅少数例外。紫外线穿透力差，3 000A 以下者不能透过 2mm 厚的普通玻璃。空气中尘埃及相对湿度可降低其杀菌效果。对水的穿透力随着深度和浊度而降低。但因使用方便，对药品无损伤，故广泛用于空气及一般物品表面消毒。紫外线照射人体能发生皮肤红斑，紫外线眼炎和臭氧中毒等，故使用时人应避开或用相应的保护措施。日光曝晒亦依靠其中的紫外线，但由于大气层中的散射和吸收使用，仅 39% 可达地面，故仅适用于耐力低的微生物，且须较长时间曝晒。

2. 化学消毒法。化学消毒法是指用化学消毒药物作用于微生物和病原体，使其蛋白质变性，失去正常功能而死亡。常被用于不能用热力灭菌的情况，如皮肤、组织、某些塑料制品等。常用的化学消毒方法有浸泡消毒法、熏蒸消毒法、喷雾法或擦拭法、混合搅拌法等。

（1）浸泡法用于耐湿不耐热的物品，如锐利器械消毒时将器械洗净擦干，浸没在消毒液中，器械的轴节要打开浸泡的器械在使用前，先要用无菌生理盐水冲净。

（2）熏蒸法是将消毒剂加热或加入氧化剂而产生的气体进行消毒灭菌，适用于室内物品和空气消毒，也可用于不能蒸、煮、浸泡的物品的消毒。如进行室内消毒时，可用乳酸、过氧乙酸或食醋加热熏蒸。一般家庭用于流感或流脑消毒时，每立方米用食醋 5～10mL，加热后使醋蒸发。

(3)喷雾法是借助喷雾器，使消毒液成微粒状气雾，弥散在空气中，进行空气或物体表面的消毒。

(4)擦拭法是用消毒液擦拭物品表面，如桌椅、地面或墙壁。

(5)混合搅拌法是将病人大小便、痰、呕吐物，加入化学消毒剂如漂白粉等混合搅拌消毒。

要根据家庭、宿舍的条件，需要消毒的物品，伤病员的伤情、病情、有无传染性等具体情况，在校医院或社区医疗机构的医护人员指导下，分别选用适当的消毒方法。

(五)常用化学消毒剂

目前，常用的有含氯消毒剂、氧化消毒剂、碘类消毒剂、醛类消毒剂、杂环类气体消毒剂、酚类消毒剂、醇类消毒剂、季胺类消毒剂等。常用化学消毒剂按杀菌作用可分为3大类。

1.高效消毒剂：可以杀灭一切微生物，包括抵抗力最强的细菌芽孢的消毒剂。其中有过氧乙酸、戊二醛和含氯消毒剂等。含氯消毒剂保存在室温下即可，不要在高温条件下或让阳光直接照射。肝炎病毒对消毒剂的抵抗力较强，一般采用高效消毒剂才能将其彻底灭活。

2.中效消毒剂：可以杀灭抵抗力较强的结核杆菌和其他细菌、真菌和大多数病毒，如乙醇、聚维酮碘(碘伏)、碘酊和煤酚皂液等。

3.低效消毒剂：只能杀灭除结核杆菌以外的抵抗力较弱的细菌，以及抵抗力较弱的真菌和病毒。这类消毒剂有氯已定(洗必泰)、苯扎溴胺、玉洁新(三氯生)和高锰酸钾(俗称PP粉或灰锰氧)等。

杀菌能力越强的消毒剂，其刺激性、毒性和腐蚀性往往也随之增大。例如，含次氯酸钠和表面活性剂的消毒剂，用来消毒蔬菜、水果、餐具、陶瓷洁具和排泄物，既可达到消毒要求，又能清洁除垢。但是如果用它来消毒棉织品和碳钢制品，就可能产生褪色和腐蚀，将物品损坏。在家庭中一般是使用中效和低效的消毒剂。

(六)家庭常用的消毒药物

家庭常用消毒剂按其成分可分为3类。第一类含氯化物，如餐具洗涤剂、去垢消毒剂、84消毒液等。第二类是含酸清洁剂，如厨洁灵、过氧乙酸、卫生间清洁剂等。第三类是表面活性剂，如新洁尔灭、衣物柔顺剂、润发剂、洗衣粉等阳离子表面活性剂及洗涤灵、洗洁精等阴离子表面活性剂。

1.煤酚皂：又称来苏儿、甲酚皂。易溶于水，用于环境消毒及处理排泄物。5%溶液用于传染病患者使用过的器械、物品等的消毒，浸泡0.5～2小时；5%～10%溶液用于病人排泄物及用具的消毒；用其水溶液浸泡，喷洒或擦抹污染物体表面，使用浓度为1%～5%，作用时间为30～60分钟。对结核杆菌使用5%浓度，作用1～2小时。为加强杀菌作用，可加热药液至40～50℃。本品对皮肤有一定刺激作用和腐蚀作用，使用时注意防护。

2.乙醇：又称酒精。纯酒精或低浓度酒精的消毒作用并不强；而70%酒精溶液的杀菌作用最强，用于消毒皮肤，或用于尖锐器械(如刀、剪等)消毒(浸泡30～60分钟)。酒精的刺激性强，用于黏膜或创面时可产生剧痛。50%用于涂搽卧床病人皮肤，可以防止褥疮。

3.碘酊：又称碘酒。对细菌、真菌、芽胞均有强大的杀灭作用，对病毒也有效。2%～3%碘酒用于皮肤消毒和一般皮肤感染，但不能用于黏膜消毒。因碘酒对皮肤有刺激，所以涂后需再用70%酒精将其擦去。碘对金属有腐蚀作用，不能用来浸泡金属器械。

4.聚维酮碘：又称碘伏，强力碘。是碘与表面活性剂的不稳定型络合物，具有广谱杀菌作用，可杀灭细菌繁殖体、芽孢、真菌、原虫和部分病毒，乙醇溶液较水溶液杀菌作用更强。可用于皮肤、黏膜的消毒，消毒手、各种注射部位皮肤消毒、器械浸泡消毒以及手术前消毒等。可治疗滴虫性阴道炎、霉菌性阴道炎、皮肤霉菌感染等。烧伤、冻伤、刀伤、擦伤、挫伤等一般外伤，用碘伏消毒效果很好。与碘酒、酒精相比，碘伏引起的刺激疼痛较轻微，易于被病人接受，而且用途广泛、效果确切。低浓度碘伏是淡棕色溶液，不易污染衣物。

5. 高锰酸钾：0.1%～0.2%溶液用于某些有机药物中毒的洗胃及尿道灌洗；0.125%用于阴道冲洗或坐浴；1∶2 000～1∶5 000的溶液冲洗皮肤创伤、溃疡、鹅口疮、脓肿等；0.1%溶液用于水果等食物的消毒。溶液的浓度要掌握准确，过高的浓度会造成局部腐蚀溃烂。在配置溶液时要考虑时间，高锰酸钾放出氧的速度慢，浸泡时间一定要达到5分钟才能杀死细菌。配制溶液要用凉开水，用热水会失效。高锰酸钾溶液应新鲜配制，日久失效。

6. 苯扎溴胺：又称新洁尔灭。是一种弱碱性的表面消毒剂，浓度为0.1%(1∶1 000)，有较强的杀菌力，刺激性小，毒性低，用于皮肤消毒和器械消毒。浸泡器械的时间为30分钟。

7. 漂白粉：1%～3%澄清液可用来浸泡食具、便具，时间为1～2小时，也可用于喷洒和消毒地面。用于传染病人的呕吐物、排泄物消毒时，可将呕吐物、排泄物1份，加入10%～20%漂白粉澄清液2份，搅拌后放置2小时再弃去。漂白粉应放在阴凉处保存，密封防潮。澄清液宜新鲜配制。注意漂白粉有褪色和腐蚀作用，不宜用于金属物品、有色衣服及油漆家具的消毒。

8. 戊二醛：用途与新洁尔灭相同，灭菌效果更好，常用2%戊二醛水溶液浸泡金属器械，须现用现配，以保持有效浓度。

9. "84"消毒液："84"消毒液是一种含氯消毒剂，能有效地杀灭细胞、病毒、真菌、芽胞等，作用迅速，价格低廉，残氯对人体无毒。使用"84"消毒液要注意浓度、温度和作用时间。对于传染病病人，尤其是肝炎病人用过的物品、血液、排泄物及周围环境，可用浓度为1∶200～1∶50的"84"消毒液浸泡、喷洒或擦拭，消毒时间为30分钟或更长一些时间(1∶200指一份消毒液兑200份水，余类推)；餐具等用1∶250的溶液进行浸泡或擦拭，时间为10分钟；生食的瓜果蔬菜，用1∶300溶液进行浸泡消毒，时间10分钟；卫生间浴缸或卫生洁具消毒可用1∶250溶液进行刷洗，可达到消毒和清除异味的目的。"84"消毒液的原液对棉织品有漂白、褪色作用，且能腐蚀金属；应在避光、阴凉处保存。

10. 过氧乙酸，亦称过氧醋酸，为无色透明液体，易挥发的刺激性酸味，是一种高效速效消毒剂，易溶于水和乙醇等有机溶剂，具有漂白和腐蚀作用，性不稳定，遇热、有机物，重金属离子、强碱等易分解。本品是强氧化剂，能杀灭一切微生物，对病毒、细菌、真菌及芽孢均能迅速杀灭，可广泛应用于各种器具、空气、环境消毒、预防消毒。浓度为0.01%～0.5%，0.5～10分钟可杀灭细菌繁殖体；浓度为1%，5分钟可杀灭芽胞。常用浓度为0.5%～2%，可通过浸泡、喷洒、擦拭等方法进行消毒，在密闭条件下进行气雾和熏蒸消毒。

(七)隔离技术

隔离是把传染病员或带菌者在传染期间安置在指定的传染病院或隔离单位，和健康者隔离开，进行集中治疗和护理，防止微生物在病人、工作人员及媒介物中播散的一种措施。为达此目的而实行的操作叫隔离技术。隔离的种类分为严密隔离、呼吸道隔离、消化道隔离、接触隔离、昆虫隔离、血液传播隔离、保护性隔离、一般性隔离等。常用隔离技术主要有：口罩、帽子、医用手套、工作服的使用，手的清洗和消毒等。除了手卫生外，常用隔离技术的具体操作和要求，我们在实习课中学习。

(八) 手卫生

洗手的目的是去除手部皮肤污垢、碎屑和部分致病菌。

1. 洗手指征。

(1)直接接触患者前后。

(2)无菌操作前后。

(3)处理清洁或者无菌物品之前。

(4)穿脱隔离衣前后，摘手套后。

(5)接触不同患者之间或者从患者身体的污染部位移动到清洁部位时。

(6)处理污染物品后。

(7)接触患者的血液、体液、分泌物、排泄物、黏膜皮肤或者伤口敷料后。

2. 洗手要点。

(1)在流动水下，使双手充分淋湿。

(2) 取适量肥皂/洗手液，均匀涂抹至整个手掌、手背、手指和指缝。

(3)认真揉搓双手至少 15 秒，应注意清洗双手所有皮肤，包括指背、指尖和指缝，具体揉搓步骤为：掌心相对，手指并拢，相互揉搓；手心对于背沿指缝相互揉搓，交换进行；掌心相对，双手交叉指缝相互揉搓；弯曲手指使关节在另一手掌心旋转揉搓，交换进行；右手握住左手大拇指旋转揉搓，交换进行；将五个手指尖并拢放在另一手掌心旋转揉搓，交换进行。

(4)在流动水下彻底冲净双手，然后用一次性纸巾/毛巾彻底擦干，或者用干手机干燥双手，取适量护手液护肤。

3. 注意事项。

(1)认真清洗指甲、指尖、指缝和指关节等易污染的部位。

(2)手部不佩带戒指等饰物。

(3)应当使用一次性纸巾或者干净的小毛巾擦干双手，毛巾应当一用一消毒。

(4)手未受到患者血液、体液等物质明显污染时，可以使用速干手消毒剂消毒双手代替洗手。

(5)如水龙头为手拧式开关，则应采用防止手部再污染的方法关闭水龙头。

家庭消毒隔离工作要根据家庭/宿舍的条件，需要消毒的物品，伤病员的伤情、病情、有无传染性等具体情况，分别选用适当的消毒方法和隔离方法，应在校医院、社区卫生机构医护人员或防疫人员指导下进行。

第三节　常用的家庭护理技术

一、生命体征的观察和护理

生命体征包括体温、脉搏、呼吸、血压和神志，神志的观察和护理见本书第十三章《紧急救护》。

(一)体温的测量

1. 目的：测量、记录患者体温。监测体温变化，分析热型及伴随症状。

2. 实施要点：

(1)洗手,检查体温计是否完好,将水银柱甩至35℃以下。

(2)根据患者病情、年龄等因素选择测量方法。

(3)测腋温时应当擦干腋下的汗液,将体温计水银端放于患者腋窝深处并贴紧皮肤,防止脱落。测量5～10分钟后取出。

(4)测口温时应当将水银端斜放于患者舌下,闭口3分钟后取出。

(5)测肛温时应当先在肛表前端涂润滑剂,将肛温计的水银端轻轻插入肛门3～4cm,3分钟后取出。用消毒纱布擦拭体温计。

(6)读取体温数,消毒体温计。

(7)告知患者测口温前15～30分钟勿进食过冷、过热食物,测口温时闭口用鼻呼吸,勿用牙咬体温计。

(8)如有影响测量体温的因素时,应当推迟30分钟测量。

(9)发现体温和病情不符时,应当复测体温。

(10)如患者不慎咬破汞温度计,应当立即清除口腔内玻璃碎片,再口服蛋清或者牛奶延缓汞的吸收。若病情允许,服富含纤维食物以促进汞的排泄。

(二)脉搏的测量

1.目的:测量患者的脉搏,判断有无异常情况。监测脉搏变化,间接了解心脏的情况。

2.实施要点:

(1)协助患者采取舒适的姿势,手臂轻松置于床上或者桌面。

(2)以食指、中指、无名指的指端按压桡动脉,力度适中,以能感觉到脉搏搏动为宜。

(3)一般患者可以测量30秒,脉搏异常的患者测量1分钟。

(4)如患者有紧张、剧烈运动、哭闹等情况,需稳定后测量。

(5)脉搏短绌的患者,按要求测量脉搏,即一人测脉搏,另一人听心率,同时测量1分钟。

(三)呼吸的测量

1.目的:测量患者的呼吸频率。监测呼吸变化。

2.实施要点:

(1)观察患者的胸腹部,一起一伏为一次呼吸,测量30秒。

(2)危重患者呼吸不易观察时,用少许棉絮置于患者鼻孔前,观察棉花吹动情况,计数1分钟。

(3)呼吸的速率会受到意识的影响,测量时不必告诉患者。

(4)如患者有紧张、剧烈运动、哭闹等,需稳定后测量。

(5)呼吸不规律的患者应当测量1分钟。

(四)血压的测量

1.目的:测量、记录患者的血压,判断有无异常情况。监测血压变化,间接了解循环系统的功能状况。

2.实施要点:

(1)检查血压计。

(2)协助患者采取坐位或者卧位,保持血压计零点、肱动脉与心脏同一水平。

(3)若衣袖过紧或者太多时,应当脱掉衣服,以免影响测量结果。选择合适袖带,驱尽袖带内空气,平整地缠于患者上臂中部,松紧以能放入一指为宜,下缘距肘窝2～3cm。

(4)听诊器置于肱动脉位置。

(5)快速充气，袖带内压力应达到使手腕桡动脉脉搏消失，并再升高 30mmHg，然后缓慢放气，使水银柱以恒定的速度下降，保持测量者视线与血压计刻度平行。以听到第 1 个响声时水银柱凸面高度的刻度数值作为收缩压；以声音消失时的读数为舒张压。

(6)测量完毕，排尽袖带余气，关闭血压计。

(7)记录血压数值。

(8)长期观察血压的患者，做到“四定”：定时间、定部位、定体位、定血压计。

二、物理降温法

(一)目的

1. 为高热患者降温。

2. 为患者实施局部消肿，减轻充血和出血，限制炎症扩散，减轻疼痛。

3. 为患者实施头部降温，防止脑水肿，并可降低脑细胞的代谢，减少其需氧量，提高脑细胞对缺氧的耐受性。

(二)实施要点

1. 评估和指导患者：询问、了解患者身体状况，局部组织状态，皮肤情况，向患者解释，取得患者配合。告知患者在高热期间保证摄入足够的水分，采取正确的通风散热方法，避免捂盖。

2. 操作要点：

(1)进行环境准备，关闭门窗，保证室内温度适宜，为患者进行遮挡。

(2)实施冰袋降温操作要点：取去冰棱角的冰块适量装入冰袋，放置于患者所需部位，观察局部血液循环和体温变化情况。

(3)实施冰帽降温操作要点：取去冰棱角的冰块适量装入冰帽，放置于患者头部，观察局部血液循环和体温变化情况。

(4)实施冷湿敷降温操作要点：将敷布按正确方法敷于所需部位，按要求更换敷布，并观察局部皮肤颜色和体温变化。

(5)实施温水/乙醇擦浴降温操作要点：帮助患者暴露擦浴部位，头部置冰袋，足底部置热水袋，按正确方法及顺序擦浴，擦拭完毕半小时后测量体温。

(三)注意事项

1. 随时观察患者病情变化及体温变化情况。

2. 随时检查冰袋、冰囊、化学制冷袋有无破损漏水现象，布套潮湿后应当立即更换。冰融化后应当立即更换。

3. 观察患者皮肤状况，如患者发生局部皮肤苍白、青紫或者有麻木感时，应立即停止使用，防止冻伤发生。

4. 物理降温时，应当避开患者的枕后、耳廓、心前区、腹部、阴囊及足底部位。

5. 用冰帽时，应当保护患者耳部，防止发生冻伤。

三、生活护理

生活护理包括伤病员的卧位、搬运、口腔护理、头发护理、皮肤、指(趾)甲护理等，这些对伤病员都是非常重要的。因为它不仅可以保持身体清洁，预防各种不适和疾病的发生，而且可维护人的自尊，使人保持良好的情绪状态，这些对于人的健康和疾病的康复都具有非常重要的意义。伤病员生活护理在具体操作上因病因伤、因医疗的要求，需要许多医学常识和护理技术技巧，特别是对一些长期卧床、行动不便的病人，如何做好生活护理，应在医护人员指导下进行。

四、家庭饮食营养护理

饮食对疾病的恢复非常重要。无论是外伤、患病，机体都有不同程度的代谢紊乱。饮食和营养的摄入，既要满足伤病员对各种营养的需求，又要考虑根据病情、伤情不同的具体情况调整饮食的种类、制作方法及进食规律，保证最大程度促进疾病康复。

(一)家庭护理饮食基本类型

1.普食(普通饮食)：适用于饮食没有特殊限制、消化道功能正常，疾病恢复期不发热的伤病员，基本同于普通正常人饮食，一日三餐。

2.软食(软质饮食)：适用于消化不良、疾病恢复期或咀嚼困难者。一些消化道手术后，老年人、3～7岁幼童和口腔疾病患者。软食应用细软、易消化、无刺激性、不引起胀气、含纤维少的食物，每日四餐。

3.半流食(半流质饮食)：适用于发热、体弱、口腔疾病、耳鼻咽喉部手术后，咀嚼或吞咽有困难者，有些消化道疾病，如腹泻、消化不良、伤寒、痢疾等患者。半流食应不含粗纤维的食物，少用刺激性调味品，用蔬菜与否要视病情而定，以半流体食物为主，每日5餐。

4.流食(全流质饮食)：适用于高热、急性传染病患者，病势严重、胃肠道等大手术前后患者，有口腔、食道、胃肠疾病及口腔术后吞咽困难患者，此类饮食均为液体状，极易消化，尤易吞咽，每日六餐。

以上为一般家庭护理饮食，如果是治疗需要的饮食叫治疗饮食，比如高热量饮食、低热量饮食、高蛋白饮食、低蛋白饮食、低盐饮食、无盐饮食、低嘌呤饮食、低胆固醇饮食、高膳食纤维饮食、要素饮食、少渣饮食、低脂肪饮食、胃病及胃切除术后饮食、肝病饮食、糖尿病饮食、烧伤饮食、产妇婴儿饮食，以及试验诊断饮食，这些都应根据医嘱在医护人员具体指导下给予。

(二)饮食饮水护理要点

1.伤病员只要不是伤病情不允许，尽量采取坐位或半坐位进食，如为平卧位，进食时头应转向喂水喂食者一侧，以免饮食呛入气管。

2.用餐巾或毛巾围于伤病员胸前，保护衣服、被单清洁，使伤病员有好心情进食。

3.宜小口喂，注意每次不要满勺的喂，温度要适宜，喂食后注意观察伤病员咀嚼和吞咽情况。固体食物、液体食物和水轮流喂给，水和液体可用吸管。

4.喂食时，可以和伤病员讨论一些有趣的话题，有可能的话让患者自己拿着餐具或食物，以增强其自信心；对双目失明或眼睛被遮盖者，喂食前应告诉伤病员进食的内容，使其心情愉快、轻松，有利于增进食欲，促进消化。

第四节　几种大学生常见病的家庭护理

一、急性上呼吸道感染

(一)疾病概述和治疗原则

急性上呼吸道感染是鼻腔、咽或喉部急性炎症的概称。常见病原体为病毒，少数是细菌。

其发病无年龄、性别、职业和地区差异。一般病情较轻，病程较短，预后良好。但发病率高，具有一定的传染性，还可产生严重并发症。本病全年皆可发病，但以冬春季节高发，可通过含有病毒的飞沫或被污染的手和用具传播，多为散发，可在气候突变时流行。呼吸道病毒目前尚无特效抗病毒药物，以对症或中医治疗为常用措施。如有细菌感染，可选用适合的抗生素，单纯的病毒感染一般可不用抗生素。

（二）护理要点

1. 发热病员应卧床休息。当体温超过39℃时，应进行物理降温，如头部冷敷、温水或酒精擦浴等。

2. 咽痛、咽干、声音嘶哑病员用淡盐水漱口，也可用简易方法如蒸汽吸入治疗以缓解症状。

3. 鼻塞、流涕、咳嗽、多痰，应根据医嘱配合使用适当药物治疗，对症处理。

4. 发生头痛时治疗药物多为解热镇痛解表类药物，这类药物发挥作用后，病员往往大量出汗，要注意让病员多饮水，防止虚脱，及时更换衣服被褥，注意保暖。

5. 注意室内通风。每日开窗通风2～3次，注意为病员保暖，不要让冷风直吹病员，保持室温和相对湿度在正常范围。

6. 饮食应清淡、易消化、高热量、高维生素、全流食或半流食，禁忌生冷辛辣、油腻食物。

7. 急性上呼吸道感染可能有一定传染性，家人和同宿舍同学应注意做好呼吸道隔离，每日用温盐水漱口，食醋蒸熏房间，必要时须在医生指导下服用预防药物。

二、急性胃肠炎

（一）疾病概述和治疗原则

详见本书第十二章《大学生常见病及其防治》。

（二）护理要点

1. 呕吐时应协助病员坐起或侧卧位，膝部弯曲，头偏向一侧，取容器接呕吐物，呕吐停止后，立即漱口，清洗被污染的床褥、衣服等。

2. 注意呕吐物的外观、性状、量、气味等，里面含有食物残渣、血液、胆汁、粪便情况，报告给医生，必要时应保留呕吐物给医生检视。

3. 腹泻时注意腹部保暖，排便次数过多者，便后温水坐浴或肛门热敷，保持肛门清洁干燥。

4. 注意观察大便的次数、性状、颜色、量及气味等，及时报告给医生，必要时留取标本给医生检视。

5. 饮食应遵医嘱。

三、小外伤缝合及门诊小手术

（一）疾病概述和治疗原则

大学生因为小外伤在医院门诊做清创缝合术和一些诸如包皮环切术、体表小包块切除术、痔切除术等门诊小手术很多，一般术后治疗原则主要是观察和对症处理。

（二）护理要点

1. 注意保持伤口敷料清洁干燥，如包皮环切术后排尿时勿浸湿纱布，如伤口敷料被浸湿应及时更换。

2. 四肢外伤缝合或切开引流术后，原则上应适当抬高患肢，有利于静脉回流，减轻疼痛及水肿，保持局部新鲜血氧供应，有利于炎症消退和伤口愈合。

3.包皮环切术后适当服用镇静剂及雌激素，避免性兴奋，防止阴茎勃起引起疼痛和继发性出血。

4.一般术后3天至门诊交换敷料，如无异常，头颈部手术后3～5天拆线，胸腹部7天拆线，四肢、背部10～14天拆线。

5.注意术后伤口局部红肿、疼痛加剧，持续，有新的渗血渗液，全身畏寒、发热等不适，应及时去医院就医。

四、骨折、脱位外固定术后

(一)疾病概述和治疗原则

骨折系指由于外伤或病理等原因致使骨质部分或完全断裂的一种疾病。骨折部有局限性疼痛和压痛，局部肿胀和出现淤斑，肢体功能部分或完全丧失，完全性骨折尚可出现肢体畸形及异常活动。脱位是指组成关节的各骨的关节面失去正常的对应关系，临床表现为关节疼痛与肿胀、畸形、弹性固定、关节盂空虚以及功能障碍。治疗骨折、脱位的最终目的是使受伤肢体、关节最大可能的、最大限度的恢复其功能。复位、固定、功能锻炼是骨折、脱位治疗三个基本原则。

(二)护理要点

1.骨折、脱位外固定：一般采用石膏、小夹板固定术，术后护理具有较强的技术性、专业性。家庭护理，应严格按医护人员指导进行。

2.小夹板松紧度的调节很重要，应严密观察患肢远端的感觉、运动和血液循环情况，如果出现感觉麻木、运动功能失调，局部出现青紫均属异常，提示过紧，应尽快去医院。

3.石膏固定后，要注意观察患肢远端感觉，运动和血液供应情况，如感到石膏内某一点受压，持续疼痛，肢体远端感觉、运动、血液循环异常的，要及时去医院处理。

4.石膏固定的病人翻身、移动伤病员时要防止石膏折断。注意保持石膏清洁。

5.石膏、小夹板固定后患肢要抬高，以利于肢体血液回流，减轻局部肿胀与疼痛。

6.注意协助伤病员按摩石膏边缘皮肤，促进局部血液循环。注意石膏内散发出的气味，有异常应及时反馈给医护人员。如石膏内皮肤瘙痒，禁止用筷子、毛衣针等硬物伸进去搔抓，以免抓破皮肤造成感染，可在石膏内滴一些酒精止痒。

7.固定期功能锻炼和其他护理应听从医护人员指导，合理进行。

五、痛经

(一)疾病概述和治疗原则

见第十二章《大学生常见病及其防治》第四节妇科常见病有关痛经内容。

(二)护理要点

1.注意并讲究经期卫生，经前期及经期少吃生冷和辛辣等刺激性强的食物。

2.加强体育锻炼，尤其是体质虚弱者。注意改善营养状态，积极治疗慢性疾病。

3.消除对月经的紧张、恐惧心理，解除思想顾虑心情愉快。适当参加劳动和运动，尤其在月经来临前夕将使月经期间较舒服。要注意休息，避免剧烈运动、过度劳累和防止受寒。

4.疼痛发作时可对症处理，必要时在医生指导下服用安定、止痛药可缓解经痛。

5. 饮食均衡，健康饮食无法消除经痛，但对改善全身的健康状况有效。避免过甜过咸的食物，它会导致胀气及行动迟缓，多吃蔬菜、水果、鸡肉、鱼肉少量多餐。

6. 补充钙、钾及镁等矿物质，也能帮助缓解经痛。

7. 咖啡、茶、可乐、巧克力中所含的咖啡因，使神经紧张，可能促成月经期间的不适。因此，应避免咖啡因。此外，咖啡所含的油脂也可能刺激小肠。

8. 适量饮点酒，能通经活络，扩张血管，使平滑肌松弛，对痛经的预防和治疗有作用。如经血量不多可适量地饮些葡萄酒，能缓解症状，在一定程度上还能起到治疗作用。

9. 便秘可诱发痛经和增加疼痛感，保持大便通畅，尽可能多吃些蜂蜜、香蕉、芹菜、白薯等以保持大便通畅。勿使用利尿剂，因会将重要的矿物质，连同水分排出体外。

10. 保持身体温暖将加速血液循环，并松弛肌肉，尤其是痉挛及充血的骨盆部位。多喝热的药草茶、热的红糖姜水或热柠檬汁。在腹部放置热敷垫或热水袋。

11. 在温水缸里加入1杯海盐及1杯碳酸氢钠，泡20分钟，有助于松弛肌肉及缓和经痛。

12. 练习瑜伽有缓和的作用。弯膝跪下，坐在脚跟上。前额贴地，双臂靠着身体两侧伸直。保持这姿势直到感到不舒服为止。

13. 指压法。足部一些穴位与骨盆部位的经络相连。在脚踝双边的凹陷处，轻轻地用拇指与其他指尖捏后，沿着跟腱而上，直至小腿肌。右脚做完，换左脚，各压数分钟。

思考题：

1. 你对现代护理的概念、护理工作的任务、护理进入社区和家庭是怎么认识的？

2. 要做好家庭护理工作，应做好哪些必要的准备工作？

3. 如何在家庭条件下做好消毒隔离工作？

4. 假如你的家人、亲友、同学中有需要进行家庭护理的病人，请你为他（她）制订一个整体护理计划。

参考文献

[1] 傅华. 预防医学. 5 版. 北京：人民卫生出版社，2008.

[2] 吕姿之. 健康教育与健康促进. 北京：北京医科大学出版社，2002.

[3] 马晓. 健康教育学. 北京：人民卫生出版社，2004.

[4] 中华人民共和国卫生部. 健康 66 条——中国公民健康素养读本. 北京：人民卫生出版社，2008.

[5] 林崇德. 发展心理学. 北京：人民教育出版社，2000.

[6] 易法建，冯正直. 心理医生. 重庆：重庆出版社，2006.

[7] Neil Preston，王晓慧，张松. 现代社区精神医学. 北京：人民军医出版社，2009.

[8] 姜乾金. 医学心理学. 北京：人民卫生出版社，2002.

[9] 胡敏. 大学生心理健康. 上海：上海中医药大学出版社，2005.

[10] 薛德钧，田晓红. 大学生心理与心理健康. 北京：北京大学出版社，2007.

[11] 沈渔邨. 精神病学. 北京：人民卫生出版社，2005.

[12] 张承芬，孙维胜. 学生心理健康教育. 北京：警官教育出版社，1997.

[13] 张学军. 皮肤性病学. 北京：人民卫生出版社，2002.

[14] 柏树令. 系统解剖学. 北京：人民卫生出版社，2004.

[15] 乐杰. 妇产科学. 北京：人民卫生出版社，2006.

[16] 许世彤. 性科学与性教育. 北京：高等教育出版社，2004.

[17] 李立明. 流行病学. 6 版. 北京：人民卫生出版社，2007.

[18] 吕世静. 免疫学检验. 北京：人民卫生出版社，2007.

[19] 陈新谦. 新编药物学. 16 版. 北京：人民卫生出版社，2007.

[20] 陈惠孙. 野战外科学. 北京：军事医学科学出版社，2000.

[21] 吴阶平. 裘法祖. 黄家驷外科学. 6 版. 北京：人民卫生出版社，2000.

[22] 郭俊生. 军队卫生学. 上海：第二军医大学出版社，2003.

[23] 仲剑平. 医疗护理技术操作常规. 4 版. 北京：人民军医出版社，2007.

[24] 陈敏章. 中华内科学. 北京：人民卫生出版社，2000.

[25] 中华人民共和国卫生部，中国人民解放军总后勤卫生部. 核生化损伤诊断治疗手册. 北京：解放军出版社，2008.

[26] 宋宇虎，张立松. 新编家庭护理手册. 西安：世界图书出版公司，2002.

[27] 中国红十字总会. 救护. 修订版. 北京：社会科学出版社，2007.

[28] 杨绍基. 传染病学. 北京：人民卫生出版社，2008.